모두를, 언제나

EVERYBODY, ALWAYS
Copyright ⓒ 2018 by Bob Goff
Originally published in English by Thomas Nelson, Nashville, TN, USA.
This Korean translation edition ⓒ 2018 by Daesung Co., Ltd., Seoul, Republic of Korea
Published by arrangement with Thomas Nelson,
a division of HarperCollins Christian Publishing, Inc.
through rMaeng2, Seoul, Republic of Korea.
All rights reserved.

이 한국어판의 저작권은 알맹2 에이전시를 통하여 Thomas Nelson과 독점 계약한
㈜대성에 있습니다. 신저작권법에 의하여 한국 내에서 보호를 받는 저작물이므로
무단 전재와 무단 복제를 금합니다.

무례하고 불편하고 싫은 사람들로 가득한 세상에서 사랑 실천하기

모두를, 언제나

Everybody, Always

밥 고프 지음 ― 김은지 옮김

KOREA.COM

CONTENTS

✤ 프롤로그 • 7

CHAPTER 1. 어울리기 힘든 사람들 • 11

CHAPTER 2. 캐럴과의 만남 • 23

CHAPTER 3. 모두를, 언제나 사랑하라 • 33

CHAPTER 4. 노란 트럭 • 45

CHAPTER 5. 리무진 운전사 • 57

CHAPTER 6. 스카이다이빙 • 69

CHAPTER 7. 밀랍 인형 박물관 • 81

CHAPTER 8. 피자 가게 티켓 • 93

CHAPTER 9. 엉망진창 연주회 • 103

CHAPTER 10. 세 개의 녹색 불빛 • 113

CHAPTER 11. 마지막 기록이 가장 좋은 기록 • 127

CHAPTER 12. 한 번에 3분씩 • 141

CHAPTER 13. 칼의 다이빙 • 155

CHAPTER 14. 비행기를 착륙시키라 • 167

CHAPTER 15. 월터의 환영 인사 • 183

CHAPTER 16. 은혜의 대가 • 191

CHAPTER 17. 나의 양동이 • 203

CHAPTER 18. 악어 떨어뜨리기 행사 • 215

CHAPTER 19. 두려워. 하지. 말라. • 227

CHAPTER 20. 주술사와 증인석 • 239

CHAPTER 21. 랜디의 솜씨 • 249

CHAPTER 22. 사형수 카비 • 257

CHAPTER 23. 어디로 가고 싶나요? • 265

CHAPTER 24. 주술사 학교 졸업식 • 271

❖ 에필로그 • 280
❖ 감사의 말 • 284

나는 지금까지 믿음은 어려운 것이 아니라고 생각하려 노력했다.
하지만 사실, 믿음은 쉬울 수 없다.
믿음을 제대로 행하면 우리의 예전 모습은 모두 사라진다.
그래서 나는 이제 조금 더 단순하게 믿으려 노력한다.
나와 내 친구들이 훨씬 더 단순하게 믿고
살아가게 해 준 사람들에게 이 책을 바친다.
이들은 나중을 생각해서 사랑을 아끼지 않았다.
우리는 저수지가 아닌 흐르는 강물이라는 사실을 알고 있어서다.
또한 이 책은 나의 아내 마리아에게,
우리 아이들 중 한 명에게, 또는 사랑하는 누군가에게
선량한 마음을 베풀어 준 사람들을 위한 길고 긴 감사의 편지다.
그들에게 보여 준 선의는 곧 나를 향한 선의나 마찬가지다.
하나님께서도 그렇게 생각하실 것이다.

프롤로그

나는 몇 해 전 《사랑으로 변한다 *Love does*》라는 책을 썼다. 우리는 책을 통해 얻은 이익금으로 소말리아, 우간다, 이라크, 네팔 등 내전으로 인해 아이들의 삶이 위태로워진 곳에 학교와 쉼터, 보금자리를 열었다. 처음으로 쓴 책에서 나는 사랑이 세상에 미치는 엄청난 힘에 대해서 그동안 보고 배운 것들을 모두 담으려고 노력했다. 두 번째 책도 쓸 예정이었지만, 실제로 출판하지는 못했다. 이 책은 이제 내 세 번째 책이다. 그 이유는 다음과 같다.

수년 전, 친구 한 명이 캘리포니아 남부의 대형 교회에서 목회를 그만두고 샌프란시스코 도심 지역으로 이사를 했다. 그는 큰 실패와 걸림돌을 겪은 이들을 모아 공동체를 만들고 싶어 했다. 그는 겸손한 성격으로 평소에도 다른 이들을 위해 자신의 시간을 아낌없이 할애하며 가족을 사랑하고 또 하나님을 진심으로 사랑하는 친구다. 그가 몇 년 동안 대형 교회에서 목사로 재직할 때는 매주 수천 명의 사람들을 만났지만, 고작 몇 분 동안이었다. 그래서 그는 이제 어려움을 겪고 있는 소수의 사람들과 더 깊이 만나고자 한 것이다. 그와 몇몇 친구들은 식당을 열고, 새로운 시작이 필요한 남성들에게 일터를 제공했다. 또한 식당은 인생의 큰 장애물을 용기와 희망으로 넘은 여성들을 위한 쉼터가 되었다.

이 훌륭한 사람들은 남는 시간을 식당 근처의 빈민가에 사는 주민들에게 사랑을 베푸는 데 할애했다. 마치 온몸이 사랑으로 만들어진 사람들처럼 타인에게 사랑을 나누어 주었다. 사랑을 베풀면 세상이 바뀔 수 있다는 지극히 비현실적인 생각을 하고 있었기 때문에 가능한 일이었다. 이들은 예수님의 말씀을 그저 듣기만 하고 실천하지 않으며 자기가 원할 때에만 믿음을 이용하는 대신, 사람들에게 사랑을 베푸는 데 더 많은 시간을 보내기로 결정했다. 예수님이 보이신 그대로 행동하고자 했던 것이다. 예수님이 누구신지 사람들에게 설명하는 대신, 예수님처럼 사람들을 사랑했다.

빈민가는 결코 쉽지 않은 곳이다. 어둡고 무서운 사람들로 가득하며 총과 폭력, 갈등 그리고 절도로 얼룩진 곳이다. 하지만 동시에 사랑과 긍휼함, 너그러움과 희망이 넘치는 곳이기도 하다.

식당 공동체 사람들은 용기를 가지고 잊히거나 무시당한 빈민가 사람들에게 먼저 다가갔다. 나쁜 일을 저질렀거나 소외되고 의욕을 상실한 이들에게 예수님처럼 한없는 은혜의 사랑을 베풀었다.

나는 동료 두어 명과 함께 그 친구를 만나기 위해 샌프란시스코로 향했다. 비행기를 타고 샌프란시스코에 도착한 우리는 렌터카를 타고 바로 식당으로 갔다. 식당 안에서 친구를 만나 잠시 인사를 나눈 뒤 삼십 분 정도 설거지를 도운 후 나는 렌터카에 놓아 둔 물건을 가지러 건물 밖으로 나왔다. 그런데 내 눈앞에 보이는 광경에 저절로 입이 벌어졌다. 차창은 모두 산산조각이 나고 깨진 유리 조각이 좌석과 차 안 바닥을 뒤덮고 있었다. 도둑이 들었던 것이다. 짐도 모두 사라지고 없었다. 지갑과 핸드폰은 물론 노트북도 보이지 않았다.

마침 이 책의 초고를 마친 터였는데, 도둑이 훔쳐 간 노트북에 원고가 들어 있었다. 게다가 원고를 따로 저장해 두지도 않았다(iCloud가 대체 왜 필요하단 말인가? 한 달에 99센트나 지불해야 하는데 말이다). 나의 작은 실수였다. 결국 이 책을 처음부터 다시 써야만 했다.

희소식은 내가 이 책의 내용에 대해 꽤 오랫동안 생각했다는 점이었다. 몇 년 전, 나는 친구가 목회하는 시카고의 대형 교회에서 간증을 한 적이 있었다. 그곳에서 나는 우리가 모두를, 언제나 사랑해야 한다고 말했다. 너무나 당연한 말이지만, 너무나 중요한 이 주제를 책으로 쓰기로 결심했다.

예수님께서 렌터카를 털어간 도둑을 비롯해, 나와 당신이 만나 온 도저히 대하기 어려운 사람들까지 모두 사랑하신다는 점을 믿기 어렵다. 그러나 사랑이 세상에 전하는 놀라운 메시지는 바로 우리 모두가 하나님에게는 영순위라는 것이다. 하나님은 우리가 이러한 하나님의 가르침을 학문처럼 공부하여 받아들이기를 원하지 않으신다. 그저 우리가 사랑 그 자체가 되기를 원하신다.

대개 두 번째 책은 쓰기도 어렵고 내용도 형편없는 경우가 많다고들 이야기한다. 어쩌면 도둑이 우리 모두에게 좋은 일을 한 것일지도 모르니, 이 책을 내 세 번째 책이라고 해야겠다. 지금의 우리는 우리가 바라는 모습의 초고라는 생각이 내게 큰 위안이 되었다. 이 책의 두 번째 원고가 당신의 삶과 세상에서 엄청난 사랑과 넘치는 은총의 힘을 다시 한 번 확인할 수 있는 계기가 되기를 바란다.

CHAPTER 1

어울리기 힘든 사람들

지금까지의 우리 모습은 버려도 된다.
하나님은 우리가 어떤 사람이 될 수 있는지를 보신다.
바로 사랑을 베푸는 모습이다.

내 친구들과 나는 식당 일을 마친 후 창문이 모두 깨진 렌터카를 몰고 공항으로 갔다. 세찬 바람을 맞은 몽골로 렌터카 주차장에 들어서자 직원이 우리를 얼떨떨한 표정으로 빤히 쳐다봤다.

"처음 빌릴 때부터 이런 상태였어요." 나는 무심하게 말했다. 그러고는 그에게 열쇠를 던진 후 유유히 걸어 나갔다. 마치 등 뒤로 성냥을 던지면 차가 폭발하는 영화의 주인공이 된 것 같았다. 한 가지 팁을 주자면, 등 뒤로 성냥을 던질 때 차가 폭발하는지 보려고 고개를 돌리면 안 된다. 분위기가 깨지기 때문이다.

차 안 물건을 모두 도둑맞았다는 사실이 실망스러웠지만, 모두 잘 해결될 것이라고 믿었다. 그러나 신분증도 없이 어떻게 비행기를 타고 집으로 돌아갈 수 있을지는 미처 생각하지 못했다. 보안검색대에서 배지를 단 남자가 비행기 표와 신분증을 보여 달라고 했다. 주머니에 손을 넣고 샅샅이 뒤졌지만 아무것도 잡히지 않았다. 나는 불쌍한 표정으로 어깨를 으쓱하며 말했다. "있잖아요, 전부 다 도둑맞았어요. 짐도, 지갑도, 전부 다요." 마치 제이슨 본이 된 듯한 기분이었다.

보안검색대 직원은 내 처지를 동정하지 않았다. 충분히 이해할 수 있었다. 그는 그저 맡은 책임을 다할 뿐이었다. 그는 내게 신원을 증명할 수 있는 다른 방법이 있느냐고 물었다. 고개를 젓다가 번뜩 생각이 떠올랐다. 예전에 책을 쓴 적이 있다는 사실이었다. 구글에서 내가 썼던 책을 검색했다. 하지만 책 표지에는 풍선 그림만 잔뜩 실려 있다는 점을 깜빡했다(또다시 이런 일이 일어날 것을 대비해 이 책의 표지에는 내 사진을 커다랗게 넣어야겠다고 생각했지만, 막상 표지에 넣은 내 얼굴을 보는 순간 마음을 바꿨다).

이러한 모든 일들로 인해 나는 최근 들어 곰곰이 생각했던 질문을 다시금 던졌다. '우리 자신을 어떻게 증명할 수 있을까?' 운전면허증에 나와 있는 나, 또는 내 직업이 말해 주는 나, 다른 사람에게 비쳐지는 나, 다른 사람이 평가하는 나를 말하는 것이 아니다. 예수님은 사도들에게 자신을 어떻게 찾을 것인지에 대해 자주 말씀하셨다. 우리가 믿고 있는 모습이나 언젠가 되기를 바라는 선한 모습에서 찾을 것이 아니라, 내가 남들을 어떻게 사랑하는가를 통해 자신을 발견해야 한다고 말씀하셨다. 이게 다가 아닐 것이라고 생각하기 쉽지만, 그렇지 않다. 사랑은 우리가 빠져드는 대상이 아니라, 바로 우리가 되어야 하는 모습이다.

친절하고 사랑스러우며 겸손한 사람들을 사랑하기란 매우 쉽다. 누구나 마찬가지일 것이다. 나는 인생의 대부분을 이러한 사람들을 사랑하면서 보냈다. 사랑하기 쉬운 사람들을 사랑하다 보니 내게 사랑을 베푸는 재주가 있다고 믿게 되었다. 내가 사랑했던 이들은 모두 친절하고 훌륭한 사람들이었기에, 내가 얼마나 사랑을 잘 베푸는지 내게 알려 주고 칭찬해 주었다. 하지만 시간이 지나면서 나는 내가 이해할 수 없거나 나와는 다른 삶을 사는 사람들을 피해 왔다는 점을 깨달았다. 물론 그들을 정중하게 대했지만, 슬프게도 예수님이 평생 가까이 했던 사람들을 나는 평생 피하기만 했던 것이다.

하나님의 가르침은 그저 사랑을 주고받는 데서 끝나지 않는다. 우리에게 '사랑이 되라'고 말씀하신다. 온몸으로 사랑을 베푸는 사람은 타인에게서 아름다움을 찾아낸다. 그들이 눈살 찌푸려지는 행동을 할 때에도 그렇다. 예수님이 사도들에게 하셨던 말씀을 정리해 보면, 예수님은 우리가 모두를, 언제나 사랑하기를 바라신다. 그리고 싫은 사람들부터 사랑하기를 원하신다. 사실 우리가 누군가를 싫어하는 만큼 그들도 우리가 싫을 것이다.

물론 어느 정도 거리를 두어야 하는 사람들도 있다. 나와 당신의 삶에 위험하고 해를 끼치며 가는 곳마다 문제를 일으키는 사람들이 있다. 하나님께서 우리에게 분별력을 주셨으니, 살아가면서 이를 적극 활용해야 한다. 동시에 하나님은 사랑과 이해심, 친절함, 그리고 상대방을 용서하는 마음을 주셨다. 여기에는 우리가 종종 간과하는 엄청난 힘이 들어 있다. 좋은 판단력을 가지는 것과 늘 남을 판단하면서 살아가는 것은 엄연히 다르다. 훌륭한 판단력을 최대한 활용하면서 살아가야 하지만, 남을 비판하는 태도는 되도록 삼가는 것이 삶의 지혜다.

사랑에 대해서 내가 깨달은 것은 상대하기 어려운 사람들을 사랑하려면 상당한 두려움을 극복해야 한다는 사실이다. 종종 공격적인 사람을 만날 때면 나는 바로 보이지 않는 벽을 세운다. 장황한 말들이나 거센 의견들로 받아칠 장벽 말이다. 나 자신을 지키기 위한 보호막이다. 이렇게 거리를 두면서 나는 편안함을 느끼고 나아가 안정감을 가진다. 누구나 어느 정도 이런 생각을 할 것이다. 이는 결코 부끄러운 일이 아니다. 물론 예수님은 아니셨다. 예수님은 훗날 자신을 배신할 사내와 마지막 식사를 함께하셨고 기꺼이 죄인들을 위해 대신 죽으시는 길을 택하셨다. 진정으로 사랑을 베푼다는 것이 무엇인지 예수님께서 우리에게 보이신 것이다.

우리는 다른 사람을 사랑하는 일이 예수님의 방식보다 훨씬 더 복잡하다고 생각한다. 나 자신을 보호하기 위해 다른 사람에게 날 선 의견을 전달할 때마다, 하나님은 마음을 들여다보라고 이렇게 속삭이신다. '왜 그렇게 두려워하느냐? 누구에게 잘 보이려고 하느냐?'

주변에 나와 잘 지내는 사람들만 둘 만큼 나는 스스로에 대한 자신감이 없는 것일까? 사람들이 터무니없는 잘못을 저지르는 것을 볼 때 왜 나는 심판 역할을 자처하며 바로잡으려고 하는 것일까? 다른 사람의 의견에 불을 지핀다고 해서 내가 옳은 사람이 되는 것은 아니다. 방화범이 될 뿐이다.

하나님이 우리에게 주신 최종 목표는 늘 변함없다. 우리 마음이 하나님의 마음처럼 되기를 바라신다. 우리가 주변의 사람들을 사랑하면서 우리가 멀리한 사람들도 사랑하기를 바라신다. 그리고 이를 위해서 우리가 두려움 없이 살기를 바라신다. 더 이상 불안한 마음을 감추기 위해 날 선 의견 뒤에 숨지 않아도 된다. 대신 하나님은 우리의 마음속에 사랑의 씨앗을 심고 그 열매를 온 세상에 퍼뜨리기를 원하신다. 사랑을 어떻게 베푸는지가 곧 우리의 삶이 될 것이다. 사랑을 베푸는 이들은 병든 친구를 지붕 아래로 밀어 버리는 대신 지붕을 뚫고 아래로 내려 보낸다.

고등학교 때 한 친구가 내게 '예수님을 만난 적'이 있냐고 물었다. 당연히 농담이라고 생각했다. "물론 아니지." 나는 대답했다. 지금도 마찬가지다. 내 친구들 중에도 예수님을 만났다는 사람은 없다. 하나님을 정말로 만났다는 극히 일부 사람들에 대해 읽기는 했다. 아

담과 하와는 하나님을 만났다. 요셉과 마리아 역시 그러했다. 모세는 산 위에서 하나님을 만났다. 몇몇 양치기와 현자 역시 명단에 포함된다. 고기를 잔뜩 잡은 어부들과 언덕 위 강도 두 명도 마찬가지다. 이 외에도 하나님을 직접 만난 사람들이 몇 있지만, 사실 우리가 생각하는 것보다 훨씬 적다.

반면 먼발치에서 예수님을 바라본 이들은 많다. 예수님은 그들의 거리를 걸으시고 그들의 잔치에도 가셨고 지도자들 앞에 나서기도 하셨다. 십자가에 못 박힌 그리스도의 모습을 본 사람들도 있다. 이들이 예수님을 직접 만났다고 우길 수도 있겠지만, 기껏해야 하나님을 어렴풋이 본 게 다일 것이다. 나 역시도 오랫동안 먼발치에서 하나님을 바라보면서도 주님을 만났다고 생각하며 살았다. 지금도 하나님이 자신의 형상대로 만드신 사람들을 이해하지 못할 때마다 이런 생각이 들곤 한다. 그들에 대한 내 두려움이 하나님을 먼발치에서만 바라보게 만드는 것 아닐까? 진정으로 '하나님을 만나기' 위해서는 하나님이 창조하신 사람들 곁으로 한 발짝 다가가야 한다는 사실을 깨달았다. 몇몇이 아니라, 모든 사람의 곁으로 말이다.

물론 하나님은 얼마든지 다른 모습으로 우리 앞에 나타나실 수 있다. 모든 사람이 예수님을 직접 만날 수 있도록 말이다. 역사를 통틀어 분만실과 막사, 그리고 들판 어디든 아기들이 태어나는 그곳에 사람의 모습으로 나타나실 수 있었을 것이다. 슈퍼볼 경기와 테일러 스위프트의 콘서트, 초등학교의 연극 무대, 그리고 장미 축제에도 모습을 드러내실 수 있다. 하나님이 그렇게 하지 않으셨다고 해서 우리를 피한다고 생각하지는 않는다. 하나님의 계획은 줄곧 하나님이 창조하신 사람들이 우리를 만나면 하나님을 직접 만난 듯한 기분을 느끼도록 하는 것이라고 생각한다.

이런 점에서 나는 매일 하나님을 만난다. 물론 하나님은 성경을 통해 전하신 편지와 이야기들을 통해 우리가 하나님에 대해 배우기를 바라신다. 하지만 동시에 가까이하기 힘든 사람들을 사랑하면서 하나님을 만나기 바라신다. 나에게 잘해 주는 사람들과 나를 잘 이해해 주는 사람들만 사랑하고 나머지는 모두 밀어내는 것은 마치 성경을 한 장씩 건너뛰고 읽으면서 무슨 내용인지 안다고 착각하는 것이나 다름없다.

예수님은 사도들에게 자신처럼 되고 싶다면 이웃을 사랑하고 함께하기 어려운 이들을 사랑하라고 말씀하셨다. 수없이 들은 말이기 때문에 별생각 없이 넘기고 싶겠지만, 예수님은 우리가 그저 가르침을 알기만 하고 넘어가기를 원하지 않으신다. 내가 기억하는 한, 예수님이 사도들을 불러 모아 이렇게 말씀하신 적은 한 번도 없다. "나는 너희들이 내 말에 동의하기를 바란다." 하나님은 우리가 그의 말씀을 실천으로 옮기기를 원하신다. 그리고 하나님은 우리에게 모두를, 언제나 사랑하라고 말씀하셨다.

예수님은 우리에게 원수까지도 사랑하라고 하셨다. 나는 '원수'라고 부를 만한 사람이 없기 때문에 크게 걱정하지 않아도 된다고 생각했다. 내 말은, 나는 북한이나 러시아, 또는 중국에 악감정이 없다. 이러한 국가들 역시 나에게 개인적인 악감정은 없을 것이다. 기껏해야 나는 책을 쓴 다음 표지에 풍선을 넣은 사람에 불과하다. 누가 이런 사내를 미워한단 말인가? 나는 '원수'라는 예수님의 말씀 속에 다른 뜻이 숨어 있다고 생각한다. 바로 우리가 이해할 수 없는 사람들도 사랑하라는 것이다. 우리가 쉽게 수긍할 수 없는 사람들, 단순히 한두 가지 틀린 것이 아니라 완전히 잘못하고 있는 사람들 말이다. 내 삶에는 이러한 사람들이 매우 많다. 당신 역시 마찬가지일 것이다. 어쩌면 나 역시도 때로는 누군가에게는 이러한 사람일지도 모른다.

나는 하나님이 우리에게 방황할 기회를 한두 번은 주신다고 생각한다. 내가 렌터카에 놓아 둔 노트북을 도둑맞았던 것과는 달리 하나님은 우리를 잃어버리지 않으신다. 그 대신 우리가 정말로 원할 때 잠시 행방불명이 되도록 허락하신다. 심지어 우리가 그를 외면할 때도 하나님은 화를 내거나 자신의 사랑을 아끼지 않으신다. 만약 나였더라면 완전히 무시하고 등을 돌렸을 것이다. 하지만 하나님은 사랑으로 우리를 보듬으신다. 우리가 어디에 있는지 늘 알고 계시기 때문에 굳이 우리를 찾으려고 하지 않으신다.

우리가 자신이 누구인지 알아가는 여정에 하나님은 늘 우리와 '함께'하신다. 그렇기 때문에 우리는 모두 마음속에 작은 양 한 마리와 목자를 두고 있는 셈이다. 하나님은 끊임없이 자신을 찾아 헤매는 우리에게 꾸짖거나 지시하지 않으신다. 그저 우리가 누구인지 부드럽게 상기시켜 주실 뿐이다. 내가 이 책을 다시 썼던 것처럼, 하나님은 아름답고 예상치 못했던 방식으로 우리의 삶을 다시 쓰신다. 하나님은 우리의 새로운 모습이 예전보다 낫다는 사실을 잘 알고 계신다.

변호사로서 내 일은 논쟁에서 이기는 것이다. 하지만 내 안에서 무언가가 변화했다. 예수님처럼 되고 싶다는 생각이 싹트기 시작했다. 나는 정답이 아니어도 옳은 길을 갈 수 있다는 결론에 도달했다. 무슨 말인지 이해가 가는가? 주로 입바른 말을 하면서, 사랑하는 마음은 없을 때 이렇게 행동한다. 안타깝게도 하나님이 만드신 까다로운 사람들보다 내 의견을 더욱 중요시 여길 때마다 내가 만든 포도주는 다시 물이 되어 버린다. 친절 대신 시시비비를 가리려는 유혹에 넘어가지 않으려고 매일 애를 쓴다. 물론 둘 중 하나만 선택해야 하는 문제는 아니지만, 친절을 베푸는 것과 시시비비를 가리려는 것은 완전히 다르다. 논란의 여지가 많은 사회적 문제의 경우 양쪽 모두 열변을 토하며 논쟁한다.

슬픈 사실은 많은 사람이 타인이 길을 찾도록 도와주다가 정작 자신의 길은 잃어버린다는 점이다. 논쟁은 사람을 바꾸지 않는다. 무작정 친절을 베푸는 것 역시 마찬가지다. 예수님만이 사람을 바꾸는 힘을 가지고 계신다. 만약 우리의 의견이 예수님을 향한 사람들의 시야를 가린다면, 사람들은 그만큼 예수님을 보기 어려울 것이다.

나는 항상 우리가 어울리는 사람들, 지지하는 단체나 사회적 문제, 또는 우리가 잘 알고 있는 신앙이나 전통이 내가 누구인지 보여 준다고 생각해 왔다. 물론 이제는 내 생각을 직접 어필하여 스스로를 나타낼 수도 있지만, 결국 우리는 사랑하는 마음으로 기억된다고 생각한다. 우리가 회피해 온 사람들을 보듬어야만 진정으로 우리의 정체성을 찾을 수 있다는 사실을 예수님의 발자국을 따라가면서 깨달았다. 얼핏 보기에는 불가능해 보이는 이런 가르침을 예수님은 세 가지 간단한 개념으로 정리하셨다. 바로 예수님을 사랑하고, 이웃을 사랑하고, 원수를 사랑하라는 말씀이다.

나는 하나님을 더욱 충실하게 사랑하고 싶다. 아마 모두가 그럴 것이다. 나는 또 내 이웃에게 사랑을 베풀고 싶다. 안 그럴 이유가 없지 않은가? 몇몇은 내 옆집에 사는 사람들이니 말이다. 전반적으로 나와 비슷한 사람들이다. 그렇지만 원수까지 사랑할 수 있을까? 물론 얼마간은 그들을 참을 수 있을 것이다. 잘하면 몇 분 정도 그들에게 친절을 보일 수도 있다. 하지만 '사랑하는 마음'까지 베풀 수 있을까? 상상조차 할 수 없다.

간단하게 설명하면 예수님은 이 땅에 내려와 하나님의 원수를 그의 친구로 만들겠다고 선포하셨다. 이를 위해 예수님은 듣기 좋은 말 또는 장황한 설교를 늘어놓지 않으셨다. 실수한 사람들을 향해 손가락질하며 비난하지도 않으셨다. 대신 사랑으로 우리를 설득하셨다. 예수님의 마음속에 두려움이나 부끄러움은 조금도 없다. 그는 우리 삶의 소음을 삼킬 만큼 큰 소리를 내거나 목소리를 높이지 않으신다. 그저 사랑의 힘이 제 역할을 하도록 내버려 두신다. 우리 역시 같은 방법으로 매일 다른 이에게 사랑을 베풀 수 있다.

　서로 사랑하는 것은 우리의 숙명이며 우리가 당연히 해야 할 일이다. 예수님의 뒤를 따르는 것은 우리가 평생 걸어가야 할 아름다운 길의 시작에 불과하다. 예수님의 말씀처럼 사람들을 사랑하는 것이 골치 아프고 애매모호하며 불편한가? 물론 그렇다. 우리의 행동이 오해를 불러일으킬까? 당연하다. 그렇지만 아낌없는 사랑이란 때로는 선 밖까지 색칠하거나 정해진 규정을 벗어나는 것이다. 이해되지 않는 이웃을 사랑하려면 노력과 겸손, 인내, 그리고 용기가 필요하다. 편안한 관계에서 오는 안정감을 벗어던지고 엄청나게 불편한 관계를 맺어야 하기 때문이다.

　어울리기 힘든 사람들을 더 많이 사랑하는 방법을 터득한다면, 예수님이 말씀하신 삶을 살 수 있다. 지금까지 피해 왔던 그 사람에게 먼저 다가가 아낌없는 사랑을 베풀어 보자. 하나님을 비롯해 나의 이웃, 나의 원수, 그리고 나의 믿음을 한층 더 깊이 살펴보는 기회가 될 것이다. 틀렸다고 생각되는 행동을 하는 사람, 동의하지 않는 의견을 가진 사람, 나와는 완전히 다른 사람을 찾아보자. 그런 다음 예수님이 바라시는 대로 그 사람을 사랑해 보자.
　우리는 모두를, 언제나 사랑해야 한다.
　예수님은 단 한 번도 이 길이 쉬울 것이라고 말씀하지 않으셨다. 다만 얼마든지 가능한 길이라고 말씀하셨다.

CHAPTER 2

캐럴과의 만남

하나님은 우리에게 약속만 주시는 것이 아니다.
하나님은 우리에게 서로를 주신다.

사랑스러운 마리아와 나는 결혼하자마자 첫 번째 집을 마련했다. 공매로 나온 집이었다. 집을 사는 것은 사실 내 생각이었다. 집을 사고 나서 한 바퀴 둘러보는데, 그 자리에서 숨이 멎는 줄 알았다. 사랑스러운 마리아는 주머니에 손을 넣은 채 집안 곳곳을 살펴보며 나를 향해 믿을 수 없다는 듯 고개를 저었다. 금방이라도 쓰러질 것 같은 방들을 들여다보면서 그녀는 현실을 부정하듯 고개를 좌우로 흔들며 그녀답지 않게 빈정거리는 말투로 "멋진데"라고 말했다. 조금의 진심도 없는 그 말에는 '우리 결혼이 아직 유효하기는 한데, 간당간당해'라는 뜻이 담겨 있었다.

집은 그야말로 엉망진창이었다. 오죽하면 쥐들이 우리에게 집 안이 더럽다며 경고를 보내는 것 같았다. 우리는 집이 어느 정도 정리될 때까지 집 앞 진입로에 캠핑카를 세워 두고 그곳에서 지냈다. 운전대와 브레이크 페달을 가구 삼아 지낸 지 얼마 지나지 않아 우리는 자동차 생활을 끝내고 주거에 대한 기대 수준을 한 단계 낮춰 집 안으로 이사하기로 했다. 집에는 히터가 달려 있었지만 무용지물이었다. 화장실 역시 있으나 마나였다. 집 안에는 야생 고양이 스무 마리가 살고 있었는데, 정작 쥐는 무서워하는 녀석들이었다. 고양이가 어찌나 많은 털을 내뿜는지, 물레와 충분한 알레르기 약만 있다면 고양이털을 모두 모아서 보기만 해도 역겨운 스웨터를 백 개는 만들 수 있을 것 같았다.

이사하던 날, 나는 사랑스러운 마리아를 번쩍 안아 문지방을 건넜다. 순간 우리 둘 다 거실 한쪽 구석에서 움직이는 무언가를 봤지만 애써 모른 척했다. 보잘것없는 집이었지만, 우리 집이었다.

그 집을 수리해서 살다가 이사를 하고, 이사를 하고, 또 이사를 했다. 결혼하고 십 년 동안 우리는 여섯 번 옮겨 다녔다. 잘못한 것이 전혀 없었는데도 마치 증인 보호 프로그램에 속한 사람들처럼 이사를 다녔다. 여러 번의 이사와 리모델링 끝에 우리는 완전히 지쳐 버렸다. 하루는 퇴근길에 엉뚱한 집에다 차를 대고 대문 앞까지 걸어간 적이 있었다. 잠시 어리둥절한 채로 서 있다가 잘못되었다는 것을 알아차리기도 했다.

그 후 얼마 지나지 않아 나는 친구와 아침 식사를 하다가 옆자리 남자가 집을 팔 생각이라고 하는 것을 들었다. 남자의 대화를 조금 더 엿들은 후에 그의 집은 샌디에이고의 포인트로마에서 내가 가장 좋아하는 서핑 장소인 가비지 비치가 내려다보이는 절벽 꼭대기에 자리 잡고 있다는 사실을 알게 되었다. 누가 그런 집을 마다한단 말인가!

나는 옆자리로 건너가 그 남자에게 집을 바꾸자고 말했다. 우리는 함께 와플을 먹으며 자세한 이야기를 나누었다. 어이없게도 나는 거래를 마무리하기 위해 우리 집에 있는 도자기 세트까지 주기로 약속했다. 식당에서 집으로 차를 몰고 돌아오면서 '사랑스러운 마리아가 정말 좋아하겠지'라고 생각했다. 그녀가 몇 년 동안 공들여 가꿔 온 집과 가비지 비치에 있는 집을 맞바꾸기로 한 멋진 생각을 말이다.

나는 사랑스러운 마리아의 눈을 가린 채 새집으로 향했다. 그리고 요란스럽게 새집을 공개했다. 나는 두어 번 정도 서핑 장소와 집을 번갈아 가리켰다. 그러고는 그녀에게 남편이 이토록 똑똑한 남자라는 게 믿어지는지 물었다.

그녀는 아무 말 없이 울기 시작하더니 다정하지만 단호한 목소리로 결혼해서 살다 보면 이런 실수를 한 번쯤은 할 수 있다고 말했다. 그리고 내가 방금 그 한 번의 기회를 써 버렸다고 덧붙였다. 사실 그곳은 가비지(garbage, 쓰레기)라는 이름이 붙은 만큼 해안가가 쓰레기로 지저분한 곳이었다. 우리는 새집으로 이사했고, 그녀는 늘 그랬던 것처럼 우리들의 삶을 바꾸어 놓았다. 바로 내가 주워 온 쓰레기나 다름없는 난장판을 깨끗하게 정리해 우리 부부와 아이들을 위한 삶의 보금자리로 만든 것이다. 그 당시 우리에게는 두 살 터울의 두 아이가 있었다. 그리고 몇 년이 지난 후에 우리는 셋째 아이를 낳았다.

애석하게도, 내 실수는 여기서 끝나지 않았다. 얼마 지나지 않아 우리는 또 다른 집을 샀다. 이번에는 법원 경매에 나온 집이었다. 법원에서 열리는 경매에는 꽤 많은 사람이 몰려들었다. 나는 한자리에 가만히 앉아 있는 성격이 못 되었기에 경매가 진행되는 동안 귀를 잡아당기거나 턱을 긁고 또 코를 찡그리기도 했다. 그렇게 안절부절 못하던 나는 결국 가장 높은 입찰가를 불러 집을 입찰 받은 후에야 두 손을 멈출 수 있었고 집은 우리 차지가 되었다.

몇 년이 흐른 후 사랑스러운 마리아가 다른 곳으로 이사하고 싶다고 말했다. 어색한 정적이 흐른 후 나는 겨우 용기를 내 그녀에게 소심하게 물었다. "나도 같이 가도 될까?" 우리 부부 사이에 몇 안 되는 규칙 중 하나는 바로 사랑스러운 마리아가 나를 떠나기로 마음먹으면, 반드시 나를 데리고 가야 한다는 것이었다.

사랑스러운 마리아가 새집으로 이사할 생각에 들떠 하자 나도 덩달아 신이 나기 시작했다. 나는 길 건너에 있는 집을 가리키며 말했다. "저 집 매물로 나와 있던데. 저기로 이사하면 어때?" 마리아는 내가 이사 비용이 아까워 그런 말을 했다고 생각했는데, 사실 정말로 이사 비용이 아까워서 그랬다. 우리는 길 건너에 있는 집을 샀고, 우리가 살던 집 마당에는 '매매'라는 팻말을 내걸었다. 이틀 만에 다섯 명이 집을 보러 왔다. 바로 건너편 집으로 이사 가는 것이어서 우리는 그저 집을 살 사람이 아니라 좋은 이웃을 원했다. 매입자와 이웃은 천지 차이다. 매입자와는 집을 사고팔면 끝이지만, 이웃과는 삶을 공유하기 때문이다. 우리는 살림살이를 박스에 담기 시작했다. 그러는 동안에도 계속해서 새로운 이웃 후보들을 면접했다.

나는 우간다 영사였기 때문에 길 건너 새집으로 이사한 후 제일 마지막으로 우간다 국기를 달았다. 사실 아는 사람이 많지 않지만, 영사가 사는 곳과 우간다 국기가 게양된 곳은 우간다 영토다. 믿기 어렵기는 해도 우리 집은 외국에서 미국에 파견한 외교 공간이다. 만약 당신이 살면서 큰 잘못을 저질렀다면, 우리 집으로 와 망명 신청을 할 수도 있다. 만약 집에 무슨 일이 생기면, 우리는 경찰에 신고하지 않는다. 대신 연방 수사관을 부르면 몇 분 안에 담당 요원이 문을 두드린다. 신고한 적은 딱 한 번뿐이었지만, 꽤 멋진 경험이었다.

우리가 살던 집을 사고 싶다는 사람들을 모두 만나 본 후, 우리 가족은 만장일치로 캐럴을 새로운 이웃으로 선택했다. 후보들 중에서 그녀가 가장 두드러졌다. 50대 초반의 미망인이었던 그녀는 친척과 더욱 가까운 곳에서 살기 위해서 샌디에이고로 이사 오면서 해변가 주변에서 집을 찾고 있었다. 성경에는 우리가 미망인을 돌봐야 한다는 구절이 많이 등장한다. 하나님이 단순히 그들을 챙겨 주시려고 이런 말씀을 하셨다고 생각하지 않는다. 미망인을 돌봄으로써 우리도 많은 것을 배울 수 있음을 하나님은 알고 계셨을 것이다. 우리 가족은 그녀를 껴안으며 이렇게 말했다. "캐럴, 우리 동네에 온 것을 환영해요." 몇 주 후, 우리는 그녀의 어마어마한 사랑과 친절함을 몸소 겪게 되었다.

아이들은 자라면서 길 건너 캐럴의 집에 자주 드나들었다. 그녀에게 직접 만든 미술 작품을 보여 주기도 하고 복도에서 피구를 하도록 허락받은 이야기와 거기에 '복도 피구'라는 이름을 붙였다는 이야기도 했다. 아들 녀석인 리처드는 거실에서 개구리를 잃어버린 일과 딸아이 린지가 바비 인형의 결혼식 주례를 본 일 등을 캐럴에게 전하기도 했다. 이야기를 들을 때마다 캐럴은 놀랍고 재미있다는 듯 일부러 손으로 입을 가리며 소녀처럼 깔깔 웃었다. 그녀는 아이들이 들려주는 이야기에 만족하지 않고 늘 더 말해 달라고 졸랐는데, 대개 도망간 개구리에 대한 이야기를 궁금해했다. 그녀는 아이들과 놀아 주면서 산처럼 쌓은 쿠키를 먹이기도 했다.

몇 년이 흐른 뒤 리처드는 우리 집 뒷마당에서 애슐리와 결혼식을 올렸고, 맨 앞줄에 앉은 우리 부부 바로 옆에는 캐럴이 있었다. 우리에게 그녀는 단순한 이웃이 아니었다. 우리는 가족이었다.

캐럴이 우리 이웃이 된 지 이십여 년이 지나는 동안, 나는 일주일에 한두 번은 그녀에게 전화를 걸어 안부를 묻고는 했다. 우리의 통화는 길지 않았지만, 늘 특별했다. 그러던 어느 날, 여느 때처럼 그녀에게 전화해 어떻게 지내냐고 물었더니 그녀답지 않게 떨리는 목소리로 말했다. "밥, 방금 의사를 만나고 돌아왔는데 안 좋은 소식을 전하더군요. 내가 암에 걸렸대요." 그녀의 말을 듣자 전화선에 뭔가 달리기라도 한 듯 수화기가 무겁게 느껴졌다. 캐럴이 얼마나 두려워하는지 느껴졌다. 나는 잠시 생각한 후 이렇게 말했다. "캐럴, 내가 뭘 좀 가져갈게요." 물론 그녀는 내 말을 이해하지 못했다.

나는 곧장 전자제품 매장으로 달려가 휴대용 무전기를 두 개 샀다. 하나는 캐럴의 침대 옆에 두고, 하나는 우리 집 안방 침대 옆에 두었다. 캐럴과 나는 무전기로만 대화하기 시작했다. 처음으로 그녀에게 무전을 보내면서 나는 이렇게 말했다. "응답하라, 캐럴." 영화에서 보던 것처럼 무전기는 지지직거리는 소리를 냈다. 길고 긴 몇 초가 지난 후, 무전기 너머에서 캐럴의 목소리가 들려왔다. "밥, 당신이에요?" 나는 웃으면서 이렇게 생각했다. '그럼 나 말고 도대체 누구?'

무전기로 대화하다 보면 이상한 일이 벌어진다. 종이컵 두 개를 실로 연결해 대화하는 듯한 기분이 들기 때문이다. 대화를 나누는 두 사람 모두 아홉 살짜리가 된다. 더 이상 암에 걸린 사람도, 홀로 남겨진 사람도, 두려움을 느끼는 사람도 없다. 우리 집과 캐럴의 집은 이제 나무 위의 오두막이 된 듯했고, 무전기는 종이컵 역할을 했다. 이후 몇 년 동안 캐럴과 나는 무전기로 대화를 주고받았다. 무전기로 암을 고치지는 못했다. 그러나 더욱 멋진 일이 일어났다. 캐럴은 더 이상 두렵지 않았다.

예수님의 제자들이 천국에서 누가 예수님과 가장 가까이에 앉을지를 두고 실랑이를 벌일 때, 예수님은 그들에게 어린아이처럼 되지 않으면 아무도 천국에 가지 못한다고 말씀하셨다. 아마도 우리에게는 아이처럼 순수한 믿음이 필요하다는 뜻일 것이다. 어떤 의미인지 충분히 납득할 수 있다. 유치하게 굴어야 천국에 갈 수 있다는 말이 아니다. 이미 많은 사람이 유치한 행동을 일삼고 있다. 거창한 기도나 화려한 말 역시 우리를 천국으로 데려다 주지 않는다. 확고한 믿음만 있으면 된다. 장황한 말은 필요 없다. 믿음을 쉽게 얻으려는 마음도 버려야 한다. 믿음이란 쉬울 수가 없기 때문이다. 대신 단순하게 생각해야 한다. 왜냐하면 믿음은 단순하기 때문이다. 어른들이 겨우 초보 딱지를 떼는 일들을 아이들은 순식간에 익힌다. 아이들의 믿음은 단순할 뿐만 아니라 아이들은 어른들이 두려워하는 일들을 무서워하지 않는다. 모르는 것에 대한 호기심이 아는 것에 대한 두려움보다 훨씬 더 크기 때문이다.

나는 성경에서 한 구절이 특히 두드러진다고 생각한다. 대단하거나 심오하고 신학적인 구절은 아니지만, 그렇기 때문에 오히려 대단하고 심오하며 신학적이다. 바로 "두려워하지 말라"다. 모세의 후계

자가 될 자격이 없다고 스스로를 바라보던 여호수아에게 하나님은 "두려워하지 말라"라고 말씀하셨다. 아브람에게도 똑같은 말씀을 하시며 하나님이 그의 방패이자 지극히 큰 상급이라고 하셨다. 또한 예수님이 물 위로 걸어오심을 보고 겁에 질린 제자들에게 단호하게 말씀하셨다. "두려워하지 말라." 우리가 이 말씀에 얼마나 힘을 부여하느냐에 따라 우리의 삶에 미치는 영향력이 달라진다. 사랑을 베푸는 이들 역시 우리와 마찬가지로 불안함을 느낀다. 다만 그들은 두려움에 끌려다니지 않는다.

아이처럼 믿고 두려워하지 말라는 예수님의 말씀을 마음에 새긴다면, 단순히 지금 처한 상황이 나아지길 원하는 것에서 주어진 상황을 극복하는 힘으로 바꿀 수 있다. 문제로부터 달아나거나 숨는 대신, 적극적으로 관여하고 받아들이게 되는 것이다. 이 말씀은 우리에게 침착한 자신감과 다른 이에게도 전달되는 희망을 심어 준다. 놀라운 것은 우리가 두려움이 아닌 아이처럼 순수한 믿음으로 세상과 부딪히면, 우리 주변에 있는 사람들도 더 이상 세상을 무서워하지 않는다는 점이다. 소망과 용기 역시 똑같은 역할을 한다. 제 역할을 하도록 내버려 두면 마치 감기처럼 번져 나간다. 우리 모두에게 이로운 감기인 셈이다.

캐럴은 암과 길고도 맹렬한 싸움을 시작했다. 암은 그녀의 몸 곳곳으로 퍼져 나갔다. 그러나 그녀의 정신만큼은 건드리지 못했다. 이유는 간단했다. 그녀는 더 이상 두렵지 않았다. 암을 방어하는 대신 공격 태세를 갖추게 된 것이다.

나는 항암 치료를 받으러 가는 그녀를 데려다 준 적이 있다. 우리는 치료 의자 위에 나란히 앉아 많이 웃었다. 나는 가방에 알록달록한 작은 우산들을 가져갔는데, 우산을 펼치고는 간호사에게 내 팔에도 링거를 꽂아 달라고 부탁했다. 캐럴과 나는 하와이에 있는 수영장에 앉아 있다고 상상했다. 사랑하는 사람과 함께 있을 때는 그곳이 어디인지를 마음대로 정할 수 있다. 현실 세계와 다르더라도 상관없다.

캐럴의 치료는 매우 효과적이었지만, 여러 장애물을 만나기도 했다. 치료 초반에는 응급 수술을 받기도 했다. 수술이 끝난 후 나는 회복실을 찾았다. 캐럴이 누운 침대를 둘러싼 커튼 아래로 복잡하게 엉킨 선들이 보였다. 나는 캐럴을 담당하는 간호사에게 찾아가 무전기를 건넨 뒤 캐럴에게 전해 달라고 부탁했다. 그러고는 그녀 몰래 옆 침대에 누웠다.

나는 몇 분간 조용히 앉아 하나님께 내 친구의 병을 낫게 해 달라고, 그녀를 살려 달라고 간절히 부탁했다. 그러고는 무전기를 켜고 속삭였다. "응답하라, 캐럴." 무전기는 또다시 지지직거리는 소리를 냈다. 한참 동안 침묵이 이어지더니, 캐럴이 누워 있는 커튼 너머로 부스럭거리는 소리가 들렸다. 그리고 희미한 목소리가 무전기에서 흘러나왔다. "밥? 당신이에요?" 우리는 둘 다 베개를 벤 채 흐르는 눈물 사이로 웃음을 터뜨렸다.

CHAPTER 3

모두를, 언제나 사랑하라

"서로 사랑하라." 단순한 일은 대개 쉽지 않고,
쉬운 일은 대개 오래가지 않는다.

바로 나와 같은 변호사가 예수님을 시험하려고 했다. 변호사는 예수님에게 가장 위대한 계명이 무엇이냐고 물었다. 내 생각에 그는 아마도 계시를 듣고 싶어 했던 것 같은데, 예수님은 그 대신 그에게 삶의 목적을 알려 주셨다. 마음과 힘과 뜻을 다해 진심으로 하나님을 사랑하는 것이라고 말이다. 그런 다음 예수님은 변호사가 청하지 않은 실질적인 조언을 덧붙이셨다. 자신을 사랑하는 것처럼 이웃을 사랑하라는 말씀이었다. 우리는 종종 이 두 가지가 따로 떨어져 있다고 생각하지만, 예수님은 하나님을 사랑하는 것과 우리 이웃을 사랑하는 것이 따로 뗄 수 없는 가르침이라고 생각하셨다. 예수님의 마음속에서는 둘 다 가장 중요한 일이었다. 나는 우리가 하나님이 우리 곁에 두신 사람들을 사랑하지 못한다면 하나님도 사랑할 수 없는 존재임을 예수님이 아셨기 때문에 이런 말씀을 하셨다고 생각한다. 쉽게 말해 계시를 바라는 대신 삶에서 만나는 이들에게 사랑을 베풀어야 한다. 학교에서는 우리 옆집에 사는 이웃을 사랑하는 방법을 가르쳐 주지 않는다. 아무도 우리에게 이웃을 완벽하게 사랑하라고 요구하지 않는다. 그러나 우리는 대담하게, 맹렬히, 그리고 터무니없을 정도로 우리의 이웃을 사랑해야 한다.

우리에게 주어진 임무는 비단 이웃만 사랑하는 것이 아니다. 예수님은 우리가 이웃을 사랑하는 것에서 시작해야 한다고 생각하셨다. 아마도 우리가 바로 옆에 사는 사람들을 사랑하지 못한다면 전 세계를 사랑할 수 없다는 사실을 아셨을 것이다. 예수님은 또한 우리의 이웃이 누구인지 정확하게 말씀하지 않으셨다. 우리가 사랑하지 않아도 되는 사람들의 목록을 만들지 못하게 하기 위해서일 것이다.

우리는 매일 이웃과 함께 시간을 보낸다. 우리의 이웃은 눈앞에도, 등 뒤에도, 그리고 양옆에도 있다. 어디를 가든 이웃을 만날 수 있다. 장을 보거나 시의회 회의에 참석하는 사람들도 전부 우리 이웃이다. 길가 모퉁이에서 판자로 만든 팻말을 들고 서 있기도 하고 옆집에서 땅에 떨어진 나뭇잎을 쓸고 있기도 한다. 고등학교에서 축구를 하기도 하고 우편을 배달하기도 한다. 고아와 소방관, 목사와 파일럿 모두 우리 이웃이다. 길거리에서 생활하는 이도, 다리를 설계하는 이도 마찬가지다. 신학교와 교도소에도 우리 이웃이 있다. 우리를 지도하기도 하고 괴롭히기도 한다. 우리의 눈길이 닿는 곳마다 이웃이 있다. 모두가 가지고 있는 한 가지 공통점은 바로 우리는 누군가의 이웃이며, 모든 사람은 우리의 이웃이라는 것이다. 이는 하나님이 처음부터 만드신 단순하지만 훌륭한 기본 계획이다. 하나님은 이 세상을 전부 우리 이웃으로 만드셨다. 우리는 이 땅을 지구라고 부르지만, 하나님은 아주 커다란 이웃이라고 부르신다.

우리는 종종 이웃에게 사랑을 베풀면 일어나게 될 일을 두려워한다. 그래서 이웃을 마음껏 사랑하지 못한다. 그런데 솔직히 나는 이웃을 사랑하지 않을 때 일어날 일들이 더 두렵다. 두려워하지 않는다는 것은 한순간에 결정할 수 있는 일이 아니다. 그러나 시간과 올바른 도움을 받는다면 두려움을 극복할 수 있다. 나름대로 노력을 기울일 수는 있겠지만, 예수님께서 말씀하신 삶을 사는 데 필요한 용기는 오직 그만이 주실 수 있다.

지난 22년 동안 우리는 이웃에게 감사를 표하기 위해 새해맞이 퍼레이드를 열어 왔다. 블록 끝에 있는 막다른 골목에서부터 시작해 우리 집 앞마당까지 행진이 이어진다. 우리 가족은 매년 새해 아침 일찍 일어나 천 개가 넘는 헬륨 풍선을 만든다. 헬륨 부족 사태의 주범이 바로 우리 가족일 것이다. 부푼 풍선을 집 밖으로 꺼내기 전 우리는 먼저 이웃들에게 그들과 함께 나눈 일상에 대해 감사 인사를 전한다.

우리 블록에는 길 양쪽으로 스무 채 정도의 집밖에 없어서, 사실 퍼레이드가 그렇게 길지 않다. 퍼레이드를 준비한 첫해에 참여한 사람은 여덟 명뿐이었다. 그때 우리는 막다른 골목 끝에 서서 멋진 행진처럼 보이게 하려고 애썼다. 누군가 "출발합시다"라고 외쳤고, 우리는 길을 따라 걸어 내려가며 행진을 바라보던 여섯 명의 이웃들에게 손을 흔들었다. 이제는 매년 400~500명의 이웃들이 퍼레이드에 참가한다. 아이들은 동물 인형이나 금붕어를 가득 실은 수레를 이끈다. 화려한 행진 무대는 없다. 대신 바큇살에 야구 카드를 붙인 자전거를 쉽게 볼 수 있다. 요즘에는 참가하는 사람들이 너무 많아 퍼레이드를 시작하기 위해 줄을 서면 발을 떼기도 전에 이미 우리 집 앞까지 사람이 차 있거나 심지어는 우리 집을 지나기도 한다.

우리가 퍼레이드를 준비하는 이유는, 누군지 모르는 사람을 사랑할 수 없기 때문이다. 당신도 마찬가지다. 이웃을 사랑한다고 말하기란 참 간단하다. 하지만 사실, 이를 실천으로 옮기는 것도 똑같다. 이웃을 위한 퍼레이드를 준비하는 것처럼 말이다. 우리 가족은 '이웃을 사랑하라'는 예수님의 말씀 안에 다른 의미가 담겨 있다고 생각하지 않는다. 말 그대로 이웃을 사랑해야 한다는 가르침이다. 이웃과 함께하고 그들과 같이 즐기면 된다. 이웃을 위한 잔치를 준비해 보자. 즐거움이 습관으로 자리 잡으면 사랑은 자연스럽게 따라오기 마련이다.

이십 년 넘게 퍼레이드를 준비했기 때문에 이제는 우리 집 근처에 사는 이웃들과 모두 알고 지낸다. 이웃들이 우리 가족으로부터 무언가를 배웠는지는 모르겠지만, 우리는 이웃으로부터 서로를 사랑하는 방법에 대해 많이 배울 수 있었다. 하나님은 우리에게 이웃이라는 숙제를 내주신 것이 아니라, 교훈과 가르침을 얻을 수 있는 선생님을 주셨다.

우리 가족은 퍼레이드를 따로 계획하지 않는다. 그렇기 때문에 준비하는 데 시간이 많이 필요하지 않다. 오히려 다행이다. 사랑하는 일에는 규칙이 필요 없기 때문이다. 매년 퍼레이드가 열리기 일주일 전, 우리는 몇몇 이웃집을 돌며 왕과 왕비를 뽑는다. 특히 왕비로 뽑힌다는 것은 우리 동네에서 꽤 큰 영광이다. 한 번은 캐럴이 왕비로 뽑힌 적이 있다. 십 년이 지난 후에도 사람들은 모퉁이 가게나 주유소에서 그녀와 마주칠 때마다 고개를 숙여 인사하고 '여왕 폐하'라고 불렀다. 정말 아름다운 모습이었다.

그러던 어느 해, 암 투병을 하던 캐럴은 이번 퍼레이드에는 참석하지 못할 것이라고 생각했다. 나는 당시 사이드카가 달린 오래된 할리 데이비드슨 오토바이를 갖고 있었다. 그래서 그녀를 사이드카에 태우고 퍼레이드에 함께했다. 그녀가 암과 맹렬히 싸우고 있는 것을 모두가 알았기에 그녀는 퍼레이드의 인기 스타였다. 캐럴이 우아함을 뽐내며 사람들에게 손을 흔들자 그들도 손을 흔들어 주었다. 퍼레이드의 끝에 다다르기 전, 캐럴은 나를 향해 고개를 돌리고는 생각에 잠긴 듯이 긴 숨을 내뱉었다. 마치 그녀 인생의 중요한 순간들을 되새기는 것처럼 보였다. 그리고 내게 이렇게 말했다. "있잖아요,

밥. 나는 이 퍼레이드가 정말 그리울 거에요." 나는 사이드카에 타고 있는 내 이웃을 바라보며 대답했다. "나도 그래요, 캐럴. 나도 그래요." 나는 말을 하면서도 하나님께 캐럴이 적어도 한 번은 더 우리와 퍼레이드를 함께하게 해 달라고 부탁했다.

7개월 후, 우리 가족은 막 여행에서 돌아온 참이었다. 캐럴이 또다시 수술을 받기 위해 입원했다는 소식을 들었을 때 나는 아들 리처드와 함께 있었다. 우리는 곧바로 차를 타고 그녀에게 달려갔다. 우리가 서둘러 복도를 지나 캐럴의 병실 안으로 들어갔을 때 의사는 막 병실을 나서고 있었다. 병실 안에는 침울한 정적이 감돌았다. 캐럴은 베개를 베고 침대 위에 누워 있었다. 그녀는 머리를 천장 쪽으로 살짝 젖힌 채 양손을 가지런히 모으고 눈을 감고 있었다. 의사가 캐럴에게 죽음이 멀지 않았다고 말한 모양이었다. 우리는 침대 위에 앉아 함께 눈물을 흘렸다. 그런 다음 풍선과 퍼레이드, 영생과 예수님에 대한 이야기를 나누었다.

캐럴은 그녀에게 남은 마지막 며칠을 친구들 그리고 이웃들과 보내기 위해 우리 집 길 건너에 있는 그녀의 집으로 돌아왔다. 그녀는 아무것도 먹고 싶지 않아 했다. 이미 그녀의 몸이 서서히 멈추기 시작했기 때문이었다. 우리는 계속해서 그녀에게 뭐라도 먹이려고 애썼다. 이따금 그녀는 특정 음식을 몹시 먹고 싶어 했다. 어느 날 그녀는 내게 정확히 한 종류의 핫도그가 당긴다고 말했다. 그녀는 핫도그의 두께와 길이, 그리고 색깔에 대해서 아주 자세하게 설명해 주었다.

아마도 캐럴이 원했던 핫도그를 만드는 회사는 일 년에 고작 네다섯 개의 제품만 만드는 것이 분명했다. 왜냐하면 캐럴이 설명한 브랜드의 핫도그를 찾기 위해 열 군데도 넘는 식품점과 델리를 돌아다녔지만 어느 곳에서도 구할 수 없었다. 하지만 결국 작게 포장된 핫도그를 손에 넣게 되었다. 마치 보물찾기를 한 기분이었다. "좋았어!" 나는 식품점 안 3번 통로에서 핫도그를 집어 들고 양팔을 번쩍 들어 올리며 소리쳤다. 하마터면 엔드 존에서 미식축구공을 내리치듯 핫도그를 땅에 꽂을 뻔했지만, 겨우 정신을 차렸다.

나는 서둘러 캐럴의 집으로 돌아가 마치 언약궤를 열듯 공손하게 핫도그 포장을 뜯었다. 캐럴에게는 이미 그녀가 원하는 핫도그를 구해 오리라고 장담한 후였다. 그녀는 포장을 보자고 말했다. 심신이 미약한 상태에서도 그녀는 구하기 쉬운 일반 핫도그를 주는 것은 아닌지 확인하고 싶어 했다.

캐럴은 한 번에 찻숟가락 정도의 음식만 삼킬 수 있었다. 사랑스러운 아내 마리아는 캐럴이 볼 수 있도록 커다란 핫도그 모형을 만들어 높이 쌓아 올렸다. 다진 양파와 소형견 크기만 한 피클을 올린 대형 핫도그였다. 나는 내가 가장 아끼는 야구 모자를 쓰고 캐럴의 집으로 건너갔다. 우리는 그녀 앞에 놓인 은쟁반 위에 모형 핫도그를 올려놓았다. 그리고 핫도그를 잘게 잘라 찻숟가락 4분의 1 정도씩 떠먹이며 그녀에게 모형 핫도그를 보라고 말했다. 레드삭스 경기를 보면서 핫도그를 한입 가득 베어 물었다는 상상을 하라는 주문도 함께 했다. 우리 친구들은 우리를 위해 이런 일을 마다하지 않는다. 예수님이 말씀하신 삶을 조금씩, 때로는 찻숟가락 한 스푼만큼 우리에게 보여 준다.

늘 해 보고 싶었던 일들을 적어 놓은 버킷 리스트를 가지고 있는 사람들도 있다. 나는 하고 싶은 일이 너무 많은 사람이라 따로 버킷 리스트가 없다. 만약 내가 버킷 리스트를 만든다면 '하고 싶지 않은' 두세 개의 일을 적는 편이 빠를 것이다. 예를 들면 뱀에게 얼굴을 물리는 일처럼 말이다. 솔직히 말해 이것마저도 흥미롭다. 나는 캐럴에게 항상 하고 싶었지만 좀처럼 기회가 없었던 일들을 적은 버킷 리스트가 있는지 물었다. 캐럴은 잠시 생각하더니 눈을 반짝이며 대답했다. "있잖아요, 한 번도 두루마리 휴지로 누군가의 집을 엉망으로 만드는 장난을 쳐 본 적이 없어요."

며칠 후 오후 네 시쯤, 캐럴이 무전기로 나를 호출했다. "얼른 가요!" 그녀가 소리치듯 말했다. 나는 그녀에게 그런 장난은 대개 어두컴컴한 밤에 한다고 설명하려다 잠시 생각한 후 큰 소리로 대답했다. "지금 바로 갈게요!" 나는 변장을 위해 코주부 안경을 챙겼다. 우리는 철없는 고등학생들처럼 양손에 두루마리 휴지를 들고 길 건너로 갔다. 그곳에서 우리를 기다리던 사랑스러운 마리아의 손에도 두루마리 휴지 열두 개가 들려 있었다. 우리가 가장 좋아하는 이웃 중 한 명의 앞마당에는 커다란 나무들이 있었다. 캐럴은 키득거리며 나무 위로 휴지를 던지기 시작했다. 우리가 미처 놓친 곳을 알려 주기도

했다. 어찌나 팔 힘이 좋은지 그녀는 휴지를 곧잘 던졌다.

이웃집 나무를 멋지게 꾸미는 작업이 거의 끝날 때쯤, 순찰을 하던 경찰차가 이쪽을 향해 다가왔다. 캐럴이 꼭대기에 있는 나뭇가지 위로 휴지를 던지려는 순간, 마치 영화감독의 지시라도 받은 것처럼 극적으로 나타난 것이다. 경찰차가 다가올 때까지 그녀는 머리 뒤로 젖힌 팔을 내리지 않았다. 그녀의 시선이 경찰차에서 나무로, 다시 경찰차로 옮겨갔다. 경찰차의 불이 켜지고 경찰이 차에서 내렸지만, 그녀는 아랑곳하지 않고 마지막 휴지를 던졌다. 아직 코주부 안경으로 변장한 상태였기 때문에 어쩌면 도망갈 수 있을지도 모른다고 생각했을 것이다.

경찰관들은 우리에게 두루마리 휴지로 누군가의 집을 엉망으로 만드는 것이 경범죄라는 사실을 아느냐고 물었다. 나는 그들을 쳐다본 후 캐럴을 팔로 감싸며 말했다. "경관님, 저에게는 외교관 면책권이 있고, 이분은 암에 걸리셨어요. 원하시면 우리를 체포하시죠."

경찰관들은 서로를 쳐다보며 빙긋 웃었다. 무슨 말인지 이해한 듯 보였다. 거리에 서서 캐럴이 어떤 옥살이를 하게 될지 이야기하는 동안 그들은 인정 가득하고 유머러스한 태도를 유지했다. 나는 그녀에게 교도소 음식은 입맛에 맞겠지만 샤워 시설은 정말 마음에 안 들 것이라고 말했다. 또 그녀가 다른 중대한 범죄를 저지르기 전에 그녀의 손목에 수갑을 채워 큰집에 데려가는 것이 좋겠다고 제안했다. 우리는 차를 타고 떠나는 경찰관들에게 손을 흔들어 주었다.

아이들이 어렸을 때 쉽게 잠들지 못하면 나는 눈썹부터 콧등까지 손가락 끝으로 부드럽게 쓸어내리고는 했다. 그러면 매번 단 몇 분 만에 아이들을 재우는 데 성공했다. 캐럴은 가을부터 크리스마스까지 우리 곁을 지켰다. 하지만 상태가 많이 안 좋았다. 나는 그녀의 집으로 건너가 잠깐이라도 그녀 안에서 진행되는 암과의 싸움에서 쉴 수 있도록 손가락으로 코를 쓰다듬어 주었다. 우리는 함께 기도했고 예수님과 이웃에 대한 이야기를 나누었다. 그러던 어느 날, 이웃들이 캐럴의 집으로 와 직접 정원에서 키운 꽃들을 창문 너머로 건네주었다. 캐럴의 침대에는 이웃이 선물한 꽃들로 가득했다. 이타적인 사랑은 가장 어두운 곳도 환한 꽃밭으로 바꾸는 힘을 가지고 있다.

기력이 허락할 때면 캐럴은 거실에서 친구들과 시간을 보냈다. 그녀는 힘없는 손가락으로 창문 너머로 보이는 길 건너 나무를 가리켰다. 아직도 맨 꼭대기 나뭇가지 위로 휴지가 깃발처럼 휘날리고 있었다. 그녀는 킥킥거리며 이렇게 말했다. "내가 한 거야." 겨울 동안 캐럴은 하루가 다르게 힘을 잃어갔다. 잠이 들어도 불편해 보였다. 낮과 밤의 경계가 희미해지기 시작했고 자는 시간이 점점 더 길어졌다.

새해 첫날, 캐럴은 겨우 숨을 내쉴 수 있었다. 침대 밖으로 나오기에 그녀는 너무 약해져 있었다. 하지만 한때 여왕으로서 군림하던 퍼레이드 날까지 잘 견뎌 주었다. 마지막 몇 달간의 싸움에서 그녀가 용기를 낼 수 있었던 것은 아마도 퍼레이드 때문이라고 생각한다. 퍼레이드가 시작되기 직전, 아들 리처드와 아담, 그리고 사위 존이 캐럴의 집으로 건너가 길이 내다보이는 창문 앞으로 그녀를 옮겼다.

곧 퍼레이드가 시작된다는 것을 알리는 음악 소리가 들렸지만, 창문 모서리가 캐럴의 시야를 가로막았다. 그녀는 모르고 있었으나 사실 우리는 행진 경로를 미리 바꾸었다. 곧 500명의 사람들이 그녀의 앞마당을 가로질러 행진했다.

나는 캐럴 옆에 앉아 그녀의 손을 잡고 수백 명의 친구들과 이웃들이 창문 앞을 지나가는 것을 바라봤다. 사람들은 창문에 코를 대고 캐럴에게 손을 흔들며 풍선을 튕겼다. 캐럴은 야윈 손가락을 천천히 입으로 가져가 한 명 한 명에게 작별의 손 키스를 보냈다. 며칠 후, 예수님이 캐럴을 천국으로 데려가셨다. 그녀는 일주일 만에 두 번째 퍼레이드를 즐겼을 것이다.

천국에 황금으로 만든 길이 깔려 있는지 나는 알 수 없다. 하지만 길을 따라 풍선이 놓여 있으면 하는 바람이다. 아마도 퍼레이드의 끝에 다다르면 예수님이 우리에게 손 키스를 날리며 우리의 코를 쓰다듬어 주시고 새로운 이웃이 온 것을 환영해 주실 것이다. 그때가 오면, 예전처럼 다시 한 번 캐럴과 가까이에 있는 집에서 살 수 있기를 바랄 뿐이다.

CHAPTER 4

노란 트럭

사람들에게 어떤 삶을 살아야 하는지 말하는 대신
그들이 어떤 존재인지 말해 주어야 한다.

로스쿨을 졸업하고 난 후 나는 아버지로부터 노란 픽업트럭을 샀다. 주행 거리도 짧았고 상태도 양호했다. 아버지에게 현금을 드렸더니 열쇠를 던져 주셨고 나는 차에 올라탔다. 진입로를 빠져나오려는데 아버지가 창문을 두드리셨다. 나는 창문을 내렸다. 아버지는 자동차 덮개를 가리키며 이렇게 말씀하셨다. "오일을 교환해야 할 거야." 나는 예의 바르게 고개를 끄덕이고 집으로 향했다. 아버지는 정말 훌륭한 분이시고 나는 아버지를 매우 사랑한다. 하지만 다 큰 내게 아직도 잔소리하신다는 점이 짜증이 났다. 곧 나는 원래 아버지는 다 그렇다고 생각하며 잊으려고 애썼다.

그 후 아버지를 또 보러 갔고 우리는 즐거운 시간을 보냈다. 출발하기 전 아버지는 트럭의 오일을 교환하는 게 좋겠다고 다시 한 번 말씀하셨다. 아버지는 만날 때마다 같은 이야기를 하셨다. 오일 교환에 대한 잔소리가 우리 둘 사이에 일종의 습관처럼 자리 잡은 듯했다. 나는 이미 어른이었기 때문에 아버지의 참견이 달갑지 않았다. 어차피 이제는 '내' 트럭 아닌가. 오일을 교환하라고 아버지가 말할 때마다 나는 혼잣말로 내가 하고 싶을 때까지 단 한 방울의 오일도 바꾸지 않겠다고 중얼거렸다. 아버지가 맞다는 것을 알지만 눈앞에 오일을 갖다 놔 줘도 손댈 생각이 조금도 없었다.

이유가 무엇이냐고? 간단하다. 잔소리가 싫다. 주변을 탐색하고 결과를 분석해 다음 행동을 스스로 결정하는 것은 인간의 본능이다. 우리는 여러 가지 방법으로 잔소리에 저항한다. 때로는 날카로운 말과 행동으로 상대에게 거리를 두라는 신호를 보낸다. 소극적으로 최소한의 예의만 갖추고는 누가 봐도 무관심한 태도로 잔소리에 방어하기도 한다. 우리가 이렇게 행동하는 이유는 복잡한 만큼 단순하다. 상대방이 나를 마음대로 주무르려고 한 말이 아닐 때도 꼭 그렇게 느껴지기 때문이다.

아버지 역시 내가 잘못되기를 바라서 오일을 교환하라고 계속 말씀하신 것이 아니다. 오히려 그 반대다. 나를 매우 사랑하셨고 내가 종종 부주의하다는 것을 잘 아셨다. 특히 내가 자동차의 유지 관리에 소홀하다는 점을 나도 알고 아버지도 아셨다. 아버지는 트럭의 오일을 교환하지 않으면 트럭이 망가진다는 것도 아셨다. 나를 사랑하셨고 내가 망가진 트럭 때문에 고생하는 것을 원하지 않아서 내게 무엇을 해야 하는지 알려 주시려고 했다. 아들이 나쁜 일을 겪지 않도록 도와주려고 했지만 오히려 역효과를 낳았다. 누구나 이런 일을 경험한다.

우리 중 누군가는 평생 남들로부터 어떻게 살아야 하는지 강요받기도 한다. 예를 들어 운동해야 한다는 말을 듣거나 살을 빼야 한다는 말을 듣는다. 대학이나 대학원에 가야 하고 특정 직업을 가져야 한다는 이야기도 듣는다. 결혼을 해야 하고, 아이를 가져야 한다는 강요도 받는다. 물론 모두 선의에서 비롯된 말들이다. 타인을 해치기 위해 하는 말은 아니다. 하지만 듣는 입장에서는 아무렇지 않게 받아들이기 어렵다.

교회와 성경 학교, 나아가 신앙 공동체에서도 비슷하지만 살짝 다른 문제가 발생한다. 우리는 누군가로부터 하나님이 허락하신 일과 그렇지 않은 일이 무엇인지 듣는다. 술을 마시거나 욕을 하면 안 된다고 배운다. 특정 영화를 보지 말라는 이야기를 듣기도 한다. 아침에는 말씀을 묵상하는 시간을 가져야 하고, 낯선 사람과 '하나님과의 관계'에 대해서 이야기를 나누라는 말을 듣는다. '선교 활동'을 가고 싶어 해야 하며, 사람들 앞에서 믿음을 '간증'해야 한다고 강요받기도 한다. 가끔은 정확한 뜻도 모른 채 시키는 대로 하지만, 대개 오래 가지 못한다. 시간이 지나면서 믿음은 더 이상 진정한 믿음이 아니라 그저 지켜야 하는 규칙으로 둔갑한다. 문제는 그저 규칙을 잘 따르기만 한다면 우리가 연기자와 다를 바 없다는 것이다. 스스로 결정하는 대신 존경받아 마땅하다는 누군가가 쓴 대본을 그대로 읽어 내려가는 것일 뿐이다. 결국 혼자 힘으로 결정하는 능력은 점점 더 사라진다.

문제가 복잡하고 어려운 만큼 해결책은 간단하고 쉽다. 사람들에게 어떤 삶을 살아야 한다고 지적하는 대신 그들이 어떤 존재인지 말해 주는 것이다. 우리는 가장 사랑하는 사람이 말하는 우리 모습대로 살아간다.

성경을 보면 하나님은 늘 우리가 누구인지 말해 주고 계심을 알 수 있다. 모세에게 그가 지도자라고 말씀하시니 정말로 모세가 지도자가 되었다. 노아에게 배를 만들라고 하시니 정말로 배를 만들 수 있게 되었다. 아이가 없던 사라 역시 어머니가 된다 하시니 어머니가 되었다. 베드로에게 반석이라고 말씀하시니 그가 교회의 반석이 되었다.

하나님이 우리를 사랑하시는 것처럼 우리도 다른 이를 사랑하려면, 사람들에게 어떤 식으로 살라고 말하기 전에 나부터 하나님의 가르침을 본받아야 한다. 우리는 서로에게 이 방향이 옳다고 이야기하지만 사실 그중 어떤 것도 우리를 예수님 가까이 인도하지 않는다. 의도와는 다르게 오히려 그러한 말들이 예수님에게서 멀어지게 만드는 경우가 대부분이다. 문제는 우리 스스로 다른 사람의 행동을 감시하는 역할을 자처한다면, 예수님의 사랑보다 다른 사람의 인정을 더 중요시하게 되는 실수를 범하게 된다.

규칙을 강요할 때 나타나는 또 다른 문제는 오래가지 않는다는 것이다. 다른 누군가로부터 다른 조언을 들을 때까지만 지속된다. 반면 평생 사라지지 않는 믿음은 말 한마디 없이 우리가 가장 어려운 시기를 극복하도록 돕는다.

사람들에게 무엇을 원해야 하는지 말하다 보면 감시자가 될 뿐이다. 진정으로 사랑을 베푸는 사람들은 감투를 벗고 대신 받은 은혜를 나눈다. 만나는 사람에게 그들이 누구인지 말해 보자. 그리고 내가 끼어들지 않아도 그들이 아름다운 삶을 찾을 수 있도록 하나님이 인도하실 것이라는 믿음을 갖자.

노란 트럭을 몇 년 동안 몰고 다녔더니 제대로 돌아가는 곳이 없었다. 주행 거리가 16만 킬로미터를 넘겼지만 그때까지도 오일을 교환하지 않았다. 농담이 아니다. 문도 잠기지 않았고 앞 유리창의 와이퍼도 말썽이었다. 주유 구멍 뚜껑도 제대로 닫히지 않았다. 자동차가 얼마나 엉망진창이었는지 짐작할 만하다.

곧 태어날 아기를 둔 초짜 변호사였던 나는 샌디에이고에 있는 대형 로펌에 들어가게 되었다. 양복과 셔츠 몇 장을 살 정도의 돈을 모을 수 있었지만, 주머니 사정은 빠듯했다. 회사가 있던 도심은 주차 공간이 턱없이 부족했다. 회사 건물 주차장만으로는 직원들의 차를 다 수용하지 못할 정도였다.

회사에서는 모든 직원에게 길 건너에 있는 비싼 주차장을 이용할 수 있도록 200달러를 지원해 주었다. 자금이 넉넉지 않은 사람에게는 큰돈이었기에, 나는 주차비를 따로 챙기고 내 노란 트럭을 길가 아무 곳에나 주차하기로 마음먹었다. 내가 찾은 유일한 주차 공간은 사무실에서 걸어서 20분이나 떨어진 기찻길 반대편이었다.

어느 겨울날, 나는 조금 일찍 사무실을 나서서 트럭을 주차한 곳으로 갔다. 운전석에는 노숙자가 타고 있었고, 반대편 조수석에는 그의 장바구니가 놓여 있었다. 차 문이 열린 것을 보고 추위를 피해 들어간 모양이었다. 내 트럭 앞뒤로 자동차 두 대가 나란히 주차되어 있었다. 그는 마치 자동차 안에서 신호가 바뀌기를 기다리는 사람처럼 앉아 있었다. 운전면허 학원에서 가르치는 것처럼 운전대 두 시와 열 시 방향에 손을 올린 채로 말이다.

나는 트럭으로 다가가 창문을 소심하게 두드렸다. 그를 방해하는 듯한 기분이 들었다. 그는 고개를 들더니 내게 손을 흔들었다. 그러고는 다시 앞을 바라보며 운전대를 잡았다. 앞만 주시하는 그를 몇 분 정도 바라보다가 나는 다시 창문을 두드렸다. 그는 나를 보더니 또 손을 흔들었다. 하지만 이번에는 창문을 열고 미소를 지으며 말했다. "모셔다 드릴까요?"

"오늘은 안 될 것 같군요." 나는 그가 내릴 수 있도록 차 문을 열면서 대답했다. 그는 차에서 내려 내 옆에 똑바로 섰다. 그는 마치 주차 요원을 대하듯 내 어깨를 두 번 툭툭 치고는 휘파람을 불며 걸어갔다. 나는 손에 열쇠를 쥔 채 잠시 그대로 서 있었다.

다음 날, 나는 노란 트럭을 같은 자리에 주차했다. 일이 끝나고 트럭으로 돌아왔는데, 그가 또 운전석에 앉아 있었다. 내가 창문을 두드리자 그가 손을 흔들었고 나도 손을 흔들었다. 그가 내게 데려다 줘도 되겠느냐고 물었다. 내가 거절하자 그는 차 문을 열었다. 그가 내렸고 우리는 자리를 바꿨다. 같은 일이 몇 달이나 반복되었다. 나와 그 사이에 다른 대화는 오가지 않았다. 털이 달린 모자만 없었을 뿐 버킹엄 궁전의 근위병 교대식과 비슷했다. 그는 잠시 머물 곳이 필요했고, 나는 오일을 교환해야 했다. 서로 뭔가 부족한 사람들이 만난 셈이었다.

이 사람에게 정말로 필요했던 것은 낮 시간을 보낼 수 있는 안전한 곳이었다. 따뜻하고 눅눅하지 않은 어딘가가 절실했다. 반면 나는 누군가에게 도움을 준다는 기분을 느끼고 싶었다. 우리 둘 다 필요한 것을 얻었다. 나는 끝까지 그의 이름을 알지 못했고 그 역시 내 이름을 알려고 하지 않았다. 나는 그가 무슨 일을 하는지 몰랐고 그 역시 내가 변호사라는 것을 몰랐다. 나는 그가 왜, 그리고 얼마나 오랫동안 노숙을 하고 있는지 몰랐다. 그 역시 내가 오일을 교환하지 않았다는 사실을 몰랐다. 내가 아는 사실은 그저 내가 매일 퇴근길에 그와의 만남을 기다렸다는 점이다. 그도 나를 만나는 것을 좋아했던 것 같다. 우리는 함께 적절한 리듬을 만들어 냈고 다른 세세한 점들은 중요하지 않았다.

어느 날 일을 끝내고 트럭으로 돌아가는 길이었다. 멀리서부터 운전석이 텅 비어 있는 것이 보였다. 이상한 일이었다. 내 친구의 모습이 보이지 않아 약간 슬펐다. 트럭으로 다가갈수록 왜 그가 나타나지 않았는지 궁금했다. 트럭에 다다랐을 때 그 이유를 알 수 있었다. 트럭 안이 몹시 지저분했다. 빈 맥주 캔과 반쯤 태운 담배, 그리고 쓰레기들이 차 바닥 위에 나뒹굴고 있었다. 계기판의 손잡이 두 개가 보이지 않았다. 그야말로 엉망진창이었다. 왜 그가 트럭 안에 없었는지 알 것 같았다. 아마도 부끄러웠을 것이다.

부끄러움은 우리로 하여금 안전한 곳을 떠나도록 만든다. 다른 사람과 만든 리듬을 깨뜨린다. 그동안 그와 나는 대화할 필요가 없었다. 그러나 그날만큼은 자신의 실수에 대해 내게 설명해야 한다고 생각했을 것이다. 하지만 부끄러움 때문에 그는 침묵을 택했다. 부끄러움은 몇 안 되는 우리의 말도 모두 앗아가 버린다. 삶과 타인에 대한 우리의 사랑을 모두 음소거시킨다. 마치 자신감을 훔쳐 가는 도둑과 같다. 나는 그를 위해 한 것이 별로 없다. 우리는 서로를 알고 지낸 몇 달 동안 거의 아무런 대화도 나누지 않았다. 그가 내게 그랬던 것처럼 나는 그를 조용히 존중했다. 우리는 아무 말 없이 하루에 한 번 서로 자리를 바꿨다. 분명 그날 엄청나게 큰일이 벌어졌고 그는 어떡하면 좋을지 몰랐을 것이다. 그래서 그는 자리를 떠났을 것이다. 그 후 다시는 그를 보지 못했다.

이런 일을 그냥 내버려 두어서는 안 된다. 부끄러움과 두려움은 사람 사이를 갈라놓는다. 바보 같은 언쟁 역시 마찬가지다. 자존심과 그로 인한 부당한 기대 역시 그렇다. 실패와 곤란함도 비슷한 결과를 낳는다. 모두 우리가 듣고 싶어 하는 거짓말을 늘어놓고 우리의 말을 빼앗는다. 삶 속에서 만나는 사람들과의 리듬을 산산조각 내고는 도망가라고 속삭인다.

나는 주행거리가 19만 킬로미터에 다다를 때까지 노란 트럭을 운전했다. 한 가지 덧붙이자면, 한 번도 오일을 교환하지 않았다. 단 한 번도 말이다. 물론 이는 트럭 엔진에 돌이킬 수 없는 손상을 입혔다. 나는 매일 배기관에서 하얀 연기가 나오는 트럭을 몰고 길거리를 누볐다. 우리는 어떤 일을 강요받지 않기 위해 어리석은 행동도 서슴지 않는다. 누군가 우리를 통제하려고 하면 곧바로 새로운 방법으로 바보 같은 일을 저지른다. 예전에 조종당했던 기억이 자연스레 떠오르기 때문이다.

어느 날 아침, 나는 집 밖을 나서서 노란 트럭으로 향했다. 하지만 트럭은 온데간데없었다. 나는 열쇠를 쥔 채 다시 집으로 돌아가면서 누군가에게 트럭을 빌려 준 건 아닌지 생각했다. 시내에서 차를 가지고 오는 것을 깜빡한 걸까? 내 친구가 어딘가에서 운전대의 두 시와 열 시 방향에 손을 올린 채 차 안에 앉아 있는 것은 아닐까? 그럴 리 없었다. 누군가 트럭을 훔쳐 간 것이 분명했다. 사실 어려운 일도 아니었다. 잠금장치가 고장났으니 말이다. 도둑맞은 트럭을 찾는 일 역시 어렵지 않았다. 하얀 연기만 따라간다면 경찰은 트럭을 금방 찾을 것이다.

 2주 후, 경찰에게서 트럭을 찾았다는 연락이 왔다. 하지만 나는 더 이상 트럭을 몰고 싶지 않았다. 어차피 멀쩡한 곳도 없었다. 트럭과 거리를 두고 나서야 트럭의 상태가 심각하다는 것과 오래전 아버지의 말씀이 옳았다는 것을 처음으로 인정할 수 있었다.

 예수님은 사도들에게 아버지와 집 나간 아들에 대한 이야기를 들려주셨다. 집 나간 아들은 다른 사람의 트럭 운전석에 앉아 시간을 보내진 않았지만, 비슷한 행동을 했다. 실수를 저지른 아들은 자신의 행동에 대한 죄책감을 가졌다. 노란 트럭의 내 친구가 그랬던 것처럼 말이다. 하지만 집 나간 아들은 노란 트럭의 내 친구와는 사뭇 다른 행동을 보였다. 아버지와의 관계로부터 영영 도망치는 대신 다시 아버지에게로 돌아갔다. 우리 역시 비슷한 갈림길에 서게 된다. 당신도 한두 번 실수한 적이 있을 것이다. 나도 마찬가지다. 우리는 하나님으로부터 도망치는 대신 다시 그의 품으로 뛰어 들어가야 한다.

 탕자 이야기에 등장하는 아버지 역시 아들에게 다가갔다. 아들을 찾았다는 소식을 들은 아버지는 쓰레기투성이인 트럭을 발견했을 때 내가 하지 못했던 방법으로 축하했다. 그 이유를 알 것 같다. 부끄럽지 않았기 때문이다. 아버지는 아들이 얼마나 큰 잘못을 저질렀는지 생각하지 않았다. 아들 역시 자신의 실수를 마음에 오래 두지 않았다. 두 사람 모두 아들이 잘못된 길을 갔다는 것을 알았지만, 실패의 부끄러움을 넘어 다시 한 번 서로와 함께할 수 있음을 기뻐했다.

이를 본받아야 한다. 사랑하고 또 사랑받은 사람에게로 다시 돌아가 보자. 리듬이 깨졌던 사람들을 떠올려 보자. 오해를 바탕으로 미래를 결정해서는 안 된다. 하나님께 가는 길을 잃어버렸다면, 당신과의 거리를 좁히려는 하나님의 뜻을 받아들이고 다시 기뻐해 보자. 사랑받고 인정받고 또 용서받고 싶은 마음은 누구나 같다.

예수님에 대해서 처음 들었을 때, 나는 그의 가르침이 우리의 행동을 조종하거나 통제하기 위함이 아니라는 사실이 크게 와닿았다. 그 대신 하나님은 우리를 향한 아름다운 소망을 품고 계시며 우리가 누구인지 말씀해 주신다. 우리가 그의 소망을 품을 준비가 안 되었을 때도 우리를 나무라시지 않는다. 우리의 행동과 상관없이 늘 사랑을 베푸신다. 예수님은 우리가 하는 일보다 우리의 마음에 더 큰 관심을 가지신다. 우리에게 어떤 일을 언제 해야 하는지 또는 무엇을 원하는 삶을 살아야 하는지 말씀하시지 않는다. 대신 우리의 성공과 실수를 통해 우리가 누구인지 계속해서 알려 주신다. 예수님은 우리가 그의 자녀라는 사실을 우리에게 일깨우고자 하신다.

CHAPTER 5

리무진 운전사

왕국을 세울 수 있는데 성을 세우는 것은
어리석은 일이다.

　　기독교 라디오 방송인을 위한 전국 콘퍼런스 주최 측으로부터 전화가 왔다. 그는 일 년에 한 번씩 콘퍼런스가 열리는데 다음 회의는 올랜도의 디즈니월드에서 열릴 예정이며, 그때 내가 연사로 와 주었으면 한다며 참석 여부를 기도해 보고 알려달라고 부탁했다.
　　"기도는 당신이 해도 되겠군요." 나는 대답했다. "디즈니월드라면서요. 당연히 가겠습니다!"
　　무언가에 대해 생각하는 것이 기도하는 것과 같은 것인지 잘 모르겠다. 아마도 아닐 것이다. 대개 사람들은 이 두 가지를 혼동한다. 기도는 종종 하나님께 즉흥적으로 도움을 요청하는 외침이기도 하고, 때로는 정해진 목표를 위해 여러 사람이 미리 준비한 결과물이기도

하다. 미리 써 놓은 기도문은 마음에 잘 와닿지 않는다. 마치 아이들이 내게, 또는 예수님이 사도들에게, 메모 용지를 손에 들고 말하는 것처럼 말이다. 제대로 된 기도는 친구와의 대화처럼 자연스럽다. 한마디 한 마디가 장황한 연설이 아닌 들숨과 날숨처럼 느껴진다. 가능한 한 모든 종류의 기도가 필요하겠지만, 기도가 다 같을 이유는 없다고 생각한다. 하나님은 화려한 말에 감동하지 않으신다. 우리의 겸손한 마음에 기뻐하신다.

나는 하루빨리 행사에 참석해 플로리다주 올랜도에 있는 디즈니월드를 보고 싶어서 온몸이 근질거렸다. 평소에 주로 택시를 이용하기 때문에 비행기를 타고 올랜도에 도착한 후 곧바로 택시 승강장으로 걸어갔다. 가는 길에 검은색 모자와 정장을 차려입고 길고 새까만 리무진 앞에 서 있는 남자가 눈에 들어왔다. 그가 들고 있는 팻말에는 '밥'이라고 쓰여 있었다. 처음에는 그가 밥이라는 이름을 가진 다른 사람을 태우러 왔을 것이라고 생각했다. 밥 딜런도 이곳에 온 건가? 한 번쯤은 만나보고 싶었다. 그런데 이름 밑에 '고프'라고 쓰여 있었다. 나는 본능적으로 리무진 앞에 서 있는 사내를 그냥 지나치려고 했다. 하지만 이내 이런 생각이 들었다. '뭐 어때. 한 번도 리무진을 타 본 적 없잖아. 일부러 주최 측에서 돈을 내고 빌린 건데, 타고 가야지!'

나는 팻말을 든 남자에게 다가가 가장 크고 적극적인 목소리로 외쳤다. "제가 밥입니다!" 그러고는 모르는 사람과 대화할 때 항상 그렇듯 팔을 흔들었다. 그는 잠시 나를 위아래로 훑더니 이렇게 물었다. "그렇군요. 그런데 당신은 무슨 일을 하나요?" 그는 아마도 내가 유명한 사람인지 알고 싶었을 것이다. "아, 바로 제가 의학을 개발한 장본인이에요"라고 말하고 싶었지만, 그 대신 간단하게 대답했다. "저는 그냥 밥입니다." 그는 실망한 기색이 역력했다.

"알아요, 나도 그래요." 내가 덧붙였다.

리무진 뒷좌석에 오른 후 우리는 디즈니월드 매직킹덤으로 향했다. 하나님은 어디에나 계시다. 하지만 아마도 디즈니월드에서 많은 시간을 보내지 않으실까? 그곳에서는 아무도 어려운 말을 쓰지 않으며 직업이 무엇이든 상관없다. 직함이나 지위가 사라지는 마법 같은 곳이며, 원하지 않으면 평소의 모습에 매여 있지 않아도 좋다. 우리의 상상력이 마음껏 놀이기구를 탈 수 있고 더는 두려움이 우리 앞을 가로막지 않는다.

나는 디즈니랜드에 있는 성의 설계도를 갖고 있다. 이베이에서 구입했다. 믿을 수 없을 만큼 설렌 나는 설계도의 낙찰 가격으로 아내의 차를 팔기로 했다. 그녀는 이제 동네를 걸어서 다니게 됐다. 시간과 공간, 그리고 자금만 충분하다면 성을 짓는 일은 생각만큼 어렵지 않다. 합판과 마법 가루, 그리고 망치를 휘두르고 개폐교를 만들 여러 명의 인부만 준비한다면 얼마 후에 성을 완성할 수 있다.

사실 우리는 늘 성을 짓는다. 직장에서, 가정에서, 때로는 구입한 물건을 활용해 성을 짓는다. 서로를 활용해 성을 짓기도 한다. 우리가 만든 성 중에는 매우 인상적인 것들도 있다. 많은 사람이 우리가 평생에 걸쳐 지은 결과물들에 감탄하며 정말 멋진 성을 가졌다고 말한다. 하지만 예수님은 사도들에게 성을 짓는 것이 목표가 아니라고 말씀하셨다. 예수님은 우리가 왕국을 세우기를 바라신다. 왕국을 세우는 일과 성을 짓는 일은 천지 차이다.

성의 경우 원치 않는 사람이 들어오는 것을 막기 위해 성 둘레에 못을 판다. 하지만 왕국에 놓인 다리는 누구에게나 열려 있다. 성에서는 잘못을 저지른 사람을 지하 감옥에 가두지만, 왕국에서는 은총을 베푼다. 성에는 또한 트롤 같은 괴물이 살고 있다. 당신도 트롤을 만난 적이 있을 것이다. 나도 마찬가지다. 트롤이 꼭 나쁜 사람은 아니다. 내가 이해할 수 없는 사람일 뿐이다. 중요한 것은 우리가 살면서 부딪히는 트롤을 어떻게 대하는지가 믿음의 깊이를 가늠할 수 있는 잣대라는 사실이다. 왕국을 만들고 싶다면, 하나님의 은혜가 그러했듯 모두를 감싸는 커다란 원을 그리고 그들을 받아들여야 한다. 왕국의 기반이 곧 사람이기 때문이다. 정해진 계획은 없다. 오직 예수님만 계실 뿐이다.

이해할 수 없는 사람은 수도 없이 많다. 그중에는 트롤도 있고 그렇지 않은 사람도 있다. 하지만 하나님은 나와는 전혀 다른 시각으로 사람들을 바라보신다. 내가 문제라고 생각하는 사람들을 하나님은 자신의 형상대로 만든 아들과 딸이라고 생각하신다. 내가 다루기 어렵다고 생각하는 사람들을 하나님은 남들과 다르기 때문에 유쾌하다고 생각하신다. 솔직히 하나님이 그들의 삶에서 하시는 일과 내 삶에서 하시는 일이 다르다고 생각하기 때문에 상대하기 힘든 사람들에 대한 내 견해가 삐딱해진다.

예를 들어 보자. 성경에는 예수님과 사도들이 강을 건너 한 마을에 이르렀는데, 거기서 주변 사람에게 트롤처럼 행동하는 한 남자를 만나는 이야기가 나온다. 그는 성질이 고약하고 귀신 들린 미치광이였다. 그의 이웃들은 그를 전혀 이해하지 못했지만 예수님은 한눈에 그를 파악하셨다. 그다음 무슨 일이 벌어졌는지는 잘 알 것이다. 그 안에 있던 사악한 기운이 모두 빠져나가 돼지떼에게로 옮겨갔고, 그 돼지들은 비탈 아래로 뛰어내려 죽었다. 예수님을 만난 트롤 같던 남자에게는 더없이 운 좋은 날이었지만, 근처에 사는 돼지 농장 주인에게는 달갑지 않은 날이었고, 나아가 돼지 입장에서는 최악의 하루였을 것이다.

그날 밤 돼지 농장 주인이 아내와 하루 일과를 나누며 무슨 말을 했을지 눈에 훤하다. "그게 말이야, 처음엔 별문제 없었어." 그리고 농부는 이런 말을 덧붙일 것이다. "그런데 배를 탄 남자가 와서는 호수 옆에 있던 미치광이에게 말을 걸었어." 잠시 말을 멈춘 그가 고개를 저으며 말했을 것이다. "그러더니 돼지 200마리가 전부 절벽 아래로 뛰어내려서 죽었어."

"뭐라고요? 어째서요?" 아내가 물을 것이다. 영문을 모르겠다는 간단한 대답도 있겠지만, 진짜 이유는 하나님이 우리의 삶에서 하시는 일이 모두 다르기 때문이다. 그리고 그날 하나님이 하시는 일이 돼지 농장 주인의 삶에 큰 영향을 끼쳤다.

하나님은 우리가 쉽게 혼란에 빠지며 종종 다루기 힘들다는 사실을 잘 아신다. 그러나 늘 변함없는 사랑으로 우리를 감싸 안으신다. 하나님은 우리가 그의 방식대로 세상을 바라보기를 원하신다. 성의 맨 꼭대기에 앉은 채로는 불가능하다. 가장 낮은 상태일 때 은혜가 베풀어진다. 때로는 우리가 호수 옆에 있는 사람이기도 하고 때로는 돼지 농장 주인이기도 하다는 사실을 받아들이려면 많은 은혜가 필요하다.

하나님은 이해할 수 없는 사람들까지 우리가 사랑하고 그들의 이름을 알기를 원하신다. 그들에게 먼저 다가가 함께하기를 원하신다. 모두가 회피하고 등 돌린 사람들을 찾아 나서기를 원하신다. 나와는 처지가 다르더라도 그들을 내 이웃으로 받아들이기를 원하신다. 성이 아니라 왕국을 짓기 위해 사랑을 실천하는 이들을 발견할 수 있을 것이다. 자신과 생김새도 행동도 심지어 믿음조차 다른 이들과 함께 삶을 꾸려 간다. 사랑과 존중으로 그들을 대하고, 가르치려는 태도 대신 배우려는 자세로 임한다.

사람들이 잘 모르는 디즈니의 전통이 있다. 가게 2층에 있는 창문을 디즈니랜드를 세우는 데 도움을 준 사람들을 기념하는 데 쓴다는 것이다. 캘리포니아 남부에 있는 디즈니랜드에 갔을 때 나는 정글 크루즈 맞은편 창문에서 하퍼 고프라는 이름을 발견했다. 그와 나는 친척 관계가 아니지만, 나는 입장권을 파는 직원에게 이 사람이 나와 성이 같다는 점을 강조한다. 창문에는 "하퍼 고프 교수 – 밴조 레슨함"이라고 쓰여 있다(디즈니랜드에서 기타와 밴조를 연주하는 공연이 펼쳐지는데, 이 밴조 악기를 연습시킨 사람이라는 뜻 – 편집자). 그가 기억되는 이유는 밴조가 중요해서가 아니다. 중요한 건 하퍼 고프가 디즈니랜드에 그의 이름이 쓰인 창문을 가질 만큼 그곳에 왕국을 짓는 데 도움을 주었다는 사실이다.

나는 스스로에게 이런 질문을 계속 던진다. '내 창문에는 뭐라고 쓰이면 좋을까?' 답을 모르더라도 생각해 볼 가치가 있는 질문이다. 예수님이 우리보다 훨씬 더 오랫동안 지속될 것이라고 말씀하신 왕국을 만드는 데 당신을 어떤 역할을 할 것인가?

우리 가족은 캐나다에 오두막을 갖고 있다. 오두막에는 식탁이 있는데, 손님이 식탁 아래로 들어가 자신의 이름과 함께 어떤 단어를 쓰는 것이 수십 년 동안 이어져 온 우리만의 전통이다. 내 친구 중 한 명인 돈은 식탁 아래에 '함께'라는 단어를 남겼다. 경영자와 대사, 외교관, 초등학교 학생들도 마찬가지로 식탁 밑으로 들어가 단어 하나씩을 적었다. 좋은 사람이든 나쁜 사람이든, 뭐라 콕 집어 말할 수 없는 사람들도 마찬가지다. 로커와 시인, 대법관과 영화 제작자 모두 식탁 밑에 각자의 단어를 남겼다. 서로 탱크를 앞세워 전쟁을 치르고 있는 국가의 사람들도 펜을 들고 단어를 적기 위해 함께 식탁 아래로 들어갔다. 내 친구 돈이 내 삶에 유독 많은 영향을 끼친 이유는 바로 그가 내게 '함께'라는 중요성을 가르쳐 주었기 때문이다.

하나님에게도 식탁이 있다면 어떤 단어를 쓰셨을까? 시처럼 읽히거나 그림처럼 보이길 원하지는 않으셨을 것 같다. 아마도 '함께'라는 단어를 적지 않으셨을까? 하나님에게 20달러짜리 화려한 말이나 30개의 단어로 이루어진 성경 구절은 필요 없다. 하나님은 '함께'라는 단어가 10개의 성경 구절보다 훨씬 더 크고 가치 있으며 마음에 와닿는다는 점을 몸소 보이셨다. 게다가 운율을 이루는 단어도 없어 깔끔하다. 어려운 신학적 용어가 아니지만, 사실은 훨씬 더 대단히 신학적인 표현이다. 바로 하나님이 우리에게 주신 목적이다. 예수님이 이 땅에 내려오신 이유다. 성경을 한 단어로 요약한 것이다. 사랑을 베푸는 이들은 상처를 주는 사람들과 '함께'하며 그들을 집까지 안내한다. 나는 이 땅에서 사람들과 부딪히는 것을 싫어한다면 천국 역시 즐겁지 않을 것이라고 늘 생각한다. 그곳에서도 모두를, 언제나 함께해야 할 테니 말이다.

리무진이 올랜도의 고속도로 위를 달리는 동안 나는 뒷좌석에 앉아 운전석을 가리고 있는 창문 너머로 운전사와 이야기를 나눴다. 그는 친절하고 호감 가는 사내였다. 차가 출발하고 얼마 지나지 않아 나는 이렇게 말했다. "있잖아요, 사실 오늘 올랜도에 처음 와 봤어요. 하지만 누군가 이 도시의 사람들이 어떠냐고 물어본다면, 뭐라고 대답할지 알려 줄까요? 나는 올랜도에 있는 모든 사람이 아주 멋지다고 말할 거예요. 왠지 알아요? 매우 간단해요. 당신이 매우 멋진 사람이니까요!"

나는 정반대 역시 사실이라고 생각했다. 만약 리무진 운전사가 못됐거나 예의 없고 강압적인 사람이었다면 누군가 올랜도 사람들에 대한 내 인상을 물었을 때 나는 이렇게 대답했을 것이다. "올랜도 사람들은 다 못되고 예의 없고 강압적이에요." 두 대답 모두 사실과는 거리가 멀다. 하지만 우리는 본능적으로 한 사람을 만나면 모두를 만났다고 여긴다.

한번 생각해 보자. 당신이 멕시코나 필리핀, 볼리비아, 또는 리히텐슈타인에 있는 누군가를 알고 있는데, 만약 그 나라에 무슨 일이 생긴다면 그곳에 있는 모든 사람에게 연대감을 느끼지 않을까? 마치 그 나라 국민을 모두 만난 듯한 기분이 들 것이다. 물론 불가능한 이야기지만 말이다.

예수님께서 사도들에게 사람들은 우리가 서로를 어떻게 대하는지를 보고 예수님에 대해 알게 될 것이라고 말씀하셨을 때도 이런 뜻이 아니었을까 생각한다. 처음에는 요란하게 너그러움을 베풀거나 장황한 연설을 하고, 강당을 가득 채운 사람들과 찬송가를 불러야 우리를 위한 하나님의 사랑을 알릴 수 있다고 생각했다. 하지만 예수님은 이 모든 것이 틀렸다고 말씀하셨다. 사도들이 예수님을 세상에 알릴 수 있는 가장 좋은 방법은 솔선수범하여 서로를 사랑하는 것이라고 하셨다. 사람들에게 무언가를 알려 주거나 지시했기 때문이 아니다. 사람들이 올바른 길을 공부하고 외웠기 때문도 아니다. 나와 당신을 만난 사람들이 예수님을 만났다고 생각하기 때문이다. 예수님은 예수님을 사랑하는 누군가를 만나면 마치 천국과 천국에 있는 모든 사람을 만난 듯한 기분이 들기를 원하실 것이다.

우리가 탄 리무진이 점점 더 도심과 가까워졌고 운전사는 그의 삶과 사랑하는 이들에 대해 이야기해 주었다. 또한 25년 동안 리무진을 몰았다고 말했다. "대단하군요." 나는 대답했다. "흥미로운 사람들을 많이 만났겠어요. 물론 나는 아니고, 뭐랄까, 유명한 사람들이요."

"그렇죠." 그가 대답했다. "이 직업이 정말 그리울 것 같아요. 다음 달에 은퇴를 앞두고 있거든요."

나는 등을 기대고 앉아 몇 분 동안 창밖의 야자나무를 바라봤다. 그러다 문득 아이디어가 떠올랐다. 나는 몸을 앞으로 기울여 운전석 유리 창문 너머로 말했다. "이봐요 친구, 리무진 뒷좌석에 앉아 본 적

있어요? 당신이 정말 좋아할 것 같아요. 아주 멋지거든요!"

그는 웃으면서 대답했다. "당연히 없죠. 그러다가 해고당해요."

나는 운전석과 거실만 한 리무진 뒷좌석을 가로막고 있는 창문을 팔로 감쌌다. 창문 사이로 어깨를 집어넣었던 것도 같다. "어차피 은퇴할 거잖아요. 잠시 차를 세워 봐요!" 내가 말했다.

무슨 일이 벌어졌을까?

그가 정말로 차를 세웠다!

나는 뒷좌석에서 나왔고 우리는 자리를 바꿨다. 운전사는 뒷좌석에 올라탔고 나는 그의 모자를 쓰고 운전대를 잡았다. 그러고는 디즈니월드까지 리무진을 몰았다. 그는 나보다 15분 정도 늦게 목적지에 도착했다. 그만큼 정말로 긴 리무진이었다.

나는 늘 메달 모양의 훈장을 가지고 다닌다. 거기에는 아무것도 쓰여 있지 않다. 나는 리무진 운전사가 내릴 수 있도록 뒷좌석 문을 열어 주었다. 그는 몸을 곧게 펴고 재킷 매무새를 만졌다. 내 머리 위에는 그의 모자가 올려져 있었다. 나는 그의 가슴에 훈장을 달면서 말했다. "당신은 용감한 사람이에요. 용맹스럽고 무모하죠! 마지막에 내가 어떻게 코너 도는지 봤어요?" 나는 미소를 띠며 진실되고 확신에 찬 말을 건넸다. 그의 가슴을 토닥거리고 안아 준 다음 나는 호텔 안으로 걸어 들어갔다.

그날 저녁, 리무진 운전사는 집으로 돌아가 십 년 동안 같이 산 동거녀에게 무슨 말을 했을까? 당장 오늘 결혼하라고 말하는 기독교인 남자를 만났다고 했을까? 물론 아니다! 아마도 오늘 만난 남자에게서 들은 용감한 자신의 모습에 대해 말했을 것이다.

바로 이것이 우리가 해야 하는 역할이다. 늘 그래왔다. 우리는 우리 앞에 있는 사람을 사랑해야 한다. 그들이 누구인지 말해 주어야 한다. 우리는 다른 사람의 행동에 간섭하는 일에 많은 시간을 할애하는데, 그럴 필요가 없다. 사랑하는 것과 상대방의 행동을 통제하는 것은 엄연히 다르다. 사랑은 목적이나 계획 없이 다른 사람을 돌본다는 뜻이다. 목적이 생기는 순간, 우리의 행동은 더 이상 사랑이 아니다. 우리가 원하는 일 또는 하나님이 시키신 일을 상대방이 하도록 만들기 위해 신경 쓰는 척하는 것에 불과하다. 이러한 행동을 자제한다면 사람들이 우리를 통해 더 많이 예수님을 만나게 될 것이다.

사람들 등 뒤에서 이야기하는 것도 괜찮다. 바람직한 말들이 오간다면 말이다. 예수님에 대해 이야기해 보자. 은혜에 대해 이야기해도 좋다. 사랑과 포용에 대한 의견을 나누어 보자. 사람들은 단순히 정보를 얻는 곳이 아니라 사랑받고 인정받는 곳에서 성장한다. 사람들이 변해 가는 모습과 우리 눈에 보이는 그들의 모습에 대해 이야기해 보자. 그리고 서로에게 많은 훈장을 달아 주자. 우리 주변 사람들이 합참의장처럼 보이도록 말이다. 발걸음을 뗄 때마다 잘랑거리는 소리가 나도록 말이다.

굉장히 간단하다. 나는 그저 사람들이 당신과 나를 만났을 때 천국에 있는 모든 사람을 만난 듯한 기분이 들었으면 좋겠다.

CHAPTER 6

스카이다이빙

우리가 함께할 수 있도록 하나님이 우리와 함께하신다.

이제 막 대학을 졸업한 아들 아담은 무서움을 모른다. 모든 일에 한 번쯤은 도전하고 싶어 하는데, 위험한 일은 여러 번 하고 싶어 한다. 특히 팔 하나 정도는 잃어버릴 만큼 위험한 일에만 관심을 보인다. 올해 들어 아담은 스카이다이빙 레슨에 대해 이야기하기 시작했다. 그것은 내가 기존에 알고 있던 2인 스카이다이빙, 그러니까 노련한 스카이다이빙 강사가 초보자와 줄을 연결해 뛰어내리는 것이 아니었다. 아담은 홀로 하는 스카이다이빙을 하고 싶어 했다.

당연한 말이지만, 스카이다이빙 면허를 따려면 땅 위에서 많은 훈련을 받아야 한다. 비행기를 타기 전 실습 훈련이 진행된다. 또한 실전에서 겁을 먹거나 당황하지 않도록 강사와 약간의 거리를 두고 뛰어내리는 연습을 여러 번 해야 한다. 내가 생각했던 것보다는 훨씬 더 체계적으로 훈련이 진행되었지만, 여전히 부족하다고 느껴졌다.

아이들이 자라는 동안, 우리는 어린이 야구 경기 또는 축구 경기에서 흔히 볼 수 있는 여느 가족의 모습과는 달랐다. 나는 핫도그를 먹으려는 심산으로 아이들을 스포츠팀에 가입시켰지만, 아이들은 단체 운동에는 별 관심을 보이지 않아서 대부분의 경기에 나가지 않았다. 매주 주말 스카이다이빙을 하는 장소까지 아담을 데려다 주면서 나는 마치 어린이 야구 경기에 가는 듯한 기분을 느꼈다. 다만 유격수인 아들이 4,000미터 상공에서 떨어진다는 점이 좀 달랐다. 만약 스카이다이빙 도중에 실수한다면 2루 베이스 근처에서 야구공이 다리 사이로 빠져나가는 것보다는 상황이 조금 더 심각할 수 있다. 주말마다 낙하산을 몸에 매단 채 문이 없는 비행기에 몸을 싣고 하늘로 날아가는 아들을 보면서 나는 불안 그 이상의 감정을 느꼈다.

나는 4,000미터 상공에 떠 있는 비행기를 찾으려고 눈부신 태양을 향해 눈을 찡그렸다. 그러고는 아담이 비행기에서 뛰어내려 자유낙하하는 모습을 지켜보았다. 새파란 하늘 위 그의 모습은 개미보다 작았다. 땅에서 보면 꽤 천천히 자유낙하를 하는 것처럼 보이지만, 사실 스카이다이버는 초당 76미터의 속도로 떨어진다. 비행기에서 뛰어내리는 순간부터 낙하산이 펴질 때까지, 아담은 100층 빌딩을 20개 쌓은 것보다 더 긴 거리를 자유낙하한다. 엘리베이터로 치면 한참을 내려가야 하는 거리다.

아담은 내게 낙하산을 펼치려면 시속 225킬로미터로 떨어지는 상공에서 낙하산 본체와 연결된 작은 공 모양의 주머니만 찾으면 된다고 말하며 윙크를 날렸다. 나라면 주머니 말고 다른 것을 잡을지도 모른다는 생각이 늘 들었다.

낙하산 본체가 펴지면 안으로 공기가 들어가면서 몸이 뒤로 심하게 튕긴다. 낙하산이 펼쳐지지 않는다면 아마도 구글 어스를 매우 빠르게 줌인하는 화면처럼 느껴질지도 모르겠다.

나는 아담이 가끔 기억력이 좋지 않다는 것을 알기에 상공을 가르며 떨어지는 그를 향해 땅 위에서 이렇게 소리쳤다. "낙하산을 펴! 낙하산을 펴! 낙하산을 펴!" 그러면서 마치 내가 하늘 위에서 떨어지듯 낙하산을 펴기 위해 팔을 뒤로 뻗었다. 항상 길고 긴 시간이 지난 후에야 낙하산이 펴졌고 8자를 그리며 활주로 근처에 있는 들판으로 내려오며 신이 나서 소리치는 아담의 목소리가 들렸다.

어떤 사람들은 12월에만 크리스마스 캐럴을 듣지만, 나는 일 년 내내 듣는 편이다. 크리스마스 이야기를 일 년에 한 번만 읽는 사람도 있지만, 나는 두 달에 한 번씩 읽는다. 하나님은 우리에게 이렇게 말씀하셨다. "처녀가 잉태하여 아들을 낳을 것이요 그의 이름은 임마누엘이라 하리라." 몇 구절 아래로 내려가면 이렇게 쓰여 있다.

"이름을 예수라 하니라." 처음에는 마리아가 쌍둥이를 낳은 건가 싶었다.

임마누엘은 '하나님이 우리와 함께하신다'라는 의미다. 아버지로서 나는 아이들과 함께 있고 싶은 마음이 어떤 것인지 잘 안다. 하나님이 예수님을 이 땅에 보내심으로 하나님은 자신이 사랑하는 우리의 삶을 단순히 지켜보고만 싶지 않으셨음을 몸소 보이셨다. 하나님은 우리의 삶에 들어오기를 원하셨다. 그는 사랑하는 이들과 '함께' 하고자 하셨다. 나 역시 마찬가지다.

매주 주말 아담을 낙하지점까지 데려다 준 지 몇 달이 지났을 무렵, 나는 아담을 놀라게 하기로 결심했다. 그래서 그가 일하는 동안 몰래 스카이다이빙 훈련을 받았다.

그다음 주말, 나는 여느 때처럼 아담을 데려다 주었다. 그는 차에서 내려 어깨에 낙하산을 메고 끈을 고정한 다음 비행기에 올랐다. 이제 내 비밀을 공개할 차례였다. 나는 차에서 내려 어깨에 낙하산을 메고 끈을 고정한 다음 비행기에 올랐다. 아담은 나를 보고 놀란 듯 허공을 멍하니 바라보다가 그의 옆자리에 앉은 나를 다시 한 번 쳐다보았다.

"아빠, 뭐 하시는 거예요?" 아담은 믿을 수 없다는 듯 물었다.

"까짓것 얼마나 어렵겠어?" 나는 헬멧을 고쳐 쓰며 아담에게 윙크를 보냈다.

비행기의 시동이 켜지고 활주로를 가로지르기 시작했다. 아담과 내가 상공 위에 다다르자 비행기 시동이 잦아들었다. 조종사는 초록색 불을 켜 우리가 들판 위에 있다는 신호를 보냈다. 우리는 문으로 향했다.

스카이다이빙을 준비하는 방법에는 여러 가지가 있다. 낙하산을 챙기고, 유언장을 쓰고, 사랑하는 이들에게 작별 인사를 하는 등이다. 뛰어내리기 직전에는 단 세 가지만 기억하면 된다. '위로', '아래로', '바깥으로'. 그게 전부다. 비행기에 타기 전 땅 위에서 이 세 가지를 여러 번 연습한다. 사람들에게 뛰어내릴 준비가 되었음을 알리기 위해 발을 구른 다음, 금방이라도 뛸 듯이 주저앉았다가, 비행기 밖으로 몸을 던진다.

비행기에서 뛰어내리자마자 시속 160킬로미터의 바람이 몸을 덮치기 때문에 이내 시야에서 사라진다. 아담은 비행기 문에 서서 이렇게 외쳤다. "땅 위에서 봐요!" 그는 발을 구른 다음, 주저앉았다가, 허공으로 뛰어내렸다. 새삼스럽지도 않지만 아담은 뒤로 공중제비를 돌며 뛰어내렸고 곧 시야에서 사라졌다. 순간 내게 무슨 일이 일어났는지 모르겠지만, 엄청난 아드레날린이 느껴지면서 허공으로 뛰어내린 아담과 '함께'하고 싶다는 강한 욕구가 솟구쳤다.

나는 곧장 비행기 문으로 달려가 위로, 아래로, 바깥으로는 깡그리 무시한 채 전력을 다해 뛰어내렸다. 너무 세게 몸을 내던지는 바람에 신고 있던 운동화가 벗겨졌다. 정말이다. 한번 도전해 보기를 바란다. 결코 쉽지는 않지만, 누군가와 '함께'하고 싶다는 생각이 절실하면 이런 일이 벌어지기도 한다.

나는 양말만 신은 채 자유낙하를 하면서 큰 소리로 웃었다. 그러나 곧 내가 무슨 일을 저질렀는지 깨달았다. 길고 긴 일 분 동안 자유낙하를 한 후 나는 뒤로 손을 뻗어 공 모양의 주머니를 잡아당겼다. 낙하산이 펴졌고 나는 들판 위 아담 근처에 안전하게 착지했다. 내가 운동화를 되찾기 위해 양말만 신은 채로 착륙한 비행기로 향하는 동안 아담은 나를 모르는 척했다.

이제 나는 아이와 '함께' 있고 싶은 아버지의 심정을 보다 잘 헤아리게 되었다. 예수님께서도 내가 아담과 함께 있기 위해 했던 행동과 비슷한 일을 하셨다. 바로 우리와 함께하기 위해서 천국에서 뛰어내리셨다.

나는 아담이 태어났을 때부터 매 순간 그를 지켜봤다. 그에 대해서는 모르는 것이 없고 아담 역시 나에 대해서 많은 것을 알고 있다. 하지만 상대방이 무엇을 하는지 아는 것과 그 일을 '함께'하는 것은 완전히 다른 이야기다. 하나님은 우리가 이 두 가지를 구분할 수 있다고 생각하셨다. 하나님께서 예수님을 우리에게 보내신 여러 이유 중 가장 쉽게 납득할 수 있는 것이 있다. 하나님이 우리에게 화가 나서 예수님을 보내신 것이 아니다. 예수님은 기꺼이 천국에서 뛰어내려 임마누엘로 우리 곁에 오셨다. 우리와 '함께'하는 하나님이 되기 위함이었다.

나는 변호사로 일하면서 수없이 많은 변호사 자격시험을 치렀다.

그 결과 여러 주의 변호사 자격증을 갖고 있다. 주마다 차이는 있지만 대개 시험을 2~3일 동안 치르는데, 법에 대한 모든 지식이 시험 문제로 출제된다. 서른 시간 동안 시험을 보고 끝날 때쯤이 되면 문제와 씨름하느라 치즈처럼 온몸이 녹아내리는 기분이 든다. 그렇다면 스카이다이빙 자격증을 따기 위해 거쳐야 하는 최종 자유낙하 시험은 얼마나 걸릴까? 겨우 30초다. 거짓말이 아니다. 30초 동안 지켜야 하는 것만 제대로 지키면 된다.

나는 앞으로 평생 예수님이 시키는 일은 무조건 다 하겠다고 장담하던, 예수님을 정말 좋아하는 사람들을 만나 봤다. 물론 훌륭한 자세라고 생각한다. 그들의 절반만큼이라도 확신을 가지고 그와 같은 말을 할 수 있다면 좋겠지만, 나는 그럴 수 없다. 믿음에 대한 큰 염원을 말하기란 쉽다. 앞서 말한 사람들의 염원은 충분히 아름답다. 나는 두어 번 새해맞이 다이어트를 결심한 적이 있다. 하지만 내가 생각했던 것보다 훨씬 금방 그만두고 말았다. 그래서 나는 믿음에 대해서는 이런 태도를 갖고 있다. 평생 예수님을 '믿겠다'고 말하는 대신, 30초마다 예수님께 '복종'하려고 노력한다.

자세히 말하자면 이렇다. 같이 있기 힘든 사람을 만나면 나는 이런 생각을 한다. '앞으로 30초 동안 이 사람을 사랑할 수 있을까?' 눈앞에 있는 사람이 계속해서 나를 괴롭히는 동안 나는 아무 말 없이 속으로 숫자를 센다. 27, 28, 29… 그리고 30을 세기 직전 나는 이런 마음을 먹는다. '좋아, 앞으로 30초만 더 이 사람을 사랑해 보는 거야.' 바로 이것이 예수님이 내주신 어려운 숙제를 하기 위해 내가 사용해 온 방법이다. 모든 규칙을 따르는 대신 30초씩만 하나님의 말씀에 복종한다. 예수님의 가르침을 듣기만 하고는 뒤돌아서서 사람들을 피하는 대신, 앞으로 딱 30초만 예수님의 방식대로 상대방을 사랑하려고 노력한다. 안타깝게도 전자가 훨씬 쉽다. 나는 내 앞에 있는 상대하기 힘든 사람이 나중에 어떤 모습으로 발전하게 될지를 상상한다. 그러면서 매번 30초씩 이러한 가능성을 스스로에게 상기시킨다.

예수님의 말씀을 받아들이기는 쉽다. 하지만 예수님이 몸소 보이신 가르침을 행동으로 옮기기란 어렵다. 나는 수긍하는 것보다 복종하는 것이 훨씬 더 대가가 크다고 생각한다. 불편하기 때문이다. 하나의 결정을 내릴 때마다, 하나의 논쟁을 벌일 때마다 나를 성장시킨다. 그리고 자존심을 버리도록 만든다. 이는 인생에서 딱 한 번 결심한 후 평생 따르는 결정이 아니다. 매번 30초씩만 지속되는 결정이다.

스카이다이빙 자격증을 따기 위해 듣는 수업에서 핵심은 모든 일이 순조롭게 풀리고 낙하산이 잘 펴졌을 때에 있지 않다. 그보다 일이 잘못되었을 때 대처하는 방법이다. 아주 바람직한 방향이라고 생각한다. 훈련에서 배우는 것들 중 어떤 것은 우리의 직관과 반대인 것도 있다. 낙하산과 벨트는 수백 개의 실로 연결되어 있다. 낙하산이 펼쳐지면 고개를 들어 모든 실이 제자리에 있는지 확인해야 한다.

만약 실이 하나라도 꼬여 있다면 낙하산을 통째로 끊고 자유낙하를 하다가 비상 낙하산을 펼치라고 가르친다. 이 말을 들으며 나는 이렇게 생각했다. '지금 나랑 장난하는 건가? 수백 개의 실 중에서 겨우 하나가 제자리를 벗어났다고 해서 거의 완벽한 낙하산을 자르라니, 절대 안 돼. 그 정도면 됐지, 안 그래?'

실 한 개가 낙하산 위로 걸려 있는 것이 낙하하는 동안에는 아무런 문제가 없어 보인다. 하지만 땅에 착지할 수 없다. 땅에 가까워질 때까지 이를 깨닫지 못하다가 큰 충격과 함께 세게 부딪히고 만다. 우리 삶 역시 마찬가지다.

나는 여러 개의 실이 꼬인 채로 믿음을 띄우려고 애썼다. 당신도 그랬을지도 모른다. 알록달록한 색깔에 겉보기에는 아무런 문제가 없었다. 대부분의 사람들에게는 제 역할을 다하며 날고 있는 것처럼 보였을 것이다. 일부러 포장하거나 속이려는 것은 아니었다. 우리 모두가 그럴 것이다. 믿음의 실이 꼬여 있다는 것을 알았지만, 모든 것을 끊고 다시 시작한다는 생각 자체가 과하게 느껴졌다. 무모하고 위험해 보였다. 당신 눈에도 그렇게 보일지 모르겠다.

하지만 예수님은 달랐다. 예수님은 우리에게 새로운 창조물이 되라고 말씀하셨다. 우리를 얽맨 모든 것을 끊어 내고 매일 그와 함께 새로운 시작을 하는 것이 예수님이 우리를 위해 준비한 계획이다. 예수님이 말씀하신 정리란 단순히 낙하산을 끊어 내는 데 그치지 않는다. 하지만 기본적인 개념은 같다. 우리 삶 위로 잘못된 선이 꼬이면 잠깐 동안은 괜찮아 보이겠지만 결국 안전하게 착지할 수 없다. 제자리를 벗어난 선이 있다면 그 낙하산을 잘라 버려야 한다. 무서울까? 당연하다. 하지만 반드시 해내야 한다.

훈련 중에 강사가 알려 준 것이 또 하나 있다. 그는 주 낙하산과 보조 낙하산까지 펼쳐지지 않는다면 땅에 떨어지기 전까지 45초의 시간이 있다고 설명했다. 나는 땅에 부딪힌 충격으로 사망하는 것이 아니라는 그의 말에 놀라움과 역겨움을 느꼈다. 물론 온 뼈가 다 부러질 것이다. 처음 땅에 부딪힌 이후 몸이 튕겨 올랐다가 다시 한 번 땅과 충돌하는데, 이때 부러진 뼈가 내장을 뚫고 지나가면서 사망에 이르게 된다. 상상하기도 싫은 끔찍한 장면이지만 사실이다.

나는 변호사다. 그래서 이러한 정보를 접했을 때 전략을 세워야겠다고 생각했다. 내 전략은 바로 낙하산이 전부 펼쳐지지 않아 땅과 충돌하게 되면 몸이 튕겨 나가지 않도록 잔디를 꽉 잡는 것이었다.

인생도 스카이다이빙과 마찬가지다. 우리를 좌절시키는 것은 첫 번째 실패가 아니라, 뒤에 이어지는 충격이다. 우리 모두 직장이나 인간관계에서, 때로는 지나친 야망으로 인해 추락한 경험이 있다. 크고 공개적이든 혹은 더 크고 개인적이든, 첫 번째 실패는 우리의 의지를 부수거나 믿음을 앗아가지 않는다. 하지만 두 번째 실패는 어김없이 우리를 망가뜨린다. 두 번째 실패는 무언가 엄청나게 잘못되거나 어마어마한 실패를 겪은 후 도움의 손길을 내밀 것이라고 생각했던 사람들이 거리를 두기 시작하면서 찾아온다. 그들은 우리를 거부하거나, 공손하지만 무심한 태도를 보인다.

예수님처럼 되고 싶다면, 우리는 단순하지만 용기가 필요한 역할을 도맡아야 한다. 바로 튕겨 오르는 사람들을 잡는 것이다. 예수님이 그러하셨듯이 실패한 사람들에게 사랑과 포용의 손길을 먼저 내밀어야 한다. 세게 추락한 이들에게 달려가 두 팔을 벌려 더욱 세게 안아 주어야 한다. 하나님은 우리가 실패한 사람들과 '함께'하기를 원하신다. 우리가 적극적으로 다가가기를 원하신다.

나는 지금도 주말이면 아담과 함께 낙하산을 메고 비행기에 오른다. 솔직히 말하자면 아담만큼 스카이다이빙을 즐기지는 않지만, 나는 아담이 정말 좋다. 사랑하는 사람이 좋아하는 일을 찾아 함께 해 보자. 아담이 피자를 만들고 싶어 했다면, 나는 기꺼이 토마토를 키웠을 것이다.

함께 시간을 보내 보자. 크게 실패하거나 도움이 필요한 사람들에 대한 정보를 얻는 데서 그치지 말고, 그들과 '함께'해 보자. 그들 주변에서 맴돌지 말고 적극적으로 다가가 보자. 두 번째 실패에서 그들을 잡는 것이 우리의 역할이다. 가르치려는 자세는 버려야 한다. 이 두 가지는 천지 차이다.

이를 위해 뭔가 거창한 계획을 세울 필요는 없다. 완벽한 타이밍을 기다리지 않아도 된다. 그저 그 자리에 가서 낙하산을 멘 후 정해진 시간이 되면 운동화가 벗겨져도 사람들을 따라 뛰어내리면 된다. 예수님께서 우리와 함께하기 위해 천국에서 뛰어내리셨듯 말이다.

가끔 우리는 예수님의 방식보다 훨씬 더 복잡하고 어렵게 사랑을 베풀려고 한다. 그럴 필요는 없다. 그저 위로, 아래로, 그리고 바깥으로만 기억하자.

CHAPTER 7

밀랍 인형 박물관

중요한 것은 믿음의 겉모습이 아니라 믿음 자체다.

마담투소 박물관에 가 본 적이 있는가? 유명인들의 밀랍 인형 박물관으로, 은퇴한 별들이 모여 사는 곳이다. 전 세계 여러 곳에 이 박물관이 있는데, 나는 하나도 빠짐없이 모두 가 봤다. 밀랍 인형보다 밀랍 인형을 보기 위해 그곳을 찾은 진짜 사람들을 지켜보는 것이 즐겁다. 가끔 해 보기를 추천한다. 진심이다. 입장료가 아깝지 않을 것이다.

그곳에서는 유명한 사람들을 전부 다 볼 수 있다. 에이브러햄 링컨에서부터 조지 워싱턴, 그리고 엘비스까지. 죽은 자들의 동창회에 참석한 기분이다. 내가 만약 밀랍 인형 박물관의 책임자였다면, 몸에 털이 엄청 많아서 왁스로 제모를 하고 있는 밀랍 인형을 전시할 것이다. 아무도 이해하지 못하겠지만, 내 생각엔 꽤 재미있을 것 같다.

수개월 전 나는 회의에 참석하기 위해 워싱턴D.C.에 머물렀다. 검은색 정장과 트렌치코트, 그리고 내가 가진 가장 좋은 보타이를 매고 있었다. 희끗희끗한 머리카락과 수염 때문에 마치 상원의원처럼 보였다. 아이들도 함께였는데, 지루해하는 것 같아 아이들에게 물었다. "얘들아, 밀랍 인형 박물관에 가지 않을래?" 한 번도 밀랍 인형 박물관에 가 본 적이 없던 아이들은 매우 신나 했다.

마담투소 박물관에 도착한 우리는 밀랍 인형이 있는 아래층으로 뛰어내려 갔다. 그곳에서 나는 장난을 치기 위해 세 번째와 네 번째 인형 사이에 서서 포즈를 취했다. 그러고는 아이들에게 속삭였다. "잘 봐." 아이들은 고개를 저으며 대답했다. "아빠, 제발 나이에 맞게 행동하시면 안 돼요?" 나는 입술에 손가락을 가져다 대고 속삭였다. "가만히 있어."

멀리서 두어 사람이 다가오는 소리가 들렸다. 나는 동작을 멈췄다. 키가 작은 할머니 두 명이 이쪽으로 향하고 있었다. 모퉁이를 돌더니 내 쪽으로 걸어와 불편할 정도로 얼굴 가까이 다가왔다. 둘 중 한 명이 손가락에 침을 묻혀서 내 뺨을 만졌다. 토할 것 같았지만 용케 참았다. 다른 할머니는 앙상한 손가락으로 내 수염을 잡아당겼다. 그들은 놀란 표정으로 서로를 쳐다보고는 다시 한 번 나를 보며 말했다. "정말 살아 있는 사람 같군."

나는 변호사이기 때문에, 여기서 움직이면 안 된다는 것을 알고 있었다. 적어도 둘 중 한 명이, 아니면 둘 다 놀라서 기절할 것이 분명했고 그렇게 되면 우리 집을 통째로 누군가에게 빼앗길지도 모를 일이었다. 그래서 나는 진짜 밀랍 인형처럼 움직이지 않고 가만히 있었다. 길고 긴 1~2분이 지난 후, 두 사람은 옆에 있는 밀랍 인형 앞에 서서 얼굴을 꼬집고 옷을 잡아당겼다. 그들이 멀찍이 떨어졌을 때쯤 다시 뒤를 돌아봤고, 시선 끝에 내 모습이 걸렸다. 나는 앞으로 걸어 나와 손을 흔들며 소리 없이 말했다. "나는 밀랍 인형이 아니에요." 할머니 한 명이 가방을 떨어뜨리며 그 자리에 얼어붙었다. 그 사이 린지와 리처드, 그리고 아담은 그곳을 최대한 빨리 탈출하기 위해 택시를 잡으러 달려 나갔다.

그날 내가 스스로에 대해 어떤 점을 깨달았을까? 바로 내가 진짜인 척하는 데 소질이 있다는 점이다. 아마도 그렇기 때문에 변호사로서 성공했는지도 모른다. 사실 나는 무언가를 속이는 데 아주 능숙하다. 당신도 마찬가지일 것이다. 솔직히 말해 우리 대부분은 살면서 진짜인 척 연기를 한다. 하지만 사랑을 실천하는 사람들은 그들의 참모습과 인생의 현주소 그리고 믿음을 숨기지 않는다.

열여덟 살짜리 고등학생이 스물한 살인 척하고 싶을 때 주로 쓰는 수법이 있었다. 태어난 연도의 끝자리가 9일 경우, 신분증에 있는 9

를 칼로 잘라 거꾸로 붙이는 것이었다. 그러면 실제 나이보다 신분증 나이가 세 살 많아졌다. 명백한 범죄였고 잡히면 감옥에 갈 수도 있었지만, 학생들은 단번에 세 살이 많아지는 길을 택했다.

그때에 비하면 요즘은 운전면허증이 조금 더 정교하다. 그럼에도 여전히 많은 사람이 인생의 일부를 자르고 거꾸로 뒤집어 자신이 아닌 누군가인 척 행세한다. 정도가 다를 뿐 우리 모두 이런 행동을 한다. 딱히 나쁜 의도가 있는 것은 아니다. 우리 모두 되고자 하는 모습이 있다. 그래서 실제보다 더 어른스러운 척하거나, 똑똑한 척을 하기도 한다. 또는 실제보다 하나님을 잘 믿는 척하기도 한다. 오랫동안 진짜인 척할수록 더 능숙해진다. 적어도 그런 기분이 든다. 물론 하나님은 우리를 꿰뚫어 보신다. 대개 우리 주변 사람들도 가짜 허물을 알아본다. 슬프지만 결국 속는 것은 나 자신뿐이다.

우리는 남들을 속이고 내가 만든 나의 모습을 접하는 데 익숙하다. 그래서 아직 도착하지 못한 곳에 이미 다다랐다고 착각한다. 그렇기 때문에 형편에 맞지 않는 비싼 차, 보트, 그리고 집을 산다. 이런 것들을 지금 살 여유가 있다고 스스로를 속이는 것이다. 하지만 현실에서는 아직 몇 년은 더 기다려야 한다. 똑같은 이유로 우리는 기초적인 믿음을 쌓는 도중에도 리더가 되거나 무대 위에 오른다. 숫자 9를 뒤집어서 6을 만든 셈이다. 하지만 하나님은 우리가 만들어 낸 가짜 모습을 꿰뚫어 보신다.

성경에는 아나니아와 삽비라라는 부부가 등장한다. 두 사람은 가지고 있던 땅을 팔았다. 부족함이 없는 마을에서 살았던 그들은 다른 사람에게 도움이 되고 싶어서 소유하던 부지를 내놓았다. 처음 이 이야기를 읽었을 때는 두 사람의 넓은 아량에 큰 감동을 받았다. 집이나 땅을 판 돈을 교회나 주민회관에 가져다 주는 사람을 한 번도 보지 못했다. 잔디 깎는 기계나 중고 책, 오래된 노트북, 낡은 매트리스 정도는 기부할 수 있다. 하지만 땅을 판 돈을 몽땅 기부하다니? 나는 비슷한 일도 들어 본 적이 없다.

샌디에이고에 있는 우리 집 뒤로 작은 언덕이 있다. 사랑스러운 아내 마리아는 내게 운동도 할 겸 등산을 가라고 한다. 세 번 정도 왕복하고 나면 진이 빠진다. 한 주는 마리아에게 내가 매우 건강하다는 것을 뽐내고 감동도 주고 싶었다. 그래서 일주일 내내 토요일이 되면 언덕을 다섯 번 왕복하겠다고 말했다. 월요일과 화요일에는 이렇게 말했다. "주말이 되면 저 언덕을 다섯 번 오르내릴 거야!" 수요일과 목요일에도 같은 말을 반복했다. "주말이 되면 저 언덕을 다섯 번 오르내릴 거야." 금요일도 마찬가지였다. "저 언덕을 다섯 번 오르내릴 거야!" 마침내 토요일 아침이 밝았다. 나는 운동화 끈을 묶고 언덕으로 향했다. 집으로 돌아오자 사랑스러운 마리아는 언덕을 몇 번 왕복했느냐고 물었다. 나는 가슴을 잔뜩 부풀리고 다섯 손가락을 활짝 피면서 가장 남자다운 목소리로 말했다. "언덕 위로 다섯 번 올라갔어!"

그리고 잠시 생각했다.

사실 늘 그랬던 것처럼 세 번만 왕복했다.

일부러 속이려던 것은 아니었다. 일주일 내내 언덕을 다섯 번 오르겠다고 계속 말했기 때문에 정말로 내가 다섯 번 왕복했다고 착각했던 것이다.

우리의 믿음 역시 마찬가지다. 우리는 도움이 필요한 사람에게 좋은 일이 생기기를 바란다. 바라고 바라고 또 바란다. 이런 바람을 생각할 때마다 우리 뇌는 우리가 정말로 도움을 주고 있다는 착각에 빠진다. 바란다고 해서 도움이 되는 것은 아니다. 바람은 바람일 뿐이다. 착각하지 말자. 방심하면 쉽게 착각의 늪에 빠지게 된다.

아나니아와 삽비라는 하나님을 정말 많이 사랑했다. 땅을 판 돈을 전부 기부했다. 사실 전부는 아니고 대부분을 나누어 주었다. 아마도 월요일과 화요일에 아나니아는 하나님과 주변 사람들에게 땅을 팔아서 전부 기부할 것이라고 말했을 것이다. 수요일과 목요일에도 같은 말을 했을 것이다. "전부 다 기부하겠습니다." 금요일에도 다시 한 번 모두에게 그의 뜻을 밝혔을 것이다. "전부 다 기부하겠습니다." 그리고 토요일 아침이 되자, 그는 친구들을 만났다. 돈을 얼마나 가져왔느냐는 질문에 아나니아는 자랑스럽게 대답했다. "전부 다 가져왔습니다!" 이야기가 어떻게 끝나는지 아마 알고 있을 것이다. 그는 자신과 아내를 위해서 돈을 따로 남겨 두었다. 굉장히 상식적인 선택이었다. 나도 같은 행동을 항상 한다. 하지만 그들의 결말은 그리 좋지 않았다.

아나니아는 원하긴 했지만 아직 이루지 못한 모습을 연기했고, 그와 부인 모두 급사했다. 너무 잔인하다고 생각할 수도 있다. 우리는 20달러 안에 1달러를 넣고 돌돌 말아 많이 낸 것처럼 헌금함에 넣고는 뿌듯해한다. 적은 돈을 기부하고 팔찌를 받기도 하고, 몇 불 정도를 스타트업을 위한 캠페인에 보내고 앨범이나 후드 티를 받기도 한다. 그러고는 스스로를 자랑스러워한다. 아나니아와 삽비라가 땅을 팔고 받은 돈의 4분의 1만 기부했다고 하더라도 내가 가장 많이 낸 기부금보다 훨씬 더 많을 것이다. 그렇다면 두 사람은 왜 급사했을까?

아무도 그 이유를 정확하게 알지 못한다. 하지만 추측건대 하나님이 두 사람의 거짓말을 알고 화가 나셨을 것이다. 부부는 아직 그들이 가지 못한 곳에 도착한 것처럼 주변 사람들에게 말하고 다녔다. 아마도 한 푼도 남기지 않고 모두 기부하는 사람이 되고 싶었을 것이다. 일부러 속이려는 마음은 없었다. 다만 그들의 바람을 너무나도 자주 말했기 때문에 진짜로 그렇게 했다고 착각한 것이다. 하지만 현실은 그들이 생각하는 이상적인 모습이 되기에는 아직 부족함이 많았다. 나 역시 그렇다. 우리처럼 진짜인 척 행세하는 사람들의 문제다.

베드로는 아나니아와 삽비라에게 섬뜩한 말을 한다. "사람에게 거짓말한 것이 아니요 하나님께로다." 인정하기 어렵지만 우리도 생각보다 훨씬 많이 하나님께 거짓말을 한다. 다른 사람들 앞에서 우리의 현재 모습이 아닌 다른 모습인 척할 때마다 우리는 박물관 속 밀랍 인형과 다를 바 없다.

하나님께서 그에 대한 믿음을 잘못 해석한 사람 모두에게 죽음이라는 벌을 내린다고 생각하지는 않는다. 만약 그렇다고 한다면 과연 누가 살아남겠는가? 아나니아의 이야기에서 우리가 배울 수 있는 것은 하나님은 언젠가 되고 싶은 모습을 연기하는 대신, 솔직하고 투명하게 그리고 진솔하게 자신의 현재 위치를 바라봐야 한다고 강조하신다는 점이다. 우리가 어디에 있든 하나님께서 우리의 쓰임새를 찾으실 것이다.

성경에는 실수와 잘못을 저지르는 사람들의 이야기로 가득하다. 어쩌면 하나님을 향한 믿음을 얻으려면 세상 속 실패를 반드시 겪어야 하는지도 모른다. 사랑을 실천하는 사람들은 현재 자신이 있는 위치를 진솔하게 바라본다. 동시에 하나님의 도움으로 성장하게 될 자신의 모습을 늘 기대한다.

~

할리우드에서는 영화를 만들 때 감독은 조감독에게 카메라 앞에서 흑백 슬레이트를 들고 있다가 카메라가 돌기 시작하면 '탁' 하는 소리를 내도록 시킨다. 나중에 영화 제작자가 영상 위에 소리를 입히는 작업을 할 때 촬영 시작을 나타내는 신호로 쓰인다. 화면과 소리가 맞지 않아 엉망진창인 영화를 본 경험이 있을 것이다. 사람들의 입모양과 귀에 들리는 소리가 정확하게 맞아떨어지지 않으면, 크게 차이가 나지 않더라도 굉장히 거슬릴 수 있다.

아들 리처드는 굉장히 재능 있고 창의적이다. 훌륭한 영상도 잘 만드는데, 한 번은 내 영상 작업을 도와주었다. 녹음 시작 지점을 나타내기 위한 촬영용 슬레이트가 없었기 때문에 리처드는 대신 내게 손뼉을 치라고 했다. 요즘 들어 내 현재 모습이 아니라 내가 되고 싶은 모습에 대해서 사람들에게 이야기하려고 할 때면 나는 종종 손뼉을 친다. 내 말과 행동이 일치되는지 확인하라는, 스스로에게 보내는 일종의 신호인 셈이다.

우리는 삶과 미래에 대한 아름답고 원대한 꿈을 가져야 한다. 하지만 동시에 말과 행동이 잘 맞아떨어지는지 확인해야 한다. 그래야 언젠가 이루기를 바라는 믿음을 이미 가졌다고 착각하는 실수를 피할 수 있다.

사람들이 사진을 찍을 때 카메라를 들고 있는 사람도 함께 미소 짓는 것을 본 적이 있는가? 한번 관찰해 보라. 하나님도 우리를 볼 때 아마 미소를 지으실 것이다. 하나님은 우리가 실패하거나 진짜인 척할 때까지 기다렸다가 벌 내리시지 않는다. 우리의 실수를 사진으로 찍어 냉장고 앞에 걸어 두시지 않는다. 하나님은 우리를 벌하는 대신 사랑으로 감싸 안으신다. 우리의 실패 앞에 얼굴을 찡그리지 않으시며 우리가 노력하는 모습을 대견하게 여기신다.

중요한 점은 우리가 스스로의 모습에 만족하지 못할 때 다른 누군가의 행세를 한다는 것이다. 다른 사람으로부터 허락, 사랑, 또는 인정을 받아야 참된 삶을 꾸릴 수 있고 훌륭한 꿈을 좇을 수 있다고 생각한다. 이는 사실 좋기도 하고 나쁘기도 하다. 우리가 원하는 것이 예수님의 사랑과 인정이라면 좋은 결과로 이어진다. 하지만 다른 사람의 기대에 자신을 맞추려다가 자신은 하나님이 특별하게 만든 존재라는 사실을 잊어버린다면 나쁜 결과로 이어진다. 하나님은 결코 우리에게서 다른 누군가의 모습을 바라시지 않는다.

우리가 거짓 행세를 하고 진짜인 척할 때마다 우리를 향한 하나님의 사랑도 거짓이 되어 버린다. 하나님은 우리를 지금보다 더 똑똑하거나, 키가 크거나, 더 근육질의 밀랍 인형으로 만들지 않으신다. 우리가 지금과 다른 모습이기를 바라지 않으신다. 대신 우리가 사랑을 실천하기를 바라신다. 우리가 원하는 모습을 반복해서 말하거나 거울을 보면서 스스로에게 긍정적인 말을 건네는 것으로는 불가능하다. 오직 사랑의 힘만이 우리를 원하는 모습까지 데려다 줄 수 있다.

하나님은 하나님께로 다가가는 우리를 외면하거나 거부하지 않으신다. 두 팔을 활짝 벌려 하나님의 집에 도착한 우리를 사랑으로 포근하게 맞아 주신다. 하나님의 생각을 우리가 읽을 수만 있다면, 아마도 이렇게 속삭이실 것이다. "할 수 있어. 그저 나를 향해 계속해서 나아오면 된단다."

하나님을 위해서 멋진 일을 하고 싶은가? 겉으로만 하나님과 가까이 있는 척하지 말고 진심으로 하나님에게 다가가 보자. 원대한 꿈을 이루겠다는 말은 멈추고 원대한 믿음을 실천해 보자. 예수님의 사도들 중 한 명은, 제대로 된 삶을 살고 싶다면 우리에게 주어진 임무를 다해야 한다고 말했다. 그 임무는 하나님과 주변 사람들을 사랑하고 가장 자기다운 진솔한 모습으로 살아가는 것이다. 우리는 하나님이 언젠가 이루기를 바라는 꿈이 아니다. 우리는 하나님이 자신의 사랑을 나타내기 위해 만드신 가장 창의적인 결과물이다.

밀랍을 버리자. 거짓을 벗어 던지고 말과 행동을 맞추자. 이제 진정한 당신이 될 시간이다.

CHAPTER 8

피자 가게 티켓

시간을 들여 수집한 것이 어쩌면
그럴 만한 가치가 없는 것일지도 모른다.

우리 집 근처에는 피자 가게가 있다. 나는 이곳을 정말 사랑한다. 적어도 어느 정도는. 피자 가게는 매우 시끄럽다. 큰 소음이 끊임없이 들려온다. 온 지구의 소음이 다 그곳에서 만들어지는 건 아닌지 의심될 정도다. 가게 뒤편에 아마도 내용물이 가득 담긴 통이 달린 기계들이 있는 것 같다. 깜깜한 밤이 되면 중학교 농구 경기에서 수집한 소음이 통에 담겨 그곳으로 배달되는 상상을 한다. 어쩌면 미국 항공우주국에서 우주선 발사시 폭발적인 소음 훈련을 위해서 우주 비행사를 이곳으로 보낼지도 모르겠다. 피자를 만드는 데 쓰고 남은 소음을 차곡차곡 모아서 헤비메탈 밴드에 립싱크용 음악으로 판매한다고 해도 놀랍지 않다. 그리고 나머지는 대기 중으로 내보내는 것이다. 지구의 빙하가 녹는 것도 다 피자 가게에서 나온 소음 때문일지도 모른다.

 피자 체인은 사실 지점마다 설탕을 판다고 해도 과언이 아니다. 물론 피자를 팔기도 한다. 엄청난 양의 피자를 말이다. 개 사료 맛이 난다고 생각하는 사람도 있지만, 나는 피자를 좋아하는 편이다. 하지만 한 가지 이해할 수 없는 점은 피자 가게의 마스코트가 한때 집안 곳곳에 덫을 놓던 바로 그 동물이라는 것이다. 도대체 어떤 마케팅 전문가가 이런 아이디어를 냈을까? 내가 보기에는 머지않아 어마어마한 집단 소송이 벌어질 것이다.

 피자 가게에는 오락기가 많다. 어떤 오락기에서는 티켓이 나오기도 한다. 오락기 때문에 사람들이 소음과 좋아하지도 않는 피자를 참아 내는 것이 아닐까 싶다. 사람들은 오락 티켓을 받기 위해 무슨 일이든 한다는 사실을 피자 가게에서 알아차린 것 같다. 우리 집 아이들은 스키볼이라고 부르는 게임을 가장 좋아한다. 미니 볼링장에 스케이트보드 경사로를 설치한 듯한 모양이다. 가장 끝에 구멍이 뚫려 있는데, 이상하게도 굴러가는 공보다 항상 크기가 작아 보인다. 공이 구멍 안으로 들어가면 불이 번쩍이면서 빨간 티켓 몇 장이 오락기에서 나온다. 물론 성공 확률은 매우 낮다. 원한다면 근처에 있는 부스에서 티켓을 경품으로 교환할 수 있다.

 나는 몇 년 전부터 피자 가게에 아이들을 데리고 갔다. 우리는 대부분 스키볼을 하면서 시간을 보냈다. 그리고 자연스럽게 실력이 쌓였다. 내가 굴린 공 중 단 몇 개만이 근처에 있는 가게 창문을 향해 날아갔으니 말이다. 우리는 언젠가 아주 멋진 경품으로 바꾸기 위해 티켓을 오랫동안 신발 상자에 차곡차곡 모았다. 몇 년 후, 나는 드디어 티켓이 가득 든 상자를 들고 경품 카운터로 향했다. 적어도 1,000장은 모았던 것 같다. 포르쉐 정도는 받을 수 있으리라 기대했다. 나는 마치 대형 알래스카 고기잡이배의 선장이 연어를 내려놓듯 카운터 위에 빨간 티켓을 쭉 늘어놓았다.

카운터에 있던 남자는 티켓이 몇 장인지 셌다. 그러고는 만약을 대비해서 다시 한 번 셌다. 모든 작업을 마친 남자가 내게 무엇을 건넸을까? 연필 한 자루였다! 거의 1,000장에 달하는 티켓을 가져갔는데도 내가 받은 것은 고작 연필 한 자루가 다였다. 심지어 지우개도 없었다. 남자는 지우개를 받으려면 티켓 500장이 필요하다고 말했다. 나는 뒤돌아서면서 중얼거렸다. "인정머리 없는 피자 직원 같으니라고!" 피자 가게의 카운터에 가기 전까지 내가 미처 몰랐던 사실은, 몇 년 동안 모았던 티켓이 아무짝에도 쓸모없다는 점이었다.

사랑을 실천하는 사람들은 티켓을 모으지 않는다. 나중에 큰 상급과 맞바꿀 수 있는 티켓을 받으려고 착한 일을 하지 않는다. 선한 행동과 은혜를 교환할 수 있다고 생각하지 않기 때문이다. 사랑하는 사람들은 미끼에 현혹되어 하나님 앞에서는 가치 없는 것들을 수집하는 수고를 하지 않는다. 더 이상 필요 없는 관심은 모두 차단한다. 이들은 밝은 빛 아래서는 조명이 필요 없다는 잘 안다. 불필요한 수고 대신 믿음을 실천하는 도구로 이타적인 사랑을 베푼다. 사랑 그 자체를 보상이라고 믿는다. 왜냐하면 사랑이야말로 하나님을 기쁘시게 하기 때문이다.

　이렇게 사랑을 베푸는 사람들은 다른 사람들이 얼마나 티켓을 모았는지 신경 쓰지 않는다. 타인이 하는 행동을 평가하는 대신, 각자 하나님과 동행하고 있다고 생각한다. 관심이 없어서 티켓을 세지 않는 것이 아니라, 하나님이 이 세상에서 하시는 일들에 동참하느라 너무 바빠 티켓이 더 이상 중요하지 않은 것이다.

　나는 몇 해 전 한 단체를 만들었다. 단체의 웹사이트에는 우리가 우간다의 한 세대를 구하기 위해 노력한다는 문구가 있었다. 어느 순간, 나는 왜 우리가 하는 행동을 부풀려서 포장해야 하는지 스스로에게 물었다. 한 세대를 구한다니? 사실일까? 아마도 아닐 것이다. 인구가 4,400만 명인 나라에서 고작 500명의 아이들이 우리가 세운 학교에 다녔다. 나처럼 잘한 일을 과장하는 사람들은 아마도 인정받고 싶어서 이런 행동을 한다. 우리는 티켓 카운터나 다름없다. 나는 아주 작은 친절함을 크게 부풀리고 있었다. 나쁜 의도는 아니었지만, 다만 혼동했을 뿐이다. 티켓 카운터와 다름없는 사람들은 하나님의 사랑을 자신하지 못한다. 그래서 성공이나 성과, 지위, 직함을 내세워 우리가 얼마나 하나님을 사랑하는지 드러내려고 한다. 하지만 문제는 이것이 하나님 앞에서는 아무런 의미 없는 티켓에 불과하다는 것이다. 하나님은 우리의 도움이 아니라 마음을 원하신다.

우리 단체의 어설프기 짝이 없는 웹사이트에는 또한 우리가 '가난한 사람들 중에서도 가장 가난한 사람들을 돕는다'라고 적혀 있었다. 마치 가난하지 않은데 그런 행세를 하는 사람들 말고 '가난한 사람들 중에서도 가장 가난한 사람'을 찾아 그들을 돕겠다고 말하듯이 말이다. 내 자신감이 부족했기 때문에 그냥 가난한 사람보다 가장 가난한 사람을 돕는 것이 훨씬 더 고귀한 일이라는 말처럼 들렸다. 내가 이런 일을 할 때마다 천국에서는 분명히 얼굴을 찌푸릴 것이다. 또다시 내 위주로 생각했다. 계속해서 이렇게 나 중심으로 생각한다면 예수님을 위한 삶을 절대 살 수 없다.

우리가 변화하려면, 우리가 하는 일을 묘사하는 익숙한 단어들을 예수님이 사용하셨던 단어들로 대체해야 한다. 예를 들어 나는 사람들을 위해 열심히 봉사하다가도 모두를 위해 봉사하고 있다고 말해 버린다. 이런 말을 내뱉는 순간 내가 중심이 된다. 우리는 더 이상 '선교 여행'을 가지 않아도 된다. 예수님의 사도들은 이런 단어를 쓰지 않았다. 이미 사랑이라는 단어가 있다는 것을 알았기 때문이다.

나는 훌륭하고 용감한 선교사들을 만나 왔다. 당신도 마찬가지일 것이다. 하지만 여전히 많은 사람이 선교사라는 말을 들으면 갑옷 입은 스페인 사람, 범선, 독감, 그리고 그로 인해 목숨을 잃은 토착민을 떠올린다. 스스로 선교사라고 말하는 대신, 어딘가로 떠나 그곳에서 만나는 사람들을 통해 내 믿음을 더욱 깊이 살펴보고 최대한 도움을 주는 것은 어떨까? 놀라운 점은 '선교 여행'을 가는 내 지인들은 이미 이러한 일을 하고 있다는 것이다. 앞으로는 우리가 하는 행동에 '사역'이라는 딱지를 붙일 필요가 없다. 그냥 '화요일'이라고 부르면 된다. 바로 이것이 사랑을 실천하는 사람들의 행동이다.

한 세대를 구하다? 가난한 사람들 중에서도 가장 가난한 사람들? 봉사하다? 선교 활동? 사역? 나는 내가 하는 말을 꼼꼼하게 돌아보지 않고 내 위주로만 생각했다. 하지만 예수님이 세상에 보내는 메시지는 어려운 만큼 단순하다. 더 이상 나 위주가 아니라, 하나님이 중심에 있어야 한다. 단체 셔츠와 손목 밴드가 틀렸다는 것이 아니다. 다만 이제는 그럴 필요가 없다는 것이다. 사랑을 실천하는 사람들은 포장하지 않는다. 더는 다른 사람으로부터 칭찬이나 인정을 바라지 않기 때문이다. 하나님의 사랑을 베푸는 것 그 자체가 보상임을 경험을 통해 안다. 또한 그들은 선한 행동이 모두 예수님 덕분이라고 말하지 않는다. 사랑을 실천하는 사람들은 공로가 누구에게 돌아가는지 관심이 없다. 그저 사랑할 뿐이다. 예수님에게는 공로가 필요 없다. 우리 역시 공로를 바라면 안 된다. 천국에서 예수님의 영광을 드높이는 일에서, 예수님을 향한 우리의 지지는 아무런 의미가 없다.

마치 일부러 숫자를 센 듯 하루 종일 몇 번이나 예수님에 대해서 이야기했는지 자랑스럽게 말하는 사람들이 있다. 이유는 잘 모르겠다. 몇몇 사람들이 예수님을 언급한 횟수를 세는 것처럼 나도 사랑스러운 마리아 이야기를 몇 번이나 했는지 세고 있다면, 아마도 그녀는 내가 미쳤다고 생각할 것이다. 집으로 돌아와 이런 말을 하는 것을 상상조차 할 수 없다. "여보, 오늘 내가 당신 이름을 다섯 번 얘기했어. 한 번은 정수기 옆에서, 또 한 번은 굉장히 힘든 시기를 겪고 있는 누군가에게, 그리고 나머지 세 번은 모퉁이에서 모르는 사람들과 이야기하면서 말했지." 그녀는 아마도 몇 초 동안 우아하게 침묵하다가 내가 혹시 아픈 것은 아닌지 동공을 확인한 다음 슬픈 목소리로 말할 것이다. "그걸 다 셌어요?" 내가 사랑스러운 마리아를 언급하는 횟수를 세는 것이 우리의 결혼 생활에 아무 문제없다는 증거가 되지는 않는다. 오히려 엉망진창인 관계를 나타내는 신호에 가깝다.

대신 우리가 진짜 사랑하는 것들에 대해서 이야기할 때는 어떠한가? 사람들은 자신이 좋아하는 스포츠나 자동차, 음악, 그리고 음식에 대해서 이야기한다. 그 누구도 특정 단어를 몇 번이나 말했는지 숫자를 세지 않는다. 우리는 가장 사랑하는 것들에 대해서 이야기한다. 사랑을 실천하는 사람들은 자신보다는 하나님이 하시는 일에 대해서 더 많이 이야기한다. 점수를 기록하지 않고 말이다.

앞으로 자랑하고 싶은 마음이 들 때는 나지막이 말해 보자. "내 위주가 아니다." 하루에 열두 번 말해도 좋다. 한 달에 수천 번 말해도 좋다. 일어날 때 말하고 잠들기 전에 말해 보자. 반복하고 또 반복해서 말해 보자. "내 위주가 아니다. 내 위주가 아니다." 식사 전 기도할 때도, 남을 위한 훌륭한 일을 할 때도, 다친 사람을 도와줄 때도 말해 보자. 찬송가와 기도문처럼 말하고 또 말해 보자. 선한 행동을 한 횟수를 세거나 목적을 가지고 누군가를 사랑한다면 더 이상 사랑이라고 말할 수 없다. 그저 티켓에 불과하다. 우리의 선한 행동과 하나님의 선한 행동 중에서 한 가지만 기억할 수 있다. 그리고 둘 중 한 가지만 우리에게 진정한 의미가 있다. 예수님이 말씀하신 위대한 삶과, 아무런 가치 없는 업적이 담긴 상자를 교환하고 싶어 하는 사람은 아무도 없다.

예수님을 위해 내가 한 일들에 집착하지 않는 것이 중요한데, 나는 자꾸만 내가 한 일들이 기억나서 애를 먹는다. 일부러 기억하려고 하는 것은 아닌데, 자연스럽게 머릿속에서 지워지지 않는다. 영화 〈레인 맨〉 속 주인공이 된 듯한 기분이다. 다른 이에게 베풀었던 친절이 나도 모르게 기억난다. 여기서 끝이 아니다. 나에게 잘못했거나 부당한 행동을 한 사람들도 모조리 기억나는 것이 더 큰 문제다. 피할 수 없는 일인지도 모르겠다. 나는 3개의 주에서 변호사 자격시험을 단번에 통과했다. 그중 하나는 시험을 치르기 10일 전에 공부를 시작했는데도 말이다. 이유가 뭐냐고? 나는 암기력이 뛰어난 편이다. 하지만 이 점이 오히려 사랑을 실천하는 데 방해가 된다. 사랑을 베푸는 사람들은 이런 일들을 기억하지 않는다. 그들이 또는 상대방이 했던 옳고 그른 일들을 애써 외우지 않는다. 대신 은혜를 늘 되새긴다. 예수님 역시 상대적인 숫자는 신경 쓰지 않으셨다. 그저 이웃을 사랑하셨고, 덕분에 이 세상은 전과는 완전히 달라졌다.

우리 삶에 사랑과 은혜가 넘쳐난다면 우리가 겪은 최악의 날도 최악이라고 할 수 없으며 최고의 날도 최고라고 할 수 없다. 우리가 초대받은 이유는 우리가 잘해서가 아니라, 하나님이 우리를 사랑하시기 때문이다.

CHAPTER 9

엉망진창 연주회

누구나 음을 틀릴 때가 있지만,
연주를 멈추지 말고 이어가야 한다.

어릴 때 부모님은 내게 피아노 레슨을 받게 하셨다. 내 의견은 중요하지 않았다. 나에게 도움이 될 것이라고 판단하셨는데, 어떻게 보면 손가락을 위해 시금치를 먹는 것과 비슷했다. 일주일에 한 번씩 파스텔 색조의 카디건을 입은 할머니 선생님이 피아노를 가르치러 왔다. 그녀는 완벽한 자세로 옆에 앉아 내가 건반 위를 더듬거리는 동안 나를 내려다봤다. 마치 문신을 한 것처럼 늘 눈살을 찌푸리고 있었다. 건반을 잘못 누를 때마다 선생님은 나를 노려보거나 얼굴을 찡그렸고 마음에 안 든다는 듯이 한숨을 내쉬기도 했다. 가끔 그녀의 얼굴이 종이접기처럼 구겨지는 것을 보기 위해 일부러 건반을 잘못 누르기도 했다.

드디어 나는 첫 번째 연주회 무대에 오르게 되었다. 그날 밤 연주자는 나와 그렉 둘뿐이었다. 그렉은 나와 같은 초등학교에 다녔는데, 우리 둘은 같은 선생님에게서 피아노를 배우고 있었다. 우리는 같은 곡을 연주하기로 되어 있었다. 내가 훨씬 더 피아노를 오래 배웠지만, 나는 그렉이 나보다 훨씬 더 멋진 연주를 할 것이라고 생각했다. 그는 뭐든지 잘했다. 초등학교에서 가장 재능 있고 자신감 넘쳤으며 어디를 가든 주목받았다. 운동과 수학, 웅변도 잘했고, 엔진을 재조립하기도 했다. 겨우 아홉 살짜리가 말이다.

그렉은 소매에 모노그램 무늬가 있는 턱시도를 입고 주머니에 곱게 접은 손수건을 꽂은 채 공연장에 나타났다. 그는 피아노 앞에 허리를 펴고 앉아 턱시도를 정리한 다음 〈등대 창문에서〉라는 곡을 아름답게 연주했다. 그의 연주가 너무 뛰어난 나머지 나는 그가 베토벤이나 엘튼 존의 숨겨진 자식이 아닐까 생각했다. 완벽하게 휜 손가락은 흰머리독수리와 흡사했다. 심지어 영화에서처럼 손을 교차하면서 연주하기도 했다. 마지막 음을 연주한 후 그는 동그랗게 만 손을 머리 위로 높이 들어 올렸다. 강당 가득히 박수가 울려 퍼졌고, 그는 오랫동안 손을 내리지 않았다. 지구상에 그렉이라는 이름의 위대함이 탄생하는 순간이었다.

이제 내 차례가 돌아왔다. 나는 어머니가 사 주신 체크무늬 바지에 까슬까슬한 스웨터를 입고 무대 위로 걸어 나갔다. 꼭 TV에 나오는 로저스(미국 인기 교육 프로그램 진행자 – 편집자) 아저씨 같은 차림새였다. 나는 관중을 힐끗 쳐다봤다. 다들 몸을 앞으로 숙이고 그렉의 훌륭한 연주 뒤에 어떤 공연이 이어질지 잔뜩 기대하고 있었다. 나는 시선을 내려 건반을 쳐다봤다. 너무 많았다. 검은 건반을 먼저 눌러야 하는지 흰 건반이 먼저인지 기억나지 않았다. 그래서 둘 다 눌렀다. 손가락을 더듬거리며 연주를 이어갔다. 말 그대로 엉망진창이었다. 내가 연주한 곡에서 등대는 어디에도 없었다. 창문도 없었다.

내 연주는 실수투성이였다. 어색하게 음이 끊기기도 하고 같은 부분을 다시 치기도 했다. 그렉보다 두 배의 시간이 흐른 후에야 연주를 마칠 수 있었다. 동그랗게 만 손을 머리 위로 들며 연주를 끝내는 대신, 나는 건반 위에 이마를 대고 양팔을 늘어뜨린 채 눈물을 터뜨렸다. 너무 창피했다. 찰리 브라운도 나만큼 가엽지는 않았을 것이다. 내가 고개를 푹 숙인 채 무대에서 내려오는 동안 몇몇 사람이 어색한 침묵을 깨려는 듯 박수를 쳤다. 수치스러웠다. 그날로 나는 피아노를 그만두었다.

몇 년이 흐르고 대학교에 입학한 나는 음대 건물 건너편에 있는 기숙사에서 지냈다. 음대의 커다란 강당 무대 위에는 검은색 그랜드 피아노가 놓여 있었다. 강의를 들으러 가는 길에 하루에도 몇 번씩 강당 앞을 지나갔다. 가끔 그랜드 피아노를 연주하는 사람이 있는지 궁금해서 살짝 안을 들여다보기도 했다. 하지만 아무도 없었다. 피아노를 보자 어렸을 때 치욕스러웠던 연주회의 아픈 기억이 생생하게 떠올랐다. 내 눈에는 피아노가 하얀색과 검은색 건반이 달린 영구차처럼 보였다. 많은 사람 앞에서 내가 실패했던 그날이 떠올랐다.

그러던 어느 날, 아무런 이유 없이 나는 강당 문을 열고 안으로 들어가 텅 빈 수백 개의 붉은 벨벳 좌석을 지나 무대 위로 올라갔다. 그리고 피아노 앞에 앉았다. 체크무늬 바지와 카디건 스웨터를 입고 있지는 않았지만, 그때 그 소년으로 돌아간 듯한 기분이 들었다. 다시 연주하는 것이 두려웠고 시작하면 곧 연주를 멈추게 될까 봐 무서웠다. 하지만 나는 〈등대 창문에서〉에 다시 한 번 도전하기로 결심했다.

나는 허리를 펴고 앉아 그렉이 그랬던 것처럼 손을 동그랗게 말고 연주를 시작했다. 놀라운 일이 벌어졌다. 아주 훌륭하게 연주를 끝마쳤다. 모든 음을 하나도 놓치지 않았다. 올림픽이었다면 색종이 조각이 쏟아져 내리고 심판이 두 자리 점수를 들어 올리는 동안 횃불을 든 사람들이 공중돌기를 하며 매트 위로 고꾸라졌을 것이다. 내가 커다란 피아노 위에 앉아 있는 사진이 시리얼 박스 위에 실렸을지도 모른다.

운명적인 피아노 연주회 이후로 십 년이 흘렀다. 악보도 없었다. 그날 이후로 나는 〈등대 창문에서〉 아니, 피아노라는 단어조차 한 번도 생각하지 않았다. 그럼에도 나는 완벽하게 곡을 연주했다. 쉼표까지 마친 나는 마지막 화음을 두드리며 마치 바이킹처럼 두 손으로 건반을 내리쳤다. 손가락에서 부인할 수 없는 힘과 권위, 그리고 열정이 느껴졌다. 나는 동그랗게 만 손을 천천히 머리 위로 올린 다음 아주 오랫동안 내리지 않았다.

나는 궁금했다. '어떻게 가능한 거지?'

답은 간단했다.

청중도 조명도 없었다.

또 내 손가락은 선반을 기억하고 있었다.

뛰어난 재즈 즉흥 연주자와 훌륭한 클래식 연주자의 차이점은 매우 간단하다. 전자의 경우 음을 틀리는 경우가 없다. 실수한다고 해도 아무도 신경 쓰지 않을 뿐더러 모르고 넘어가기도 한다. 모두들 발을 구르며 선율을 즐긴다. 하지만 연주회에서는 모든 사람이 완벽함을 기대한다.

우리는 신앙 공동체 안에서 연주회를 하면서 많은 시간을 보낸다. 예수님이 원하시는 것보다도 훨씬 더 많이 말이다. 무대와 청중 그리고 연단은 우리를 변화시킨다. 하지만 사랑을 베푸는 사람들은 이런 것들이 필요 없다. 무대가 무조건 나쁜 것은 아니지만 잘못된 청중 앞에서 연주하게 될지도 모른다.

나와 내 친구들은 '리빙 룸'이라고 하는 라이브 행사를 시도하는 중이다. 무대가 필요한 이들에게 공간을 제공하는 일이다. 샌디에이고에 있는 우리 집에서 첫 번째 행사를 열었는데, 사람들에게 자세한 정보를 알리지 않았다. 누가 참석하는지, 누가 공연하는지, 누가 연주하고 사람들이 오면 우리가 무엇을 하는지 모두 비밀에 부쳤다. 예수님 역시 마찬가지였다. 그런 예수님이 천국에 가신 후 사도들은 사람들을 거실로 초대했다. 그리고 빵을 잘라 나누었다. 우리의 목적 역시 비슷했다. 밖에서는 매우 외향적이지만, 사실 사랑스러운 마리아와 나는 굉장히 내성적인 편이다. 그래서 모르는 사람을 집으로 초대한다는 것 자체가 조금 불편했다. 특히 나보다 더 내성적인 사랑스러운 마리아가 걱정했다. 누군가 우리 안방에서 내 사각팬티를 입고 나오거나 그녀의 우산을 들고 나올지 모를 일이었다.

우리는 신청자를 받을 날짜와 시간을 정했다. 그리고 사람들에게 우리 집 거실에는 30명까지 들어올 수 있는데, 억지로 밀어 넣으면 60명까지 들어갈 수 있다고 말했다. 신청 시간이 되자, 단 4분 만에 800명이 넘는 사람들이 신청했다. 우리는 최대한 수용할 수 있는 인원을 초대했고, 모두 즐거운 시간을 보냈다. 나머지 사람들을 위해서 얼마 후 디즈니랜드 옆에 있는 재즈 공연장인 하우스 오브 블루스를 통째로 빌렸다. 공연하거나 연주할 친구들을 몇 명 더 불렀다.

그리고 별도 프로그램을 진행하기 위해 디즈니랜드의 입장권을 나누어 주었다. 미래에 대해 이야기를 나누고 싶은 사람들은 투모로우랜드에서 연사와의 만남을 가졌다. 인생의 두려움에 대한 대화를 원하는 사람들은 유령의 집에서 모였다. 노숙자와 일하는 친구는 메인 스트리트에 자리를 잡았다. 신데렐라의 성은 래퍼로 활동하는 친구에게 배정되었다. 나는 물론 톰 소여의 섬을 차지했다. 나는 우리가 만나는 장소가 우리가 나누게 될 이야기만큼, 아니 어쩌면 더 중요하다는 점을 다시 한 번 깨달았다. 우리는 최고의 대화를 잘못된 장소에서 나누고 있는지도 모른다.

우리는 사람들을 한자리에 모으는 또 다른 행사를 준비했다. 그리고 전국에서 가장 인기 있는 도시가 아니라 사람들이 가장 덜 찾는 도시를 선정했다. 하나님이 예루살렘을 정하셨던 일이 생각났다. 그는 베들레헴과 나사렛처럼 비교적 빛을 발하지 못하던 곳에서 예수님이 사람들을 불러 모으도록 하셨다. 우리는 집을 담보로 잡고 컨벤션센터를 대여했다. 훌륭한 음악가와 연사들이 기꺼이 함께해 주었는데, 조건은 피자를 제공하고 집으로 돌아가는 길을 알려 준다는 것이 전부였다.

수천 명의 사람들이 몰려들었고, 우리는 그들이 낸 엄청난 액수의 돈을 커다란 그릇에 담았다. 돈이 필요한 사람은 가져가도 좋으며, 여윳돈이 있는 사람은 접시 안에 넣어 달라고 부탁했다. 컨벤션센터의 직원도 돈이 필요할 수 있으니 밤에도 접시를 그대로 두었다. 행사를 마친 후 남은 돈을 가난하거나 힘들고 도움이 필요한 이들에게 주었다. 초기 교회도 비슷한 일들을 했다. 그들 자신과 보유한 자산을 모두가 쓸 수 있도록 해 그들만의 경제를 만들었다. 사랑했기 때문에 가능한 일이었다.

원하든 원하지 않든, 우리는 반복되는 일을 외우게 된다. 이는 인간의 본성이다. 그렇기 때문에 반복할 가치가 있는 일을 고르는 것이 중요하다. 사랑을 실천하는 사람들이 그렇다. 그들은 삶에 있어서 아름다운 패턴과 주변의 이미지를 받아들인다. 사랑과 포용, 은총, 너그러움, 기발함, 그리고 용서를 전달하는 노래와 관행, 습관으로 일상을 채운다. 사랑을 베푸는 사람들은 의식하지 않아도 저절로 나올 때까지 이러한 행동들을 반복한다. 머리가 아니라 몸이 기억하게 되는 것이다.

그들은 남들의 박수를 바라지 않는다. 옳고 진실하며 아름다운지 검증받으려고 하지도 않는다. 인정과 함께 따라오는 칭찬에는 관심이 없다. 자잘한 잘못을 저지르거나 살면서 음을 틀리는 사람들에게 화를 낼 필요성도 느끼지 못한다.

당신은 모르겠지만, 나는 일과를 마치고 나서야 바지 위로 삐져나온 셔츠에 문제가 있었다는 사실을 알아차릴 때가 종종 있다. 대개 단추 한 개, 때로는 두 개까지 열려 있다. 내 믿음에 큰 영향을 끼친 사람들 중에서도 늘 단추 한두 개가 풀려 있는 이들이 있었다. 모두 큰 실수를 저지른 사람들이었다. 이들로부터 도망치는 대신 먼저 다가가야 한다. 살다 보면 누구나 틀린 음을 연주한다는 사실을 아는 것만으로도 자신감이 생긴다. 우리 믿음의 성적표는 음이 틀렸을 때 서로를 어떻게 대하느냐에 따라 달라진다.

막달라 마리아는 예수님이 묻히시고 부활하신 후 그의 무덤으로 달려갔다. 그녀는 무덤 앞에서 예수님을 만났지만, 동산지기라고 생각했다. 예수님은 사람들 앞에서 그녀가 틀렸다며 무안을 주시지 않았다. 또한 그 자리에서 그녀에게 성경을 가르치지도 않으셨다. 예수님은 무엇을 하셨을까? 그녀의 이름을 부르셨다. "마리아야." 그게 다였다. 가장 짧은 설교였다.

누군가 음을 틀릴 때마다 아기 예수를 보호하기 위해 탑 위로 궁수를 보낼 필요는 없다. 요한계시록을 보면 알 수 있다. 예수님은 이미 구유에서 나오셨다. 가르침을 단단히 붙잡고 성경이 세상에 전달하는 메시지를 정확하게 아는 것이 우리의 역할일까? 당연하다. 하지만 기억해야 할 것이 있다. 예수님의 방식대로 사람들을 사랑하는 것이야말로 위대한 교리다.

잊어버리지 않도록 외우자. 은혜를 기억하자. 몸에 밸 때까지 익숙해지자. 무대를 잊어버려야 한다. 당신의 믿음은 연주회가 아니다. 사람들이 음을 틀릴 때는 재즈 연주를 들려주자. 그들에게 먼저 달려가자. 그리고 조언 대신 그들의 이름을 불러 보자. 만약 이름을 모른다면, 아무 말 하지 않아도 좋다. 하나님이 사람을 만드셨고 사람은 문제를 일으키지만, 사람이 문제는 아니기 때문이다. 또한 사람은 무언가를 이루기 위한 프로젝트 대상이 아니다. 사람은 그냥 사람이다.

주변에 있는 사람이 실수할 때는 단둘이서 조용히 대화해 보자.

마치 악보를 가르치듯 지시를 내리는 대신 상대방을 품에 안아 주어야 한다. 상대방의 몸이 은혜와 사랑, 포용을 기억하게 될 것이다.

CHAPTER 10

세 개의 녹색 불빛

확신이 우리 생각만큼 꼭 필요한 것은 아니다.

나는 비행기 안에서 많은 시간을 보낸다. 정말로 많은 시간을 말이다. 사람들은 어디에나 있고 나는 사람들과 함께하는 것을 좋아한다. 그렇기 때문에 비행기는 자연스럽게 내 삶의 일부가 되었다. 작년에 비행기를 타고 이동한 거리만 거의 80만 킬로미터에 달한다. 지역 공항에서는 나를 'Mr. G'라고 부른다. 나는 발권 담당 직원이 아이를 입양하도록 도와준 적도 있다. 자녀의 고등학교 졸업을 축하하기도 했고 공항 직원들과 함께 희생자들을 위해 눈물 흘리기도 했다. 가끔 영화 〈터미널〉 속 톰 행크스가 된 듯한 기분이 들 때도 있다. 도대체 누가 공항에 있는 상점에서 옷을 사 입는지 항상 궁금했는데, 조금 부끄럽지만 바로 내가 그 사람이다.

나는 조종사이기도 하다. 그래서 내 손으로 비행기를 조종하기도 한다. 차를 운전하기 싫을 때나 내가 비행기를 조종해서 갈 수 있을 만큼 가까운 거리일 때는 종종 목적지까지 직접 조종한다. 한번은 전국을 가로지르는 혹독한 일정을 마친 후였다. 한 주에만 캔자스로 향하는 비행기를 여섯 번은 탔던 것으로 기억한다. 땅에서 손을 흔드는 농부를 봤다고 확신한다. 다음 일정을 위한 목적지는 차로 가려면 장시간 운전을 해야 하지만 비행기로 가면 산을 넘을 수 있어 훨씬 일찍 도착할 수 있는 곳이었다. 나는 캘리포니아의 꽉 막힌 도로 대신 작은 비행기를 조종하기로 결심했다. 비행 클럽의 회원인 친구에게 전화를 걸어 부탁했더니 한 시간에 100달러를 내면 빌릴 수 있는 비행기를 소개해 주었다. 렌터카를 빌리는 것보다 고작 몇 달러 비싼 비용이었다. 물론 싸구려 비행기였지만, 비행하는 데는 문제가 없었다. 나는 흔쾌히 비행기를 빌렸다.

나는 이착륙장으로 향하기 전에 먼저 차트를 살펴보며 재빨리 비행 계획을 세웠다. 처음 비행기를 조종했을 때는 비행 계획을 어떻게 세우는지 몰랐다. 내 계획은 아주 간단했다. 부딪히지 않고 목적지까지 갔다가 다시 돌아오는 것이었다. 하지만 시간이 지나면서 비행하기 전에 먼저 비행경로에서 가장 높은 장애물을 파악해야 한다는 점을 알게 되었다. 목숨을 부지하려면 반드시 거쳐야 하는 단계였다. 팜스프링스까지 가는 경로에서는 높이 1,800미터의 산이 가장 높은 장애물이었다. 나는 안전하게 고도 2,400미터 상공에서 비행했다.

비행기를 착륙시킨 후 격납고로 이동하고 있는데 F16 전투기가 내 옆에 멈춰 섰다. 그러고는 산소 호스와 조명탄, 그리고 멋진 패치를 덧댄 올리브색 탑건 유니폼을 입은 조종사 두 명이 내렸다. 쏟아지는 햇살이 만들어 낸 후광 덕분에 더욱 멋져 보였다. 찢어진 청바지와 낡은 티셔츠, 그리고 미키 마우스 시계를 찬 나 역시 비행기에서 내렸다. 다른 사람과 나를 비교하지 않으려고 노력하지만, 이번만큼은 피할 수 없었다. 나는 날개에 강력 접착제가 휘날리는 한심스러운 비행기를 돌아봤다. 옆에 있는 F16 전투기 날개 밑에는 미사일이 탑재되어 있었다. 나 자신이 한없이 초라하게 느껴졌다.

나는 내심 조명탄이라도 쏠 수 있기를 바라며 전투기 조종사들에게 말을 걸었다. 두 사람은 팜스프링스 근처에 있는 골짜기에서 비행 훈련을 하기 위해 3,200킬로미터를 날아 왔다고 했다. 골짜기를 통과하는 훈련을 통해 기술과 팀워크를 시험할 수 있고 반응 속도를 가다듬어 더 나은 조종사로 거듭날 수 있다고 설명했다. 나는 내가 세운 비행 계획을 다시 한 번 떠올렸다. 나는 안전한 비행을 위해서 가장 높은 산보다도 600미터를 더 높이 비행했다. 하지만 이 조종사들은 실력을 쌓기 위해서 골짜기 사이로 전투기를 몰았다.

지금까지 믿음에 대해 내가 배운 것은 예수님은 누구에게도 안전책을 강구하라고 요구하지 않으신다는 사실이다. 우리는 용감한 사람이 되기 위해 태어났다. 안전책을 강구하는 것과 조심하는 것은 엄연히 다르다. 많은 사람이 안전책을 강구하는 것과 그들이 행동하기 전에 응답을 기다리는 것이 위험의 반대말이라고 생각한다. 나는 동의하지 않는다. 우리의 인생과 정체성을 예수님 안에서 찾을 수 있다면, 우리는 안전이라는 의미를 그의 곁에 머문다는 뜻으로 재정의할 수 있다. 오해하지 말기를 바란다. 안전책을 강구하는 것과 우리 삶에서 확신을 기다리는 것이 꼭 나쁘다는 이야기는 아니다. 다만 그것이 믿음이라고 볼 수는 없다는 것이다.

안전책을 강구하는 것으로는 앞으로 나아갈 수도, 성장할 수도 없다. 같은 자리에 서서 그 상태를 유지할 뿐이다. 하나님은 우리에게 다른 것을 원하신다. 그의 목표는 우리가 같은 자리로 돌아오는 것이 아니다. 하나님은 우리가 그에게 더 많이 의지하기를 바라신다. 삶에서 무조건 위험을 따르라는 말이 아니다. 다만 믿음에 있어서 어느 정도 위험을 감수하는 것이 오히려 우리에게 더 좋을 수 있다. 우리가 이해하지 못하거나 동의하지 않는 사람들을 사랑하는 것은 아름답지만 직관에 어긋나며 위험한 행동이다. 하지만 이것은 사랑을 실천하는 사람들의 행동이기도 하다.

우리는 매일 산 위를 지나가는 적당히 쉬운 길을 택할지 아니면 골짜기 사이를 지남으로 자신을 성장시킬지 결정한다. 천국은 물론이고, 상처 입은 사람들로 가득한 세상에서도 우리가 성장하기를 바란다. 성경에서도 비슷한 내용을 찾을 수 있다. 우리의 믿음이 시험대에 오르는 것은 곧 우리를 한층 더 성장시킬 기회라고 나와 있다. 말이 된다고 생각한다. 달리 말해 우리의 믿음이 더욱 강해지길 바란다면 골짜기로 항해해야 한다.

　글로 읽으면 간단명료해 보이지만, 현실은 훨씬 어렵다. 원래 꽤 낙관적인 편인 나도 골짜기 한두 개 정도는 감당할 자신이 있지만 전투기 조종사처럼 맹렬하게 비행할 생각은 없다. 솔직히 나는 어려운 시기를 극복하고 대하기 어려운 사람들을 상대하는 일을 마지못해서 한다. 그럴 때마다 나같이 착한 사람이 이렇게 어려운 일을 하고 까다로운 사람들과 마주해야 한다니 정말 불공평하고 부당하다고 스스로에게 불만을 토로한다. 사랑을 실천하는 이들은 하나님이 우리를 불편한 곳으로 이끄신다는 것을 잘 안다. 우리가 두려움 때문에 스스로 난관에 부딪치지 않으려 한다는 것을 하나님께서 간파하고 계시기 때문이다. 나 역시 이런 상황을 항상 겪는다. 그리고 시간이 지나서야 내가 통과한 어려운 구간이 앞으로 더욱 의미 있는 경로로 나아가는 데 도움이 되었다는 사실을 깨닫는다. 이는 처음부터 하나님의 계획이었다.

　팜스프링스에서 행사를 마치고 나니 늦은 밤이었다. 10시가 다 된 시간이었는데, 나는 지역 공항으로 돌아가 비행기를 이륙할 준비를 시작했다. F16 전투기는 보이지 않았다. 근처 골짜기에서 쏜살같이 비행하며 실력을 점검하고 향상시키는 동시에 인생에서 가장 즐거운 시간을 보내고 있을 두 조종사를 떠올렸다. 반면 나는 침대로 직진할 준비가 되어 있었다.

집으로 돌아오는 비행은 순조로웠다. 연속 회전을 하거나 협곡 사이를 자유자재로 오가는 일은 없었다. 집 근처 공항에 가까워지자 나는 착륙 절차와 체크리스트를 점검했다. 착륙시 마지막 단계 중 하나는 레버를 잡아당겨 착륙 장치를 내리는 것이다. 제어판에 세 개의 녹색 불이 들어오면 모든 바퀴가 완전히 내려와 고정되었으며 활주로에 착륙할 준비가 다 되었다는 신호다.

나는 레버를 잡아당겼다. 바퀴가 위치를 조정하기 위해 회전하는 소리가 들렸다. 그 순간 예기치 못한 일이 발생했다. 녹색 불이 두 개만 들어온 것이다. 양쪽 뒷바퀴만 착륙 준비가 되었다는 뜻이었다. 하지만 앞바퀴 쪽 불은 켜지지 않았다. 잠이 확 달아났다. 나는 침착해지려고 애쓰며 관제탑과 교신했다.

"관제탑 나와라, 앞바퀴가 고장 난 것 같은데요."

"여기는 관제탑, 알았다. 관제탑 옆으로 비행하세요. 착륙 장치를 눈으로 확인해 보겠습니다."

나는 비행경로를 '관제탑 옆으로' 조정했다. 영화 〈탑건〉의 톰 크루즈가 된 것 같았다. 너무 어두워서 아무도 나를 볼 수 없다는 사실만 빼면 말이다. 관제탑 옆으로 지나가자 관제사가 무전을 보내 왔다.

"여기는 관제탑. 너무 어두워요. 장치가 내려왔는지 확인하기 어렵습니다."

잠깐만, 뭐라고? 그게 다라고? 그 말이 전부란 말인가? "확인하기 어렵다니 대체 무슨 말이죠? 당신은 관제탑에 있는 사람이에요. 이런 것쯤은 알아야 하잖아요!" 나는 무전기에 대고 이렇게 소리치고 싶었다.

1~2분이 지난 후, 관제탑에서 다시 무전을 보내 왔다. 한 번 더 관제탑 주변으로 비행하라고 했고, 나는 시키는 대로 했다. 하지만 이번에도 확인할 수 없다는 대답만 돌아왔다. 여전히 제어판에는 두 개의 녹색 불빛만 켜져 있었다.

길고 긴 몇 분이 지나고 무전기 너머에서 지지직거리는 소리가 들려왔다. "비상사태를 선포합니까?"

나는 웃으면서 대답했다. "이봐요, 15분 전에 이미 내 바지 안은 비상사태를 선포했어요."

나는 이 상황을 어떻게 극복할 수 있을지 미친 듯이 생각하기 시작했다. 그 어떤 아이디어도 마땅치 않았다. 앞바퀴를 내리지 않은 상태에서 착륙한다면 결과가 좋을 리 없었다. 그렇다고 계속해서 상공에 머무르자니 곧 기름이 떨어질 테고 더 안 좋은 사태가 벌어질 것이 분명했다. 게다가 빨리 화장실을 가지 않으면 어떤 일이 벌어질지 불 보듯 뻔했다.

우리는 살면서 이런 상황을 마주한다. 기대했던 일은 바람대로 이루어지지 않는다. 직장도, 데이트도, 보너스도, 대답도, 판결도 모두 마찬가지다. 우리는 늘 더 많은 정보와 확인, 그리고 확실한 사인을 기다린다. 어떤 때는 그게 무엇이든 지금보다 조금 더 많기만 하다면 상관없다는 생각이 들기도 한다. 우리는 명확한 답을 원하지만 혼란만 주어진다. 응답을 갈구하지만 더 많은 질문만 돌아올 뿐이다. 빈틈없는 계획도 예상치 못한 일이 일어나면 마치 지저분한 빨래처럼 바닥에 쌓여 간다. 우리는 새로운 문이 열리거나 다른 문이 닫히기를 바란다. 끝났으면 하는 일이 멈추기를 바라기도 하고 시작되었으면 하는 일이 개시되기를 바라기도 한다. 모든 신호가 한 방향을 가리키고 있다가도 찰나의 순간 모든 일이 틀어져 버린다. 우리가 세운 비행 계획은 산 위로 높이 날아가는 것이지만, 정작 허락된 계획은 우리를 골짜기 아래로 내팽개친다.

다시 말해 우리는 대부분 갖고 있는 것보다 더 많은 녹색 불빛을 원한다. 우리의 믿음, 인생, 그리고 경험만 있다면 더 많은 녹색 불빛은 필요 없다는 사실을 잊어버리기 쉽다. 우리는 이제 들판 위를 빙글빙글 도는 것은 멈추고 땅 위에 착륙해야 한다. 우리를 혼란에 빠뜨리고자 하나님이 이러한 상황을 주시는 것은 아니다. 오히려 난관을 통해 우리의 마음이 자리 잡을 수 있도록 하신다. 어렵고 곤란하며 불분명한 상황이 우리를 성장시킨다는 것을 하나님은 잘 아신다. 이런 상황 속에서 우리가 하나님에게 얼마나 많이 의지하고 있는지 다시 한 번 느낄 수 있다.

우리의 계획이 수정된다고 해서 하나님의 계획까지 틀어지는 것은 아니다. 만약 하나님이 우리를 위해 준비하신 계획이 삶의 커다란 계획을 찾는 데 시간을 낭비하지 않기 위함이라는 것을 우리가 깨닫게 된다면 어떨까? 아니면 하나님은 그저 우리가 주님을 그리고 서로를 사랑하기를 바라시는 것일지도 모른다. 우리는 변화할 수 있는데도 불구하고 종종 계획에 발목을 잡힌다. 어떤 사람은 별똥별이 떨어지거나 코에 무당벌레가 앉는 것이 하나님의 계시라고 생각한다. 물론 이러한 방법으로 하나님이 우리에게 뜻을 전달하실 수도 있다. 하지만 솔직히 말해 나도 이런 일을 겪어 봤지만, 하나님의 계시처럼 느껴진 적은 없었다. 그보다는 우리를 깨우치기 위한 메시지 같았다.

나는 하나님이 우리의 관심을 유도하기 위해 카드 마술처럼 속임수를 쓰실 리 없다고 생각한다. 오히려 하나님은 우리에게 소망과 꿈, 열망을 주신다. 끈기와 회복력, 용기도 주신다. 어떤 일은 잘하고 또 어떤 일에는 엉망이도록 우리를 만드셨다. 우리 삶에 즐겁고 아름다우며 재미있는 사람들과 더불어, 대하기 어려운 이들도 몇몇 보내신다. 우리가 편안해하는 것들을 제거하시고 그동안 겪었던 것보다 훨씬 더 깊고 좁은 골짜기로 우리를 인도하심으로써 우리 계획의 방향을 완전히 바꾸신다.

이미 가지고 있는 녹색 불빛도 무시해서는 안 된다. 내가 어디에서 즐거움을 느끼는지, 무엇이 내 상상력을 자극하는지, 또 내가 느끼는 깊은 의미와 목적은 무엇인지 생각해 봐야 한다. 무엇이 당신을 하나님 가까이로 인도하는가? 무엇이 당신과 타인의 삶에서 오랫동안 지속될까? 생각을 통해 얻은 답을 실천으로 옮겨 보자. 이것이 당신의 녹색 불빛이다. 이미 우리는 필요한 것보다 더 많은 녹색 불빛을 가지고 있다. 캠페인이 일어날 때까지 기다릴 필요는 없다. 캠페인이란 여러 사람이 모여서 일을 시작하는 것에 불과하다. 스스로 캠페인을 시작해 보자. 앞으로 어떤 일을 해야 하는지 결정한 다음, 주저 없이 행동하자.

나는 제어판 위에 세 개의 녹색 불빛이 켜지기를 바랐지만, 내게는 단 두 개의 불빛만이 주어졌다. 하나님이 정해 주신 위험한 일을 하기 위해서는 열 개의 녹색 불빛이 필요한데 여덟 개만 켜진 경우도 생긴다. 언젠가 친구가 모든 기회에는 유통 기한이 있다는 말을 한 적이 있다. 눈앞에 있는 기회를 잡지 않는다면 조만간 사라질 것이다. 아름답고 용기 있는 일을 너무나도 해내고 싶지만 선뜻 용기가 나지 않을 수도 있다. 하지만 중요한 점은 언제나 기회가 주어지는 것은 아니다. 지금이 절호의 순간이다. 당신의 삶과 경험, 그리고 믿음이 당신에게 주어진 녹색 불빛이다. 이제는 행동할 때다.

어느 정도 예상했겠지만, 앞바퀴가 제대로 펴지지 않은 상태에서 착륙하려면 평소와는 다른 과정을 거쳐야 한다. 제 위치까지 내려와 고정되어 있는 뒷바퀴로 먼저 착지해야 한다. 삶의 규칙 역시 크게 다르지 않다. 확실한 것들을 파악한 다음 무게 중심을 그곳에 두면 된다. 나는 예수님이야말로 내가 믿을 수 있는 녹색 불빛임을 알기에 내 무게 중심을 예수님에게 두었다. 하지만 이게 끝이 아니다. 하나님은 셀 수 없이 많은 사람을 내게 보내셨다. 당신의 삶에도 그러셨을 것이다. 그중 많은 사람이 나를 예수님께 인도하는 믿을 수 있는 녹색 불빛이다. 그들을 찾아 의지해 보자. 약점을 있는 그대로 드러내고 최대한 투명하게 전부 보여 줘야 한다. 어렵더라도 포기하면 안 된다. 가끔 하나님께 답을 달라고 기도했는데 친구를 보내 주실 때가 있다. 주님이 당신에게 이미 누구를 보내셨을지 모르니 파악해 보자.

여전히 나에게는 질문들이 아주 많다. 녹색 불빛이 내가 원하는 것만큼 충분하지 않다. 당신도 마찬가지일 것이다. 최대한 자신에게 솔직해져야 한다. 하나님은 확신이 있는 척 연기하는 사람보다 의심을 인정하는 사람을 덜 걱정하신다. 나는 매일 내가 확신할 수 있는 것들을 생각하며 하루를 시작한다. 그런 다음 무게 중심을 옮긴다. 항상 나와 내가 살고 있는 세상에 엄청난 관심을 갖고 계신 하나님을 사랑하고 배려하는 것에서부터 시작한다. 그 후부터는 꽤 까다롭게 생각하고 고민한다.

비행기 바퀴가 제대로 작동할지 확신할 수 없었지만, 착륙 장치 때문에 안절부절못하는 나에게는 하나님이 함께하셨다. 관제탑에서는 더 이상 무전이 오지 않았다. 충분히 이해할 수 있었다. 이미 할 말은 모두 했고, 말을 바퀴로 둔갑시킬 능력도 없었다. 할 수 있는 모든 말을 내뱉은 후에 나는 하나님의 존재를 더욱 명확하게 느낀다. 내가 폭발할 것인가 아니면 불꽃 및 괴성과 함께 활주로를 미끄러져 내려갈 것인가를 두고 초조하게 기다리는 동안 관제탑에 있는 남자가 무엇을 했는지는 알 수 없다. 하지만 하나님께서 무엇을 하셨는지는 알고 있다. 나와 함께 계셨다.

나는 점점 하강해 활주로에 표시된 첫 번째 하얀 선을 지나쳤다. 이제 착지를 시도할 차례였다. 나는 비행기 앞부분을 최대한 올린 채 가능한 한 서서히 하강했다. 눈을 질끈 감고 숨을 내쉬었다. 이제 결과를 알아볼 시간이었다.

비행기가 땅에 가까워졌고 뒷바퀴가 안전하게 착지했다. 앞부분이 내려오는 동안 나는 속으로 숫자를 셌다. 3⋯ 2⋯ 1⋯

0을 세는 순간, 프로펠러가 콘크리트에 곤두박질치거나 앞바퀴가 제대로 내려와 고정되어 비행기가 살짝 튕겨지거나 둘 중 하나였다. 결과가 어느 쪽이든 내가 할 수 있는 일은 그저 지켜보는 것뿐이었다.

나는 속으로 0을 셌다.

비행기가 살짝 튀어 올랐다. 앞바퀴가 제대로 펴진 것이다.

나는 소리를 지르며 웃기 시작했다.

사실 하늘 위에서 나를 계속 불안하게 만든 주범은 바로 수명이 다한 5센트짜리 전구였다.

그날 밤 나는 내가 원하는 녹색 불빛을 얻지 못했기 때문에 계속해서 들판 위를 빙글빙글 돌았다. 우리 모두 비슷한 행동을 한다. 니켈 전구 때문에 목적 달성을 포기하면 안 된다. 하나님은 우리가 계속해서 확인받고 싶어 한다는 것을 잘 아신다. 다만 우리가 확인을 얻을 때까지 그 자리에 가만히 서서 기다리지 않기를 바라신다.

누가 녹색 불빛을 마다할까? 그렇지만 때가 되면 확신이 들 때까지 기다리던 것을 멈추고 삶에 집중해야 한다. 하나님의 사랑은 인색하지 않다. 또한 우리의 불편함은 하나님의 기쁨이 되지도 않는다. 하나님은 우리가 성장하기를 바라시기 때문에 우리에게 답이나 확신을 주지 않으시는 것일지도 모른다.

비슷한 맥락으로 가끔은 잠시 쉬는 것도 도움이 된다. 성경의 한 저자는 문이 열려 있다고 해서 지나가라는 뜻은 아니라고 하기도 했다. 신중하게 쉬어 가는 것과 계속해서 정체되어 있는 것은 엄연히 다르다.

훌륭한 열망이 머릿속에 갇히는 때를 알아차려야 한다. 모든 단계를 다 거칠 필요는 없다. 다음 단계로 계속해서 나아가는 것이 중요하다. 하나님께서 우리가 원하는 만큼의 녹색 불빛을 다 주지 않으실 수도 있다. 그러나 하나님의 때에 뜻하신 녹색 불빛을 모두 주실 것이라고 확신한다. 주어진 불빛을 가지고 행동하자. 하나님께서 가만히 있기를 원하신다면 어떤 식으로든 뜻을 알리실 것이다. 또한 늘 켜져 있는 녹색 불빛도 있다. 우리의 고귀한 갈망, 모두를 언제나 사랑하라는 하나님의 지시를 명확하게 담고 있는 성경, 우리를 향한 하나님의 사랑, 그리고 서로라는 선물이 그것이다. 이 녹색 불빛들에 무게 중심을 두고 알 수 없는 삶의 나머지 부분들을 이해해 보자.

우리가 원하는 녹색 불빛의 개수와 하나님께서 허락하시는 개수의 차이는 믿음을 꽤 잘 드러내 준다. 믿음은 보이지 않는 것을 아는 것이 아니다. 들판 위를 빙글빙글 도는 대신 믿고 활주로로 내려가는 것이다. 비행기를 안전하게 착륙시켜 보자.

CHAPTER 11

마지막 기록이
가장 좋은 기록

예수님은 종종 사각지대를 통해
자신의 모습을 보게 하신다.

내가 운영하는 단체인 러브더즈(lovedoes.org)는 전쟁 지역의 아이들을 위해 안전하고 따스한 환경을 조성하는 데 힘쓰고 있다. 나는 주기적으로 우리 단체에서 지은 학교를 둘러보기 위해 이라크 북부를 방문한다. 뉴스를 봤다면 알겠지만, 갈등과 분쟁으로 얼룩진 중동 지역의 상황은 매우 어렵다. 이라크 북부 역시 마찬가지며, 우리는 할 수 있는 최선을 다해서 그곳 아이들에게 미래를 위한 다른 비전을 심어 주려 노력하고 있다.

두 곳의 멋진 단체와 몇몇 가족은 그들이 봉사하는 아이들 및 공동체와 함께하기 위해 아예 그곳으로 이사하기도 했다. 나는 몇 주 또는 몇 달 전만 해도 다음 식사는 언제가 될지 혹은 오늘 밤 어디에서 잘지 몰랐던 아이들이 짧은 시간 안에 놀랍게 성장하는 모습을 보는 것이 매우 기쁘다.

나와 친구들은 내전으로 인해서 집을 잃어버린 수백 명의 아이들을 위한 학교를 운영하고 있다. 또한 소수민족인 야지디족과 난민 아이들을 위한 학교, 병원, 그리고 시리아 난민을 위해 우리가 지은 집들도 관리 중이다. 우리는 최전방에서 IS 소속 군인들을 상대로 싸우고 있는 민병대인 페시메르가 군인들을 직접 만나기도 했다. 페시메르가란 이름은 '죽음에 맞서는 사람들'이라는 뜻이다. 용맹한 전사들과 매우 잘 어울리는 이름이다.

우리가 이들을 얼마나 자랑스러워하는지 알려 주기 위해 우리는 페시메르가 군인들에게 메달을 전달했다. 한 번은 최전선에서 장군 한 명이 우리를 막사 안으로 초대했다. 그곳에서는 인구 200만 명의 도시 모술을 되찾기 위한 전투 계획을 세우고 있었다. 나는 자세하게 기록된 지도와 계획, 그리고 인공위성 사진들이 있을 것이라고 상상했기에 어서 보고 싶었다. 하지만 놀랍게도 막사 안에는 내가 생각했던 물건들이 없었다. 대신 가로 세로가 약 250 X 360센티미터인 모래 상자 위에 플라스틱 군인과 탱크, 도로, 그리고 작은 백기와 흑기뿐이었다. 나는 훨씬 더 많은 것이 안에 있을 줄 알았다.

대부분의 경우 우리가 세운 계획은 필요 없다. 물론 때때로 계획은 도움이 되기도 하지만, 사랑을 실천하기 위한 계획을 세우는 것과 그냥 사랑하는 것에는 차이가 있다. 어떤 사람들은 시간을 내는 것보다 계획을 세우는 것이 훨씬 쉽다. 당신도 그렇다면, 해결책이 있다. 사랑하는 것 자체가 계획이라고 생각해 보자. 그러면 적을 내용도 훨씬 줄어들 것이다.

이라크 북부를 방문하던 어느 날, 아침에 일어났는데 오른쪽 눈이 보이지 않았다. 정말 이상했다. 나는 계속해서 손으로 왼쪽 눈을 먼저 가렸다가 오른쪽 눈을 가리기를 반복했다. 눈을 비비고 고개를 여러 번 흔들었지만 아무런 도움이 되지 않았다. 아무것도 보이지 않았다. 태양을 똑바로 쳐다보고 있어도 모를 것 같았다. 집으로 돌아가기 전 중동과 아시아 지역의 다섯 개 나라를 방문할 예정이었는데, 나는 멍청하게도 나중에 해결하면 될 거라고 생각하며 일정을 그대로 소화했다. 별문제 없을 것이라고 여겼다. 하지만 잘못된 선택이었다.

집으로 돌아와 안과를 찾았다. 세계에서 손꼽히는 실력 있는 의사였는데, 그녀는 자신이 만나 본 똑똑한 사람 중에 내가 가장 멍청하다고 말했다. 그녀가 과장해서 말했을 것이라고 생각한다. 어느 정도 멍청한 사람이라면 모를까. 나는 그 말을 듣고 눈이 너무 심각하게 손상되어서 인조 눈이 필요할 정도라면, 여러 종류 중에서 골라야겠다고 마음먹었다. 이왕이면 영화〈터미네이터〉처럼 레이저가 나오는 인조 눈이나 짜증나는 사람들을 놀라게 할 털이 달린 인조 눈을 원했다.

눈에 문제가 생긴 이후 여러 번의 수술을 받았다. 수술실에 들어갈 때마다 나는 안과 의사에게 수술 후에 얼마나 볼 수 있는지 물어봤다. 하지만 그녀는 한 번도 말해 주지 않았다. 대신 이렇게 대답할 뿐이었다. "밥, 지금보다 더 잘 보일 거예요." 처음에는 그녀가 내 질문을 회피한다고 생각했다. 나는 수술 후 내 눈 상태의 정확한 예후를 원했지만, 사실 그녀는 훨씬 더 좋은 것을 준 셈이다. 믿을 수 있는 사람으로부터의 약속과 내 삶에 대한 알림 메시지를 받은 것이다. 하나님 역시 매일 우리에게 비슷한 약속을 하신다. 우리는 하나님으로부터 자세한 이야기를 듣고 싶어 하지만, 대개 우리가 올바른 곳을 바라보고 나아간다면 하나님을 더 잘 볼 수 있다는 약속이 주어질 뿐이다. 의사는 실력이 출중했다. 그녀가 눈이라는 신체기관을 발명했다고 봐도 무방할 정도로 전문가였다. 예수님 역시 비교할 수 없는 전문가로, 그는 눈을 '정말로' 발명하셨다. 나는 내 안과 의사와 예수님 둘 다 믿기 때문에, 앞으로 더 잘 보일 것이라는 약속만으로도 괜찮다.

우리는 가장 많은 시간을 보내며 찾아 헤맨 것을 보기 마련이다.

내 시력은 천천히 회복되었다. 완전히 제 기능을 찾기까지는 시간이 걸릴 것이다. 시력이 얼마나 돌아올지 그리고 얼마나 지속될지 알 수 없다. 지금까지 수술만 여섯 번을 받은 상태다. 이왕이면 세계

신기록에 도전해 보려 한다. 기다리는 동안, 나는 이미 의사와 예수님이 약속하신 바를 목격했다. 시력이 완전히 회복되지는 않았지만, 예전보다는 더 잘 보게 되었다.

한쪽 시력이 없으니 오히려 잘된 일도 있다. 예를 들어 내 사각지대를 알게 되었다. 절반은 보이지 않는다. 요즘 내 우회전 실력은 허점투성이다. 가위바위보를 하는 것 같다. 나는 대개 창문을 내리고 이렇게 소리친다. "지나갈게요!" 그러고는 페달을 세게 밟는다.

성경에서 예수님이 맹인들을 만난 이야기를 읽으면서 나는 크게 공감했다. 그중에서도 시력을 두 번이나 되찾은 한 사람의 이야기가 가장 와닿는다. 예수님이 그에게 처음 안수하셨을 때, 그에게 무엇이 보이느냐고 물으셨다. 그는 이렇게 대답했다. "사람들이 보입니다. 걸어 다니는 나무 같습니다." 예수님은 그의 눈을 다시 안수하셨다. 그러자 곧바로 그는 제대로 세상을 볼 수 있었다. 첫인상처럼 첫 번째 손길도 중요하지만, 나는 우리에게 필요한 것은 두 번째 손길이라고 생각한다.

많은 사람이 살면서 예수님을 만나지만 처음에는 이 사실을 모르고 지나간다. 이는 결코 실패로 끝난 도전이 아니다. 예수님이 사내의 눈을 처음 고치셨을 때도 기적이 잘못 일어난 것이 아닌 것처럼 말이다. 하나님은 우리의 삶에 미치는 그의 영향에 대해 우리가 정직하게 바라보기를 원하신다. 솔직하게 말하자면 내가 만약 성경에 나오는 그 맹인이었다면, 예수님이 처음 고쳐 주셨을 때 다 나았다고 거짓말을 했을 것이다. 예수님에게 피해가 가지 않도록 말이다. 하지만 예수님이 원하는 것은 그럴싸한 포장이 아니라 우리 삶에서 일어나는 일에 대한 솔직한 대답이다. 그 이유는 간단하다. 앞을 보지 못하던 사람이 예수님의 손길을 받자마자 모든 것이 잘 보인다고 거짓말을 했다면, 그는 완전히 치료받지 못했을 것이다.

우리는 예수님이 왜 사내의 눈을 두 번 안수하셨는지 알지 못한다. 나는 하나님이 우리 삶에 주시는 기적 중 일부는 단계적으로 일어난다고 생각한다. 우리 역시 하나님의 손길을 받았음에도 더 큰 일이 일어날 때까지 사람들을 있는 그대로 보지 못한다. 사람들과 나무를 혼동하지는 않지만, 의견과 입장, 사회적 문제와 지위, 직함, 성과, 행동을 헷갈려 한다.

시력에 문제가 생기면서 나는 다른 방식으로 예수님을 조금 더 잘 이해하게 되었다. 나는 예수님께 나와 타인의 삶에서 이해할 수 없는 부분들을 더 잘 보고 알게 해달라고 기도해 왔다. 대부분 간접적인 응답을 받거나 아예 아무 대답도 듣지 못했다. 어떤 사람들은 처음부터 하나님의 응답이 없는 것 자체가 응답이라고 설명했다. 그들의 말이 맞을 수도 있겠지만, 솔직히 말해 한 번도 동의한 적은 없다. 내가 누군가에게 편지를 보냈는데 답장이 없다면, 편지가 제대로 잘 전달되었는지 궁금할 것이다. 가끔 응답을 구하는 우리에게 하나님은 친구를 보내 주신다. 대개 청바지를 입고 있는데, 청진기와 하얀색 의사 가운을 입고 있는 경우도 물론 있다.

안과 의사보다 예수님을 더 믿기 때문에, 나는 내가 앞으로 더 잘 보일 것이라는 하나님의 약속을 점점 더 받아들이고 있다. 앞으로 하나님의 손길이 더 필요할지도 모른다. 요즘 들어 작지만 중요한 변화가 일어났는데, 바로 사람들이 나보다 더 잘 볼 수 있다는 생각을 하는 것이다. 그리고 내 추측은 거의 대부분 맞다. 어쩌면 앞으로 나는 내가 원하는 만큼 잘 볼 수 없을지도 모른다. 하지만 지금보다 더 잘 볼 것을 알기에 괜찮다. 앞으로의 날들이 기대된다.

예수님에게 시선을 고정해 보자. 양쪽 시력이 시원찮다면 한쪽 눈만 고정해도 좋다. 하나님은 우리가 어떤 사람이 되는지 보고 계시며, 사랑을 실천하기를 원하신다.

나에게는 렉스라는 이름의 친구가 있다. 내 한쪽 눈을 손상시킨 문제를 그는 양쪽 눈 모두에 가지고 있다. 열 번의 수술이 실패로 돌아간 이후 그는 여덟 살의 나이에 시력을 완전히 잃어버렸다. 고등학교 때 렉스는 육상 경기에 출전하기 시작했다. 대학교에 들어갈 때쯤 그는 자신에게 바람처럼 빨리 달릴 수 있는 능력이 있다는 사실을 깨달았다. 그래서 그는 육상팀에 지원했다. 나는 이 이야기를 처음 듣고 이렇게 생각했다. '앞이 안 보이는데 어떻게 달릴 수 있지?' 이내 렉스에게 친구가 있었다는 사실을 알게 되었다. 친구가 렉스의 이름을 부르면서 앞에서 달렸던 것이다. 렉스는 믿을 수 있는 목소리를 따라 달릴 뿐이었다.

　육상 경기 선수들은 종목을 선택할 수 있다. 렉스는 멀리뛰기를 골랐다. 나는 아직도 이 사실이 믿어지지 않는다. 멀리뛰기를 잘 모르는 사람을 위해 설명하자면, 먼저 30미터 넘게 떨어진 지점에서 너비가 1미터 정도인 트랙을 따라 전속력으로 질주한다. 그리고 마지막 발로 트랙 끝에 놓인 나무판을 밟고 최대한 높이 날아올라 모래판에서 최대한 멀리 착지해야 한다. 눈이 안 보이는 사람에게는 불가능한 이야기 아닌가? 하지만 렉스에게는 아니었다. 왜냐고? 그에게는 믿을 수 있는 친구가 있었기 때문이다.

　렉스가 한 일은 간단하면서도 불가능했다. 그의 차례가 되면 친구는 렉스의 어깨를 잡고 모래판을 정면으로 바라보게 한다. 그런 다음 모래판 가장자리로 가서 계속해서 소리치는 것이다. "뛰어! 뛰어! 뛰어!" 렉스는 친구의 목소리를 향해 전력으로 질주한 다음 최대한 멀리 뛰어오른다.

　놀라운 사실은 렉스가 장애인올림픽 미국 대표팀에 도전했고 선수로 뽑혔다는 사실이다. 그는 세계에서 가장 멀리 뛸 수 있는 사람들 중 한 명이다. 그 이유는 바로 사랑을 실천하는 사람들은 믿을 수 있는 목소리로 주변을 채우기 때문에, 불가능에 도전하는 것이 가능하다.

　세계선수권대회에서 렉스의 친구는 좁은 트랙 끝으로 렉스를 안

내했다. 렉스의 어깨를 잡고 방향을 알려 준 다음 모래판 가장자리로 걸어갔다. 그리고 렉스를 향해 소리치기 시작했다. "뛰어! 뛰어! 뛰어!" 렉스는 눈이 안 보였기 때문에 늘 일직선으로 뛰지 않았다. 친구의 외침이 커질수록 렉스는 더 헤맸다. 트랙 끝에 다다른 렉스는 전력을 다해 높이 날아올랐다. 하지만 문제는 뛰는 방향이 틀어져 있었다. 경기장 안 관중들은 모두 놀라 숨도 제대로 쉬지 못했다. 렉스는 모래판을 완전히 벗어나 콘크리트 바닥 위로 고꾸라졌다. 렉스의 친구는 믿을 수 없다는 듯 머리 위로 손을 올리면서 친구를 향해 달려갔다. 렉스의 온몸에 멍이 심하게 들어 있었고 유니폼은 찢어져 있었다. 응급 의료진이 렉스를 경기장 밖으로 옮겼다.

우리는 모두 약간은 장님이라서 때로는 길을 잃고 헤맨다. 일직선으로 뛰지 못하도록 방해하는 장애물이 무엇인지 알 수 있는 경우도 있지만, 그렇지 않은 경우도 있다. 넘어지고 다치지만 왜 이런 일이 일어났는지 정확하게 알지 못할 때가 많다. 하지만 이후에 어떤 행동을 하느냐에 따라 우리가 어떤 사람으로 거듭나고 있는지 알 수 있다.

나는 운동선수는 아니다. 하지만 만약 내가 렉스였다면 운동을 그만두었을 것 같다. 내 인생이 정말 불공평하다고 느꼈을 것이다. 최선을 다해서 멀리 뛰었는데도 불구하고 땅바닥으로 곤두박질쳤다며 혼자서 불평을 늘어놓았을 것이다. 똑같은 일이 다시 반복될 수 있다는 생각에 두려웠을 것이다. 이는 우리 모두 어느 순간 겪는 실패의 목소리다. 여기서 진다면 귀에 거슬리는 이 목소리가 그동안 믿어 왔던 목소리를 몰아낼 수도 있다. 그러나 렉스는 다른 시각으로 세상을 바라봤다. 그의 믿음은 단지 마음뿐만 아니라 그의 삶 전체에 영향을 미친다.

렉스의 친구는 렉스가 관중 앞에서 엉덩이를 드러내지 않도록 새 유니폼을 갖다 주었다. 렉스가 다시 경기장 안으로 들어서자 관중석에서 박수가 쏟아져 나왔다. 렉스와 친구는 함께 좁은 달림길의 끝까지 걸어갔다. 육상에는 이런 말이 있다. "마지막 기록이 가장 좋은 기록이다." 친구는 다시 한 번 렉스의 어깨와 발의 방향을 잡아 준 다음 모래판 가장자리로 걸어가 크게 소리쳤다. "뛰어! 뛰어! 뛰어!" 그리고 점점 빠르게 박수를 쳤다. 렉스는 열여섯 걸음을 뗀 후 나무판을 밟고 마치 가젤처럼 공중으로 높이 뛰어올랐다. 모래판에서 6.4미터 떨어진 지점에 안착한 그는 우승을 차지했다. 물론 렉스는 길에서 벗어나기도 했고 땅바닥 위로 떨어지기도 했다. 하지만 그는 두려움에 끌려다니지 않았다. 우리 또한 두려움이 삶을 주장하도록 내버려 두면 안 된다.

우리는 이미 보이지 않는 것을 위해 높이 뛰어올랐던 경험이 있다. 때에 따라 인간관계, 커리어, 심지어 믿음을 향해 우리는 질주했다. 그리고 실패를 겪었다. 부드러운 모래를 생각했는데 딱딱한 땅바닥에 떨어지기도 했다. 하지만 우리의 성패에 관계없이 하나님의 사랑은 변함없다는 사실을 기억하자. 우리가 도전하는 것만으로도 하나님은 기뻐하신다. 또한 각자에게 다른 능력을 주셨다. 나는 도로에 있는 턱도 제대로 못 넘지만, 렉스는 자동차도 뛰어넘을 수 있다.

나는 렉스가 되려고 노력하지 않는다. 그 역시 내가 되는 것에는 관심 없다. 우리 두 사람의 공통점은 좋은 친구들이 있다는 것이다. 우리의 친구들은 우리에게 세세한 부분까지 설명하지 않는다. 그저 우리의 이름을 부를 뿐이다. 예수님이 사도들에게 한 약속 역시 간단하다. 그들이 믿을 수 있는 목소리가 되겠노라고 약속하셨다. 그리고 사도들에게 그 목소리를 따라 달려오라고 말씀하셨다.

예수님은 양과 목자에 대한 이야기를 자주 하신다. 나는 개 두 마리를 키운 적이 있다. 아주 잠깐이었지만 앵무새와 거북이를 키우기도 했다. 하지만 많은 양을 키우는 것이 어떤 느낌인지 설명하시는 예수님의 말씀은 와닿지 않았다. 예수님은 양이 목자의 목소리를 알아들을 수 있다고 말씀하셨다. 그 목소리를 신뢰하기 때문이라고 하셨다. 이제는 예수님 말씀의 뜻을 조금이나마 더 이해할 수 있다.

하나님은 그 자신을 우리에게 주시지 않는다. 대신 우리가 믿을 수 있는 목소리를 가진 몇몇 사람들을 우리에게 보내 주신다. 당신의 삶 속에서 예수님의 목소리를 살펴보자. 아마도 길 끝에 서서 당신의 이름을 부르고 계실 것이다. 예수님이 계신 곳으로 전력 질주해 보자.

나는 내가 가르치는 대학 강의에 렉스를 연사로 초청했다. 렉스가 강연하는 한 시간 동안 수백 명의 학생들은 마법에 걸린 듯 조용히 경청했다. 무대 위에는 그랜드 피아노가 있었는데, 렉스가 불렀던 노래를 나는 지금도 흥얼거린다. 렉스는 노래에도 꽤 소질 있었다. 강연이 끝나고 우리는 함께 차를 타고 45분을 달려 올림픽 훈련 센터로 향했다. 내가 우회전을 하기 위해 깜빡이를 켜자, 렉스가 몸을 내 쪽으로 기울이더니 이렇게 말했다. "밥, 여기 말고 다음 교차로에서 우회전이야." 나는 깜짝 놀라 곧바로 방향을 틀면서 물었다. "뭐라고?" 더욱 놀라운 것은 그의 말이 맞았다는 사실이다.

"어떻게 안 거야?" 나는 놀란 입을 다물지 못한 채 다음 교차로에서 우회전하면서 물었다.

"내가 어디에 있는지 기억하고 있거든. 필요한 것을 찾는 데 도움이 되니까." 그는 자신 있게 대답했다.

렉스에게는 배울 점이 참 많다. 나는 눈이 잘 보이는데도 제대로 활용하지 않고 있다. 렉스는 아무것도 보이지 않지만 열두 명의 검안사보다도 시야가 훨씬 더 정확하다. 성경에 맹인이 자주 등장하는 이유도 대부분 자신이 있는 곳과 필요로 하는 것을 잘 알고 있기 때문이 아닐까 싶다. 하지만 나는 그렇지 않은 경우가 많다. 나는 렉스를 보면서 내가 지금 어디에 있는지 그리고 무엇이 필요한지 파악하고 믿을 수 있는 목소리에 귀 기울이는 것이 얼마나 효과적인지를 배운다.

올바른 길을 따라 운전하는 내게 렉스가 물었다. "깜짝 놀랄 만한 사실을 알려 줄까?"

"이봐, 나는 이미 깜짝 놀랐어. 더 놀랄 수 없을 텐데." 나는 고개를 저으며 말했다.

"900미터 앞에 과속 방지턱이 있어." 그리고 몇 분 후, 자동차 바퀴가 방지턱 위로 튀어 올랐다.

'맹목적 믿음'이라는 말을 들어봤을 것이다. 나는 렉스를 만나기 전까지는 이 말의 뜻을 제대로 이해하지 못했지만 이 현명한 친구를 통해 이해하게 되었다.

포기하지 말고 계속 달려야 한다. 과연 쉬운 일일까? 물론 아니다. 과연 가치가 있는 일인지 의구심이 생기기도 할 것이다. 예수님은 영원의 끝에 서서 당신의 이름을 부르고 계신다. 당신의 다리가 허락하는 한 최대한 빠른 속도로 그에게 달려오기를 원하신다. 눈앞에 있는 것을 가끔 보지 못한다는 것을 잘 아시며, 지나온 것은 기억에서 지우기를 바라신다. '뛰어라! 뛰어라! 뛰어라!' 예수님의 목소리는 믿을 수 있다. 예수님은 당신이 전력으로 질주해서 높이 뛰어오르기를 바라신다.

마지막 기록이 제일 좋은 기록이다.

CHAPTER 12

한 번에 3분씩

우정은 평생 지속되지만,
한 번에 3분씩 공들여 쌓아야 한다.

"여보세요? 패트리샤? 안녕하세요! 무슨 일이에요?"
"아드리안이 떠났어요."
"떠났다고요? 어디로 갔을까요? 함께 찾아봐요."
"아니요, 아드리안이 오늘 죽었어요."
이 말을 듣는 순간, 나는 감당할 수 없을 정도로 큰 혼란에 빠졌다. 어떻게 이런 일이 일어날 수 있지? 아드리안은 내가 아끼는 친구였다. 그와 나는 한 번에 3분씩 투자해 오랜 우정을 쌓아왔기에 그의 존재가 더욱 특별했다. 좀 더 자세히 설명하자면 이렇다.

아드리안은 샌디에이고국제공항 보안검색대에서 일했다. 대개 보안검색대를 통과하기 위해 줄지어 선 사람들 앞에 그가 있었다. 어떤 사람은 휴가를 떠나는 길이었고, 어떤 사람은 출장을 가는 중이었다. 행복한 사람도 있었고, 슬픈 사람도 있었고, 불안해하거나 잔뜩 짜증이 난 사람도 있었다. 그야말로 부조화 그 자체였다. 모두 어디론가 가고 있는 길이었지만, 보안검색대 앞에 선 그 순간만큼은 아무 곳으로도 갈 수 없었다. 보안검색대까지 이어지는 줄은 늘 길었고, 복작거리는 와중에 발목 잡힌 수백 명의 여행객들의 긴장이 고스란히 느껴졌다.

거의 매일 아침 공항 입구까지 뱀처럼 긴 줄이 이어졌다. 물론 대기 지연도, 병목 현상도, 보안 규칙도 아드리안의 잘못이 아니었다. 하지만 그는 매일같이 수천 개의 성난 시선과 찌푸린 얼굴, 그리고 날카로운 불평을 견뎌야 했다. 잘못한 것이 하나도 없는데도 길고 긴 줄을 마주하고 서 있다는 이유만으로 사람들의 미움을 한 몸에 받았다. 아드리안은 교통안전청 소속으로 두 치수는 커 보이는 유니폼을 입었다. 여행객의 신원을 확인하기 위해 신분증을 검사하는 것이 그의 업무였다.

사람들 사이에서 유독 눈에 띄는 이들이 있다. 잘생기거나 아름다워서, 혹은 맨 앞 또는 무대 위에 있어서가 아니다. 오히려 주목받으려는 생각이 전혀 없기 때문에 더욱 도드라진다. 내 아내 역시 그중 한 명이다. 세 아이들과 며느리 애슐리 그리고 사위 존 역시 이 부류에 속한다. 어떤 점이 사람들의 관심을 끄는지 정확하게 표현하기는 어렵다. 아마도 겸손함과 친절함, 고요한 의지와 성실함 등 여러 가지 요소가 복합적으로 작용할 것이다.

아드리안의 키는 까치발을 들어야 150센티미터가 조금 넘었고 몸무게는 감자칩보다도 가벼워 보였다. 60대 중반처럼 보였지만, 정확한 나이를 가늠하기 어려웠다. 생기 넘치는 열의와 차분한 지혜, 그리고 진심 어린 사랑을 모두 가지고 있는 희한한 친구였다. 묵묵히 제 역할을 다한 오랜 세월을 보여 주듯 아드리안은 묵직한 존재감을 가지고 있었다. 걸음걸이는 마치 고등학교 레슬링 선수와 겸손한 수도사를 섞어 놓은 것 같았다.

나는 원체 비행기를 자주 타기 때문에 몇 주라는 짧은 시간 동안 열두 번도 넘게 공항 보안검색대를 지키고 있는 아드리안을 지나쳤다. 매번 나는 그가 특별한 사람임을 알 수 있었다. 줄 맨 앞에 누가 서 있든 아드리안은 항상 사랑과 존중으로 상대방을 대했다. 이런저런 일 때문에 마음이 뒤숭숭한 사람, 오랫동안 기다리느라 짜증이 난 사람, 떠나는 것이 슬픈 사람, 목적지에 도착해서 기쁜 사람 등 다양한 사람들이 있었지만 아드리안에게는 중요하지 않았다. 그는 조용하지만 진심 어린 사랑으로 모든 사람을 맞이했고 그의 노력 덕분에 분위기가 한층 더 나아지고는 했다. 나는 매주 먼발치에서 그를 관찰할 때마다 놀라웠고 그를 알고 싶어졌다.

어느 날 줄 맨 앞까지 다다른 나는 이 친절한 남자가 매일 하는 일에 감사를 표하고 특히 나처럼 낯선 사람을 매일 아침 반갑게 맞아 줘서 고맙다고 말하기로 결심했다. 내 차례가 되었을 때 나는 신분증을 든 왼손과 함께 오른손을 내밀었다. "안녕하세요, 저는 밥이라고 합니다." 그러고는 이렇게 말했다. "열두 번도 넘게 당신을 지나쳤는데, 줄 서 있는 사람들을 친절하게 대해 줘서 고맙다는 말을 하고 싶었어요. 정말 훌륭해요. 당신이 사람들을 대하는 태도를 보면 예수님의 사랑이 생각나더라고요."

몸집이 작은 아드리안이 내 면허증에서 천천히 고개를 들어 올리더니, 마치 본인의 신분증을 보여 주는 것처럼 돌려주었다. 그는 아무 말도 하지 않았지만, 눈물이 차오르는 것이 보였다. 그는 좁은 보폭으로 몇 발짝 다가와서 두 팔로 나를 감싸고 내 가슴에 고개를 파묻었다. "나는 아드리안이에요." 내 스웨터에 대고 그가 말했다. 솔직히 말하면 꽤나 어색했다. 보안검색대 줄 앞에 서서 비행기 출발 시간이 촉박한 150명의 출장 여행객들이 그런 우리 두 사람을 쳐다보고 있었다. 아드리안과 나의 우정은 이렇게 시작되었고 만날 때마다 3분씩 시간을 보냈다. 그와 인사하며 헤어지고 나면 나는 그에 대해서 조금 더 알 수 있는 다음 출장이 벌써 기대되었다.

며칠 후, 드디어 기회가 찾아왔다. 아드리안과 만나는 3분 동안 나는 40년 세월을 그와 함께한 그의 아내 패트리샤에 대해서 들을 수 있었다. 아드리안은 패트리샤를 무척이나 존경하고 있었다. 대개 성직자에게 가지는 그런 종류의 경건함이었다. 그가 패트리샤를 진심으로 사랑하고 있음을 느낄 수 있었다. 패트리샤에 대한 이야기가 끝나기도 전에 줄이 움직이는 바람에 나도 앞으로 갈 수밖에 없었다.

나는 다음번에 공항에서 그를 만나면 나머지 이야기를 들어야겠다고 생각했다.

그 후 출장을 오가며 아드리안의 아들과 딸, 손주들, 남자 형제에 대해 들을 수 있었다. 또한 그가 예전에 아에로멕시코사에서 전기기술자로 일했다는 것도 알게 되었다. 우리는 곧 우리 집에서 만나 인생과 사랑, 그리고 예수님에 대한 이야기를 나누기 시작했다. 해마다 양쪽 가족들이 모여 크리스마스를 함께 보냈는데, 정말 즐거웠다. 한번은 아드리안이 내게 멕시코시티 중앙도서관의 사진을 보여 주며 그곳에 있는 책들을 다 합쳐도 지난 몇 달간 자신이 하나님에 대해 알게 된 것들을 다 담을 수 없다고 말했다.

나는 아드리안이 자그마한 집을 사기 위해 돈을 모으고 있다는 사실을 알게 되었다. 그는 필요한 돈을 마련하기 위해 주말에는 시내에 있는 도로 모퉁이에서 아파트 임대 광고 팻말을 머리 위로 높이 들고 서 있는 아르바이트를 한다고 했다. 나는 바람이 거센 날에는 45킬로그램도 안 되는 그가 들판까지 날아갈지도 모른다며 그를 놀렸다.

그러던 어느 날 우리의 3분 만남 도중 아드리안이 그의 꿈의 집에 대한 소식을 들려주었다. 그는 필요한 돈을 모았으며 완벽한 집을 찾은 것 같다고 했다. 누가 봐도 평범한 집이었지만 아드리안의 말을 들어 보면 영국의 오래된 성 못지않게 웅장한 저택이 떠올랐다. 성을 둘러싼 해자와 개폐교 두어 개, 그리고 마부쯤은 당연히 볼 수 있을 것 같았다. 심지어 여러 명의 마부가 있을 것 같다는 상상까지 들었다. 멕시코시티에 있는 장성한 자녀들의 집에서 머물던 패트리샤가 새 보금자리를 처음으로 보기 위해 올라온다고 했다. 그는 그녀에게 집이 매우 작다고 미리 귀띔해 두었지만, 어쨌거나 그녀가 빨리 와서 집을 둘러봤으면 좋겠다고 덧붙였다. 말하는 동안 아드리안의 눈동자가 반짝거렸다. 그 어떤 화려한 저택의 주인보다도 더 자랑스러워했다.

줄이 앞으로 움직이자 우리는 다른 사람의 머리 위로 소리치며 3분의 만남을 4~5분으로 늘렸다. 아드리안은 폴짝폴짝 뛰면서 머리가 벗겨진 남자 둘 위로 마지막 말을 내뱉었다. 그는 자부심으로 충만해 있었다. "집을 사게 될 것 같아! 그 집이 우리 집이 될 거야!" 짧은 팔을 머리 위로 흔들며 그는 소리쳤다. 나도 머리 위로 팔을 흔들었다. 줄을 서서 기다리던 사람들 중 누군가 그를 응원했다. 맨 앞에서 두 번째로 서 있던 사람은 그를 안아 주었다. 이렇듯 사랑과 큰 기대는 다른 사람에게 전염된다.

이후 열두 번 정도 공항을 오가면서 패트리샤가 집을 매우 마음에 들어 한다는 소식을 전해 들었다. 아드리안은 집을 매입했고 패트리샤는 이사 준비에 한창이었다. 자신이 이룬 성과에 대해 이야기하는 아드리안의 얼굴이 환하게 빛났다. 나는 그가 매우 자랑스러웠다. 마치 내가 집을 산 듯한 기분이 들었다.

내가 느꼈던 아드리안의 가장 큰 장점은 자신이 누구인지 잘 알고 있다는 것이었다. 또한 점점 더 커지는 믿음에 대한 그의 진솔함도 매우 인상적이었다. 겸손한 사람들은 거짓 행세를 하라고 속삭이는 자만의 유혹에 넘어가지 않는다. 아주 나쁜 일이 있었던 날에도 동산에서 만난 아담과 하와에게 하나님은 제일 먼저 이렇게 말씀하셨다. "네가 어디 있느냐?" 엄청난 실수 이후 하나님과 그가 만드신 첫 번째 가족이 나누었던 첫 대화였다. 당연히 하나님은 아담과 하와가 있는 물리적인 장소를 물어 보신 것이 아니었다. 우리에게 던지는 질문도 마찬가지다. 하나님이 직접 만드신 아담과 하와, 나아가 우리가 어디에 있는지 하나님은 정확하게 아신다.

나는 하나님께서 아담과 하와가 잘못을 저지른 이후 그들의 믿음이 어디에 있는지 스스로 알기를 바라셨다고 생각한다. 우리에게도 항상 같은 질문을 던지신다. "어디 있느냐?" 우리가 '어디에' 있는지 알려면 먼저 우리가 '누구인지' 알아야 한다. 아드리안 역시 매일 수천 명의 사람들에게 똑같이 질문했다. "당신은 누구입니까?"

우리는 자신의 믿음이 있는 위치를 포장한다. 더 큰 사랑, 존중, 인기, 그리고 주목을 받기 위해 자신을 감추고 다른 사람 행세를 한다. 대개 나쁜 의도가 있어서는 아니다. 자신감이 부족하거나 다른 사람에게 인정받고 싶어서, 혹은 주변에 있는 이들과 관계를 맺기 위해 이러한 행동을 한다. 그렇지만 포장된 믿음이 진짜 믿음보다 더 중요해진다는 것은 결국 우리 자신이 누구인지 잊어버렸다는 의미다. 하나님은 항상 우리의 믿음이 어디에 있고 우리가 누구인지 이해할 수 있도록 우리 삶에 여러 일들을 계획하신다. 매일 우리의 신분증을 검사하시는 것이나 다름없다. 아드리안이 공항에서 했던 것처럼 말이다.

아드리안은 늘 자신의 정체성을 잘 알고 있었다. 페이스북을 통해 자신이 바라던 모습이 진짜 자신인 척하는 일도 없었다. 심지어 셀카를 찍는 것도 본 적이 없다. 물론 이런 것들이 나쁘다는 말은 아니지만, 우리의 진짜 모습에서 점점 더 멀어지도록 할 수 있다. 아드리안은 그저 하나님과 그의 가족, 그리고 그의 앞에 줄을 서 있는 사람을 사랑하는 한 남자였다.

하나님이 성경을 통해 하시는 이야기 중 하나는 우리가 생각하는 것보다 훨씬 더 단순하다. 예수님이 함께 있던 사도 몇 명에게 사람들이 예수님을 누구라고 생각하는지 물으셨다. 이미 몇 년을 예수님과 함께해 온 사도들의 입장에서는 아마 이상한 질문이라는 생각이 들었을 것이다. 베드로가 제일 먼저 "주는 그리스도시요 살아 계신 하나님의 아들"이라고 대답했다. 예수님은 베드로가 이 사실을 아는 건 다른 누구도 아닌 오직 하나님이 알려 주셨기 때문이라고 하셨다. 그리고는 사도들에게 더욱 혼란스러운 말씀을 하셨다. 예수님이 누구인지 아무에게도 알리지 말라고 하셨던 것이다. 처음 이 이야기

를 들으면 지금까지 알고 있었던 전도의 개념과 정반대라는 생각이 든다. 하지만 예수님이 자신의 정체를 숨기라고 하신 말씀이 아니라고 생각한다. 오히려 그 반대다. 우리가 사람들에게 생각을 '말하는' 대신 행동을 통해서 예수님이 누구인지 사람들에게 '보여 주기'를 바라셨을 것이다.

나는 하나님에게 진정한 내가 누구인지 그리고 진정한 하나님은 누구인지 알려달라고 기도해 왔다. 하지만 오직 예수님만이 우리의 진짜 모습과 하나님의 모습을 알려 주신다. 우리는 이미 필요한 지식을 다 가지고 있다. 사람들에게 필요한 것은 정보가 아니다. 그들은 예시를 원한다. 하나님은 우리 같은 사람들을 통해 예수님이 누구인지 세상에 알리신다. 우리가 사람들을 사랑하는 모습을 보여 줌으로써 말이다. 특히 사랑하기 어려운 사람을 보듬는 이를 예시로 활용하신다.

나는 요란한 전도 활동을 해 볼까 하는 생각을 종종 한다. 사람들을 예수님께로 이끌지 못하고 있다는 기분이 들기 때문이다. 나는 사람들을 예수님께로 이끄는 것은 결국 예수님이라고 생각한다. 물론 만나는 사람들을 붙잡고 예수님에 대한 이야기를 할 수도 있다. 나는 늘 예수님에 대해 이야기한다. 내 삶의 주인이 바로 그이기 때문이다. 하지만 사람들에게 예수님을 믿으라고 강요하지는 않는다. 그렇게 해서 사람들이 믿음을 찾았다고 하더라도 그건 예수님이 아니라 나 자신에게로 사람들을 이끌 뿐이라는 결론을 내렸기 때문이다.

예수님의 말씀대로라면 사람들이 예수님이 누구인지 아는 것은 우리의 말 때문이 아니라 예수님께서 직접 알리셨기 때문이다. 만약 상대가 이미 예수님을 따르고 있다면, 각자의 방법대로 예수님을 만나고 있는 사람들을 방해해서는 안 된다. 사람들에게 사랑을 베풀고 예수님이 계신 곳으로 인도하는 것만으로 충분하다. 만약 당신이 예수님에 대해서 들어 보기만 했다면 그가 누구인지 예수님께 직접 물어 보자. 예수님께서 친히 알려 주실 것이다.

그 옛날 예수님은 과거와 현재, 그리고 미래의 모든 사람이 길게 늘어선 줄의 앞에 서 계셨다. 우리 자신이 누구인지 물으셨고 그가 누구라고 생각하는지 물으셨다. 올바른 대답을 한 사람도 있었고 그렇지 않은 사람도 있었다. 지금도 마찬가지다. 우리가 누구인지 또 예수님이 누구라고 생각하는지 물으시는 이유는 옛날처럼 오늘날에도 수많은 사람이 혼란에 빠져 있기 때문이라고 생각한다. 우리는 말로 표현하는 모습과 행동으로 보여 주는 모습이 다르다. 예수님에 대해서도 우리는 말과 행동이 일치하지 않는다. 하나님이 곧 예수님이며, 그를 따른다고 말하면서도 말씀이 아니라 자아에 끌려다닌다.

예수님이 우리에게 주시는 아름다운 메시지는 바로 지금까지의 모습을 버리고 하나님께서 바라시는 모습으로 다시 태어나고자 한다면 누구나 예수님에게 환영받는다는 것이다. 예수님은 우리 모두가 예수님 안에서 새로운 정체성을 찾을 것이라고 말씀하셨다. 이를 믿고 따르는 사람들은 예수님의 방식대로 성공과 실패를 정의

한다. 누군가의 고통을 그저 아는 데 그치지 않고 함께 나누며, 자신의 의견을 전하는 대신 아무런 조건 없이 사랑과 은혜를 베푼다. 사랑을 실천하는 사람들은 이런 일들을 수월하게 해낸다.

새로운 정체성에는 새로운 규칙이 따른다. 예수님께서 말씀하셨던 것처럼 모든 것이 반대로 움직인다. 줄의 맨 앞에 서고 싶다면 맨 뒤로 가라고 말씀하셨다. 좋은 지도자가 되려면 그보다 훨씬 더 나은 추종자가 되어야 한다고 하셨다. 예수님을 더 잘 알고 싶다면 자기중심적인 생각을 버려야 하며 예수님을 더 많이 사랑하고 싶다면 서로를 더 많이 사랑해야 한다고 말씀하셨다.

아드리안을 마지막으로 봤을 때 우리는 커피를 마시며 근황을 이야기했다. 나는 그에게 두 달 정도 해외에 머무를 것이라고 말했다. 즐거운 대화를 마치고 우리는 포옹을 하고 헤어졌다. 그는 우리 아이들 한 명 한 명에게 사랑한다는 문자 메시지를 보냈다. 아이들의 예전 모습이 아니라 앞으로 될 수 있는 모습을 말해 주었다. 서로를 위한 이런 행동들을 통해 우리는 자신의 진짜 정체성을 재확인할 수 있다.

하나님의 은총이 그러하듯이 우리가 온 세계를 다 담는 커다란 원을 그리고 한 사람도 빠짐없이 원 안에 있다고 생각한다면, 하나님은 우리의 예전 모습보다 훨씬 더 큰 정체성을 우리에게 주신다. 그리고 새롭고 더 큰 정체성을 바탕으로 우리는 사람들의 삶을 감싸 안는 더 큰 원을 그릴 수 있다. 우리에게 주어진 시간을 다른 사람을 판단하는 데 허비하면 안 된다는 점을 우리는 조금씩 깨닫고 있다. 하나님의 은혜가 우리를 감싸는 원을 그렸듯이 우리도 모든 사람을 포용하는 원을 그려야 한다.

누가 줄에 설 수 있고 또 설 수 없는지는 우리가 결정할 일이 아니다. 많은 사람이 휘말리는 언쟁에 개입하느라 시간 낭비할 필요도 없다. 사랑을 실천하는 사람들은 공이 날아올 때마다 방망이를 휘두르지 않는다. 딱 3분씩만 투자해도 충분하다. 상대방이 틀렸다고 해도 그와 다투느라 소중한 1분을 허비하면 안 된다. 우리가 삶의 진실을 알게 되었음에 조용히 기뻐하자. 하나님은 우리가 모든 해답을 얻을 것이라고 약속하신 적이 없다. 대신 우리에게 크레용 한 박스와 우리가 만나는 모든 이를 둘러싼 커다란 원을 그릴 수 있는 기회를 주신다.

아드리안이 죽었다는 소식은 우리 모두에게 큰 충격을 주었다. 그는 일을 마치고 공항에서 나와 주차장으로 향하는 길에 뇌졸중으로 쓰러졌고 세상을 떠났다고 했다. 어떠한 경고나 이유도 없이 하루아침에 일어난 일이었다. 나는 왜 아드리안이 떠났는지 생각하지 않았다. 어떤 일에 대한 이유를 깊게 생각하다 보면 없는 이유를 만드는 실수를 하기도 한다. 아드리안의 죽음에 대해 묻고 싶은 것이 많다. 어쩌면 하나님은 이 때문에 영원이 오래도록 지속되게 만드셨는지도 모르겠다. 하나님께서 우리에게 일어난 일들의 이유를 설명하시려면 많은 시간이 필요하다는 것을 아셨을 테니 말이다. 과거에 또는 현재의 일이 왜 일어났는지 고민하기 전에, 하나님이 그 이유를 속삭이실 때까지 기다려 보자. 충분히 기다린 보람이 있을 것이다.

아드리안은 패트리샤와 그의 가족 그리고 친구들을 남기고 떠났다. 그가 남긴 것은 또 있다. 그는 친구를 사귀고 또 친구가 되는 방법에 대한 내 생각을 완전히 바꿔 놓았다. 사실 나는 누군가의 친구가 되려면 평생이 걸린다고 생각했다. 하지만 지금은 매번 3분만으로도 친구를 만들 수 있음을 안다. 예수님께서도 같은 방법으로 그가 만났던 대부분의 사람들을 친구로 만드셨다. 우리가 그동안 피해 온 이들을 포함해 주변에 있는 모든 사람과 관계를 맺을 수 있는 좋은 방법이다.

나는 죽음 뒤에 어떤 일이 벌어지는지 알지 못한다. 성경에는 육체로부터 빠져나온 영혼이 하나님과 함께한다고 나와 있다. 순식간에 일어날 수도 있고 낮잠에서 서서히 깨듯이 천천히 일어날 수도 있다. 어쨌든 아드리안이 숨을 거둔 후 다시 눈을 떴을 때 예수님과 함께 천국에 있었을 것이라고 나는 확신한다.

천국이 어떤 모습인지 나는 알 수 없다. 금으로 만든 길이 깔려 있는지도 알지 못한다. 솔직히 온통 구슬 아이스크림으로 뒤덮여 있었으면 좋겠다. 사람들이 일렬로 서서 크리스 탐린(세계적으로 사랑받는 찬양사역자 - 편집자)이 쓴 찬양을 부를 수도 있겠지만, 그럴 가능성은 아마도 희박할 것이다. 한 쌍의 날개가 생길지도 모르지만, 그건 아니기를 바란다(어쩌면 내가 남자이기 때문에 이런 생각을 하는 건지도 모르겠다).

천국의 문이 어떤 색인지, 혹은 베드로가 연차를 내면 누가 그를 대신하는지 나는 알지 못한다. 하지만 아마도 천국으로 향하는 문 앞에 사람들이 길게 늘어서 있을 것이다. 꼬리가 긴 뱀처럼 문밖까지 줄이 길게 이어져 있을 것이다. 그리고 긴 줄의 앞에는 아드리안과 매우 닮은 남자가 서 있을 것이다. 그는 우리에게 직함이나 학위, 성과, 또는 재산이 아니라 예수님 안에서 정체성을 찾았는지 그리고 진정으로 우리가 말하는 모습대로 살았는지를 물어볼 것이다.

CHAPTER 13

칼의 다이빙

우리는 뭔가가 부족해서가 아니라
주어진 것을 사용하지 않아서 가로막힌다.

칼은 여느 고등학교 학생과 다를 바 없는 친구였다. 운동을 좋아했고 실력도 있었다. 하지만 장난을 더 좋아했고 소질도 더 뛰어났다. 그와 친구들은 하루 빨리 봄이 지나고 마음껏 뛰어놀 수 있는 여름이 오기를 고대하며 달력을 뚫어져라 쳐다보고는 했다. 칼의 매력은 금방 옆 사람에게 전달되었고 의도와는 상관없이 조용히 문을 열고 들어서는 순간 모든 사람의 시선을 사로잡았다. 인물도 좋았고 똑똑했던 그는 장난꾸러기로 통했다. 칼과 친구들은 늘 짓궂은 장난을 일삼았다.

어떤 사람은 저글링을 할 수 있다. 어떤 사람은 혀를 이용해 체리 꼭지로 매듭을 지을 수 있다. 칼은 돌고래만큼이나 오랫동안 숨을 참을 수 있었다. 그는 일리노이주 호수 근처에서 자라면서 양팔을 벌린 채 물에 뛰어드는 연습을 했다. 안전 요원으로 근무하던 귀여운 여자아이가 자신을 구조해 입을 맞대고 인공호흡해 주기를 바라면서 말이다. 그의 바람은 실현되지 않았지만, 실낱같은 희망일지라도 열심히 연습할 가치가 있는 일이었다.

칼과 친구들은 매년 여름이 되면 위스콘신주에 있는 호수 두어 곳으로 모험을 떠났다. 그들은 수영을 하고 배를 타거나 바위 사이를 뛰어다니며 나른한 여름날을 만끽했다. 가끔 근처로 휴가 온 소녀 한둘을 만나기도 했다. 그들은 당연히 허클베리 핀의 모험보다는 여자아이들을 만나는 것을 훨씬 더 좋아했다.

어느 날 칼은 친구 집에 놀러 갔다가 같은 학교에 다니는 여자아이 두 명이 물가 선착장 끝에 앉아 있는 것을 봤다. 두 사람을 놀라게 하는 동시에 잘 보이고 싶었던 그는 강렬한 인상을 남기려면 큰 액션이 필요하다고 생각했다. 관심을 단번에 사로잡는 허세를 부려 여자애들로부터 주목받고 싶었던 것이다. 그래서 그는 가슴을 잔뜩 부풀린 다음 물가를 향해 달렸다. 여자애들 위로 뛰어올라 물속으로 첨벙 들어가 놀라게 할 생각이었다. 대개 여자애들이 이런 행동을 좋아하는 것 같았다. 그의 친구들은 옆에서 뛸 준비를 하는 그를 부추겼다.

선착장 끝에 다다른 칼은 마치 허공으로 발사된 대포처럼 높이 뛰어올랐다. 여자아이들의 머리 위를 지나면서 엄청난 괴성과 함께 표정을 살피기 위해 아래를 내려다봤다. 저절로 고개가 아래로 숙여졌고 몸도 따라서 움직였다. 칼은 잔디 위로 떨어져 꽂히는 화살처럼 잔뜩 물을 튀기며 호수 안으로 빠졌다. 칼의 친구들은 깔깔거리는 여자아이들에게 달려가 수건을 건네주었다. 계획이 완벽하게 성공한 듯 보였다. 여자아이들은 선착장 끄트머리 너머 탁한 물속을 들여다보며 칼이 튀어 오르기를 기다렸다.

늘 그렇듯 칼은 수면 아래 30센티미터 정도 되는 곳에서 움직이지 않은 채 잠수함 흉내를 내고 있었다. 몇 년 동안 거듭된 연습을 통해 숙련한 잠수 기술이 빛을 발하는 순간이었다. 1분이 지나자 여자아이들은 웃음을 멈추고 걱정하기 시작했다. "어떻게 해야 하는 거 아니야?"

머지않아 걱정은 공포로 바뀌었다. 더 이상 재미있는 장난이 아니었다. 칼은 여전히 수면 아래에서 움직이지 않고 있었다. 그의 친구들마저 칼의 장난이 지나치다고 생각했다. 그들은 탁한 물속에 발부터 먼저 담갔다. 놀랍게도 물이 무릎에 닿을 정도였다. 칼이 머리부터 뛰어든 호수의 수심은 1미터도 채 되지 않았다.

친구들은 칼의 발목과 어깨를 잡고 물 밖으로 그를 꺼내 선착장 위에 눕혔다. 칼의 목이 마치 헝겊 인형처럼 뒤로 젖혀져 있었다. 다행히 길 건너에 응급 구조원이 살고 있었고 소동을 지켜본 친구가 바로 구급차를 불렀다. 칼은 병원으로 옮겨졌다.

척수는 다루기 매우 까다롭다. 우리 몸의 대부분을 제어하는 여러 신경들로 이루어져 있다. 촉감뿐만 아니라 손과 발의 움직임, 그리고 폐의 활동 등이 모두 척수를 통해 제어된다. 척수에 손상을 입으면 뇌에서 보내는 메시지가 몸 곳곳으로 전달되지 못한다. 모든 척수 손상은 그 피해가 바로 나타나는데, 사고로 인해 몸의 다른 기능이 망가지기 시작하면 손상이 점점 더 심각해진다. 위험한 도미노라고 생각하면 된다. 척수는 아주 정교하고 특수한 신체 기관이기 때문에 스스로 치유하는 능력이 없으며 아무리 뛰어난 의사라도 도움을 주지 못하는 경우가 많다.

칼이 병원에 도착한 이후 의사들은 그의 상태를 파악하기 위해 애썼다. 칼에게 이곳이 어디인지, 현재 대통령은 누구인지, 크리스마스가 몇 월인지 등등을 물었다. 사고 후 40시간 동안 말하는 데 큰 문제가 없었지만, 척수가 계속해서 부어오르면서 언어 기능이 마비되었다. 그는 묻고 싶은 것이 많았지만, 말하는 능력을 빼앗기고 말았다. 칼은 그의 몸 안에 갇힌 듯한 기분이 들었다.

간호사가 병실 안에서 분주하게 움직이는 동안 칼에게 좋은 생각이 떠올랐다. 말을 할 수 없는 대신 눈을 깜빡여 원하는 단어의 철자를 전달했다. 한 번 깜빡이면 알파벳 a, 세 번 깜빡이면 알파벳 o를 가리키는 식이었다.

"언-제-걸-을-수-있-나-요?" 칼은 눈을 깜빡이며 간호사에게 물었다. 그녀는 하던 일을 멈추고 슬픔에 잠긴 얼굴로 대답했다. "의사 선생님이 아무 말씀 없으셨니? 칼, 평생 걷지 못할 거야. 정말 안

됐구나." 그녀의 말이 짙은 안개처럼 병실 안을 가득 메웠다.

칼은 눈가에 차오른 눈물이 귀까지 흘러내리는 것이 느껴졌다. 그에게 남은 유일한 감각이었다.

간호사의 말을 생각할수록 칼은 다시 수면 아래에 있는 듯한 기분이 들었다. 이번에는 훨씬 더 빨리 가라앉고 있었다. 간호사가 다가와 칼의 눈물을 닦아 주었다. 그녀의 뺨을 타고 눈물이 흘러내렸다.

칼은 천천히 눈을 깜빡여 다음 질문을 던졌다. "언-제-팔-을-쓸-수-있-나-요?" 침대 위에 앉아 있던 간호사는 무슨 말을 해야 할지 고민했다. "칼, 정말 유감이야. 바닥에 너무 세게 부딪혔어. 평생 팔도 못 쓸 거야." 그녀는 칼의 머리카락을 쓰다듬으며 그를 위로하려고 했지만, 아무런 도움이 되지 못했다. 목과 척수의 손상이 너무 심해서 혀와 눈, 그리고 의식을 제외한 나머지 신체 부위는 모두 마비된 상태였다.

칼은 몇 달이나 병원 신세를 졌다. 다행히 상태가 많이 안정되었고 의사와 간호사는 그가 새로운 현실에 적응할 수 있도록 치료 방향을 바꾸었다. 칼이 입원해 있는 동안 그를 위한 특수 이동식 기기가 제작되었다. 혀를 움직이는 데는 어려움이 없었기 때문에 조종 장치에 빨대를 달아 칼이 약간의 호흡과 혀를 사용해 전진과 후진뿐만 아니라 기기를 움직이거나 멈추고 방향을 바꿀 수 있도록 했다.

마침내 칼은 병원에서 퇴원해 집으로 돌아왔다. 입원해 있는 동안 그는 짜인 일과와 엄격한 관찰이 이루어지는 환경에서 새로운 삶을 배우는 데 어느 정도 익숙해져 있었다. 때문에 퇴원은 마치 온 세상만큼 커다란 감옥으로 들어가는 것처럼 느껴졌다. 그는 처음부터 하나씩 다시 익히기 시작했다. 특수 이동식 기기는 칼이 전화를 받고 이메일을 쓰는 등 우리가 일상에서 하는 모든 일들을 할 수 있도록 여러 기능을 갖추고 있었다. 칼은 혀와 눈, 그리고 마음만을 사용해서 삶의 방향을 잡는 방법을 다시 배워야 했다.

칼은 쉽게 포기하지 않았다. 사고로 인해 몸은 망가졌지만, 여전히 용맹한 전사이자 유쾌한 장난꾸러기였다. 그는 열정적으로 도전에 임했다. 고등학교 졸업 후 칼은 대학에 진학했다. 새로운 삶에 어느 정도 적응했지만 마음속 깊은 곳에는 커다란 구멍이 자리 잡고 있었다. 더 이상 움직일 수 없어서가 아니라, 그의 인생이 방향을 잃은 채 헤매고 있는 것 같았다. 빨대를 자유자재로 활용하는 것보다 훨씬 더 위대한 업적을 남기고 싶었다. 오히려 사고 전보다 삶의 의미와 목표를 찾아야겠다는 의지가 더욱 강해졌다.

대학교 1학년 때 칼은 새로 만난 친구들로부터 그들의 삶에 큰 영향을 끼쳤다는 나사렛의 목수에 대해 듣게 되었다. 친구들은 일주일에 한 번씩 모이는 캠퍼스 동아리에 속해 있었는데, 종종 모임에 칼을 초대했다. 칼은 친구들이 이야기하는 목수가 평생 사랑만 베풀고 살았다는 말이 가장 마음에 와닿았다.

성경은 우리의 혀와 눈, 그리고 마음에 대해 자주 언급한다. 칼과 마찬가지로 우리도 혀와 눈, 그리고 마음을 사용해서 삶을 헤쳐 나간다고 말이다. 우리 대부분은 팔과 다리가 있어 다른 사람을 도울 수 있지만, 그렇게 하지 않는다. 이해할 수 없거나 위협하는 사람들을 피한다. 그들이 우리와 다르다고 생각하기 때문이다. 고통받는 사람들을 볼 수 있는 눈이 있지만, 가까이 다가가면 평생 열심히 노력한 우리의 삶마저 망가질까 무서워서 그저 바라보기만 한다. 다른 사람의 아픔을 헤아릴 수 있는 마음이 있지만, 관여하게 되면 어떤 일이 일어날지 모르므로 그저 안쓰럽다고 여길 뿐이다. 칼은 팔과 다리를 움직일 수 없게 되었지만, 이를 장애라고 여기지 않았다. 반면 우리는 가지고 있으면서도 활용하지 못하는 것들이 많다. 하루아침에 여러 능력을 잃어버린 칼은 내면 깊은 곳에서 추구할 만한 무언가를 찾아야 했다. 그는 예수님에게 그의 믿음을 맡겼다. 혀와 눈, 그리고 마음만으로 세상을 바꿀 수 있다는 예수님의 말씀을 읽고 확신을 갖게 되었다.

칼과 나는 로스쿨을 같이 다녔다. 강의 첫날, 이동용 기기를 탄 그는 복도에서 지나치기 어려울 정도로 눈에 띄었다. 굉장히 친절하고 총명했으며 사랑으로 넘치는 친구였다. 하지만 가장 놀라웠던 점은 대부분의 사람들이 아직도 찾고 있는 삶의 자유를 그가 이미 발견했다는 것이었다.

칼과 나는 나란히 앉아서 변호사자격시험을 봤는데, 그가 나보다 더 빨리 문제를 풀었다. 왜냐고? 혀가 매우 빨랐기 때문이다. 단번에 변호사자격시험을 통과한 후 칼은 법무부 장관 사무실에 들어가 범죄자를 쫓으며 열정과 목적의식을 바탕으로 불의와 맞서는 삶을 살고 있다. 그의 빠른 결정력과 그보다 더 빠른 혀는 명성을 날리고 정의를 실현하며 다양한 방법으로 하나님에 대한 사랑을 표현하는 중요한 수단이 된다. 칼이 담당했던 사건 중 5건이 캘리포니아주 대법원에 넘어가기도 했다. 그는 5번 모두 승소했다. 그뿐만 아니라 100건이 넘는 그의 판결문이 형사법과 피해자 권리의 틀을 잡는 기초가 되었으며 수백만 명의 사람들에게 영향을 끼쳤다.

칼의 인생은 생선 몇 마리와 약간의 빵을 갖고 있던 소년의 이야기와 닮은 점이 많다. 예수님은 우리에게 손에 쥔 것을 그에게 가져오면 놀라운 방법으로 활용한다고 말씀하신다. 칼 역시 그가 갖고 있는 것을 계속해서 예수님께 드렸다. 우리 역시 가진 것이 무엇이든 하나님께서 용도를 결정하시도록 계속해서 하나님께 드려야 한다.

칼의 운명을 바꾼 다이빙에 대해 생각할 때마다 그의 몸이 머리를 따라 움직였다는 사실이 놀랍다. 그는 여자애들에게 아는 척하기 위해 아래를 쳐다봤고 그의 몸이 자연스럽게 시선을 따라 바닥으로 향했던 것이다. 우리 모두 이런 본능을 타고났다. 고개가 향하는 방향으로 우리의 인생도 나아간다. 커리어든 인간관계든 소유물이든 모두 마찬가지다. 남과 비교하기 위해서, 외부 요소에 방해를 받아서, 도망치기 위해서 등 무엇 때문에 고개를 돌렸는지는 중요하지 않다. 어디를 바라보는지가 멋진 다이빙과 돌이킬 수 없는 참사를 결정짓는다. 잘못된 곳을 쳐다보거나 뛰는 도중 실수해도 모든 사람의 목이 부러지는 것은 아니다. 하지만 우리는 다른 방법으로도 얼마든지 심각한 손상을 입을 수 있다.

우리의 마음이 어디에 있는지 주의 깊게 살펴야 한다. 대부분 다른 사람이 생각하는 자신의 모습에 관심을 둔다. 우리도 모르게 이런 행동을 쉽게 한다. 하지만 타인의 인정을 얻기 위해 애쓰다 보면 자칫 예수님이 말씀하시는 우리의 모습을 잊어버릴 수 있다. 문제는 주변 사람들로부터 인정받는 데 정신이 팔려 더 이상 하나님으로부터 확인을 구하지 않는다는 것이다. 영원보다 인기 있는 것을 좇을 때 혹은 지속적으로 영향을 미칠 선한 일 대신 기분 좋은 일을 선택할 때 우리의 초점이 흔들리고 있음을 알 수 있다. 잘못된 관계의 얕은 물을 향해 고개를 돌린다면, 우리는 평생 그곳으로 나아갈 수밖에 없다. 새로운 것을 만드는 대신 구멍이 생기고, 헤엄치는 대신 잠기고 말 것이다.

로스쿨 마지막 날, 칼은 나와 몇몇 친구들에게 차를 보낼 테니 타고 오라고 했다. 우리는 도착한 차에 얌전히 올라탔고, 차는 샌디에이고 북쪽에 있는 들판으로 향했다. 칼이 어떤 계획을 세웠는지 전혀 알 수 없었다. 그날 저녁의 일정을 철저히 비밀에 부쳤기 때문이었다. 우리는 칼과 함께 원반던지기를 하며 해변 축하 파티를 즐길 것이라고 생각했다. 그러나 북쪽으로 달리던 차가 해변 쪽으로 좌회전하자, 탁 트인 들판이 우리를 기다리고 있었다.

들판 한가운데 크고 알록달록한 열기구가 서 있었다. 높이가 100미터에 달하는 열기구 사방으로 장식용 끈이 매달려 있었다. 조종사가 커다란 나무 바구니 안에서 땅에 고정된 덮개와 풍선 안으로 불꽃을 발사했다. 바구니 옆에는 빨대로 조종하는 휠체어를 탄 남자가 보였다. 칼은 우리에게 본인은 꿈도 꾸지 못할 정도로 멋진 경험을 선사하고 싶어 했다.

예수님과 우정을 쌓고 사랑을 실천하는 사람들 역시 인생을 살면서 여러 어려움에 처한다. 그들도 남들과 똑같이 장애물을 만난다. 나는 가끔 그들이 더 자주 역경을 겪는 건 아닐까 생각하지만, 굳이 세어 보지는 않았다. 우리가 아직도 찾아 헤매는 것을 칼과 같은 사람들은 이미 발견했다. 그는 주변 상황이 자신을 정의하거나 제한할 수 없다는 사실을 알고 있다. 그의 상처에서 나오는 힘과 고난이 가져오는 기회를 명확하게 직시한다. 칼은 왜 자신에게 고통스러운 일이 일어났는지 집착하지 않는다. 다른 사람의 인생을 축하하고 그들을 위한 일을 하기에도 시간이 모자라기 때문이다. 칼과 같은 사람들은 그들이 잃어버린 것을 생각하지 않는다. 지금 가진 것으로 무엇을 할 수 있을지를 고민한다. 그리고 그 답은 '굉장히 많다'.

샌디에이고 외곽 들판에서 우리는 뜨거운 열기구에 올라탔다. 땅에 고정되어 있던 끈이 풀리고 불꽃이 우렁찬 소리를 두어 번 내뱉자 우리는 하늘 위로 떠오르기 시작했다. 점점 더 높이 올라갈수록 커다란 것은 작아지고 가까이 있는 것은 멀어졌다. 아마도 천국에서 우리 삶을 내려다볼 때도 비슷한 경험을 하게 될 것이다. 더 이상 우리 시야를 가로막는 장애물도 제한적인 믿음도 없기 때문이다. 칼은 우리에게 새로운 시각을 선물해 주었다. 칼은 이미 오래전에 발견한 세계관이지만 우리는 칼의 멋진 삶을 통해 이제 겨우 알아가고 있었다.

우리는 하늘 높이 올라가며 칼을 향해 바구니 가장자리 너머로 손을 흔들었다. 그는 손을 흔들어 줄 수 없었지만, 그럴 필요가 없었다. 세상 속에서 스스로 빛나는 위대한 사랑은 손을 들어 흔들 필요가 없다. 항상 알아볼 수 있고, 사람들의 삶에 의심할 여지없는 사랑의 흔적을 남기기 때문이다.

CHAPTER 14

비행기를 착륙시키라

하나님께서 우리에게 세세한 부분을 알려 주시지 않는
이유는 우리를 믿으시기 때문이다.

우리는 모두 천국처럼 느껴지는 장소를 가지고 있다. 사랑과 기쁨, 산과 강물을 통해 하나님이 얼마나 창의적이신지 쉽게 파악할 수 있는 곳 말이다. 우리 가족의 경우 캐나다 브리티시컬럼비아의 작은 만 가장자리에 직접 지은 오두막이 바로 그곳이다. 꼭대기에 눈이 덮인 높이 2,400미터의 산맥이 태평양 바닷물을 감싸고 있는 곳이다. 일 년에 여러 번 범고래가 수면 위로 천천히 고개를 내밀면 반짝이는 물 건너편에서도 숨을 내쉬는 소리를 들을 수 있다. 사람의 손길이 닿지 않은 삼나무 숲에는 자동차가 발명되기도 전부터 있던 나무들로 가득하다.

오두막은 우리 가족이 22년 동안 공들인 꿈이다. 첫해에는 텐트 두어 개로 시작했지만, 시간이 지나면서 오두막과 주변 건물들을 세웠고 이제는 70명이 잘 수 있는 넉넉한 침대까지 준비했다. 오두막은 우리 가족에게 재충전과 모험의 장소다. 그리고 이유는 모르겠지만 그곳에서는 하나님을 더욱 쉽게 만날 수 있다.

아름다운 자연을 즐기려면 약간의 불편함을 감수해야 한다. 오두막에서 사방으로 160킬로미터 안에는 도로가 없다. 빙하를 이용해서 직접 전기를 만들어야 하고 채소도 손수 길러야 하며 바다와 강에서 저녁거리를 잡아야 한다. 엔진 부품과 같이 필요한 물건을 구하는 것 역시 여간 어려운 일이 아니다. 오두막까지 배를 타고 갈 수 있지만, 오래 걸린다. 그렇기 때문에 중고로 나온 오래된 드하빌랜드 사의 비버 수상비행기를 발견하고 완벽한 해결책이라고 생각했다. 조종하는 방법을 배우기만 하면 됐다.

비버는 남자를 위한 비행기다. 피스톤 9개와 제조사에서 '말벌 주니어'라고 별명 붙인 500마력의 엔진은 다른 제품보다 뛰어난 철강과 힘을 자랑한다. 60년 전에 단종된 터라 이제는 가장자리가 많이 닳고 너덜너덜해졌다. 비버 엔진에 기름이 떨어졌는지를 알려면 더 이상 새어 나오지 않을 때까지 기다려야 한다.

비행기 기체는 판금이나 조립식 유리 섬유로 만들어지지 않았으며, 옛날 방식 그대로의 손재주를 엿볼 수 있다. 뼛속까지 터프함이 느껴지는 비행기는 대포나 곰, 눈사태, 심지어 유치원 아이들의 공격을 받아도 끄떡없을 것처럼 보인다. 인디애나 존스가 고립된 정글에서 빠져나올 때 탈 법한 비행기다. 실제로 해리슨 포드는 비버 비행기를 소유하고 있으며 두어 편의 영화에 비행기를 탄 모습이 나오기도 했다. 비버 비행기에는 착수 장치가 달려 있다. 활주로가 아닌 물 위에 착륙하도록 만들어졌기 때문이다. 오두막에 머무를 때면 나는 대개 1~2주에 한 번씩 비행기를 몰고 나가 아이스크림이나 과자처럼 필요한 물건을 싣고 다시 돌아온다.

우리 가족은 오두막에 가는 날을 손꼽아 기다린다. 매년 학기가 끝날 무렵인 5월 말이 되면 우리 집에서는 봄날의 열병이 기승을 부린다. 온 집안이 북쪽에서 보낼 여름 계획과 기대감으로 가득 찬다. 아이들이 학교를 다닐 때는 이 시기가 가장 잔인했다. 1교시 영어 수업을 들으면서도 몇 주 후에 불과 30미터 떨어진 폭포 옆 바위 사이로 뛰어다니며 저녁거리를 찾을 생각뿐이었다.

우리는 매년 오두막까지 다른 방법으로 가려고 시도했다. 리처드가 고등학교를 졸업했을 때는 모험을 하고 싶어서 할리데이비슨 오토바이와 트라이엄프 오토바이를 사서 오토바이로 거기까지 갔다. 우리는 멕시코에서 출발해 밑에서 위로 북아메리카를 가로질렀다. 우리 가족 중 누구도 오토바이를 타고 고속도로를 달려 본 적이 없었지만, 가다 보면 무엇을 해야 하는지 알게 될 것이라고 생각했다. 샌프란시스코에 도착했을 때쯤 우리는 기어를 바꾸는 방법까지 터득하게 되었다. 그런가 하면 어떤 해에는 엄청난 애교쟁이 리처드가 우리에게 즐거운 여정을 선사했다. 1971년식 폴크스바겐 버스를 수리해서 캐나다로 갈 때는 리처드가, 돌아올 때는 리처드와 아담이 교대로 운전대를 잡았다. 이후에도 리처드는 몇 년 동안 그 버스를 몰았다. 지금도 그는 우리 가족에게 활기와 웃음을 불어넣는다.

아담은 고등학교 마지막 학년을 앞두고 있었다. 평소에는 규칙을 잘 지키고 집중도 잘하는 훌륭한 학생이었다. 하지만 졸업을 1년 앞두고 아담은 학교가 지루하다고 느꼈다. 어차피 대학에 들어가기 위해 필요한 준비는 모두 마쳤으므로, 마지막 학년이 잔인할 정도로 느린 승리의 세레모니 같았다.

학기 초를 얼마 앞둔 어느 날 저녁 나는 아담에게 시간표를 보여 달라고 했다. 그는 방으로 올라가더니 한참을 나오지 않았다. 내가 앉아 있던 부엌 식탁으로 다시 내려왔을 때 아담은 발끝만 쳐다보며 마지못해 시간표를 내밀었다. 시간표를 훑어본 나는 웃음을 터뜨렸다. "수업이 다 어디로 갔니?" 그는 애써 미소를 지어 보였지만 영 신통치 않았다.

아담이 내민 시간표는 엉망진창이었다. 정확하게 기억은 안 나지만, 한 시간은 복도 순찰 담당이었고 또 다른 한 시간은 지우개 청소 담당이었다. 거기에 미술 수업이 잡혀 있었고 나머지 시간은 교무실 근무였다. 핸들 위에 양발을 올리고 깍지 낀 손으로 머리를 받친 한가한 남자의 일과에 가까웠다.

물론 아담의 상황을 충분히 이해할 수 있었다. 학교가 매우 지루했을 것이다. 아담은 더 이상 학교에서 흥미를 끌거나 자극을 주는 것을 찾지 못했다. 나 역시도 고등학교 때 비슷한 경험을 했다. 시간표를 가지고 아담에게 잔소리하는 대신, 우리는 함께 다른 계획을 세웠다. 아담에게는 1년 동안 그의 관심을 끌 만한 어렵고 까다로운 무언가가 필요했다.

나는 아담에게 진짜 수업 몇 개를 신청하도록 했다. 그리고 시간 때우기용 수업을 모두 뺐다. 그리고 아담은 마지막 학년 동안 매일 정오에 학교를 떠나 공항에서 조종사 자격증을 따기로 결정했다. 일 년 동안 설렁대며 시간을 보내는 대신 적절한 고도에서 비행하기로 했던 것이다.

사랑스러운 마리아는 아담이 매일 비행기를 조종하는 것이 형편없는 아이디어라고 생각했다. 특히 수업을 들은 지 2주 만에 혼자서 비행기를 조종할 수 있다는 이야기를 듣고 더욱 걱정했다. 나는 아담에게 방과 후 수업을 합격 또는 불합격으로 평가되는 수업으로 생각하라고 말했다. 혹시라도 사고가 나면 자동으로 불합격이었다.

매일 집으로 돌아온 아담은 그날 배운 것에 대해 이야기했다. 조정석과 비행 전 체크리스트에 대해서 설명해 주기도 했다. 또한 '피치'(pitch, 비행체의 좌우 방향을 기준으로 회전하는 것 – 편집자)나 '요'(yaw, 비행체의 수직 방향을 기준으로 회전하는 것 – 편집자)와 같은 단어를 쓰기 시작했다. 좌석 안전벨트를 착용하는 과정을 끈질기게 말해 주었다. 아마도 엄마에게 그가 진지하게 수업을 듣고 있으며 걱정할 필요가 없다는 말을 하고 싶었을 것이다. 우리 집은 이제 집이 아니라 탑건 훈련소가 되었다. 그해 말 아담은 며칠 간격으로 고등학교 졸업장과 조종사 자격증, 그리고 가죽 재킷을 받았다. 또한 비버 비행기를 운전할 수 있는 수상비행기 면허도 땄다.

　브리티시컬럼비아에는 산으로 둘러싸인 외딴 호수들이 수천 개나 있다. 산세의 가파른 화강암 벽 사이사이로 에메랄드 빛 호수가 여기저기 흩어져 있다. 그 위를 날아갈 때마다 나는 착륙할 수 있을지 알아보기 위해 호수의 크기를 가늠해 본다.

　십 년 넘게 아들 녀석들과 나는 한 호수를 눈여겨보아 왔다. 겨울이 되면 딱딱하게 언 물 위로 눈이 3미터 정도 쌓이는데, 여름의 끝자락에 접어들면 눈과 얼음이 모두 녹아 호수가 자태를 드러내며 입이 떡 벌어지게 한다. 크기는 크지 않은 편이다. 상공에서 보면 폭풍우가 지나간 뒤 길가에 고인 물웅덩이처럼 보인다. 이 호수 위로 날아갈 때마다 우리는 팔꿈치로 서로를 쿡 찌르며 비버 비행기가 착륙할 수 있을 만큼 클지에 대해 큰 소리로 말을 주고받는다. 그리고 만약 착륙한다면, 다시 이륙할 수 있는 충분한 공간을 확보할 수 있을까?

　높이 솟아오른 화강암 벽 사이 입구는 비버가 통과하기에 꽤 빡빡하다. 별 탈 없이 통과하면 600미터 협곡 아래에 호수가 자리 잡고 있다. 호수에 착륙하려면 빠르게 하강해야 한다. 단계마다 정신을 똑바로 차리고 집중해야 한다. 중간에 비행기를 돌리기에는 협곡과 호수가 자리 잡은 깊은 지형이 너무 비좁기 때문이다. 한 번 들어가면 비행기를 착륙시킨 다음 다른 방향으로 이륙하는 것 외에는 달리 방법이 없었다. 편도 티켓 두 장을 끊어야 하는 왕복 여행이나 다름없다.

한 날은 아담과 내가 비버 비행기를 몰고 장을 보러 마을에 갔다가 돌아가는 길이었다. 호수를 지나면서 나는 밖을 내다보며 말했다. "오늘 저 호수에 착륙해 보는 건 어때?" 아담은 불안한 듯 웃어넘겼다.

"농담 아니고 진심이야. 한번 해 보자!"

아담은 내 말뜻을 파악하기 위해 오랫동안 나를 쳐다봤다. 나는 그가 동의한 것으로 받아들이고 날개를 호수 쪽으로 낮췄다. 비행기는 이내 하강하기 시작했다. 조종석은 엄청난 두려움과 흥분으로 잔뜩 달아올랐다.

호수 위 몇 백 미터에서 날개를 평평하게 세운 다음 천천히 접근하기 시작했다. 입구는 위에서 봤던 것만큼이나 좁았다. 우리는 비행기를 돌릴 수 없는 지점에 다다랐다. 나는 내 옆에 앉아 있는 아담을 바라봤다. 앞 유리 너머를 바라보는 그의 얼굴에서 결연한 의지가 엿보였다. 산 사이로 진입하는 순간 소리가 엄청나게 커졌다. 엔진에서 나는 굉음이 양쪽에 있는 화강암 벽에 부딪히면서 조종석 안을 소음으로 가득 채웠다. 나는 암벽과의 거리를 확인하기 위해 양쪽 옆 유리창을 내다봤다. 오른쪽 날개는 화강암 벽에 닿지는 않아도 꽤 가까웠다. 나는 자신감을 가지고 입구를 통과했다. 이제 호수를 향해 하강할 차례였다.

입구 지점을 통과하자마자 나는 조종 장치를 앞으로 밀었다. 지금까지는 산을 바로 앞에 두고 있었다. 하지만 이제는 물만 바라본 채 호수를 따라 비행했다. 나는 호수의 아름다운 자태에 감동했지만, 이내 정신을 차렸다. 풍경이나 구경하고 있을 때가 아니었다. 아담은 우리 두 사람 몫의 구경을 다 하고도 남을 정도로 두 눈을 크게 뜨고 있었다.

빠르게 하강했지만, 공간이 부족해서 비버를 직선으로 착륙시킬 수 없었다. 호수 끝에 마지막 하강 턴을 하기에 적절한 크기의 암벽이 있었다. 확실히 공간이 빡빡했지만 아예 불가능하지는 않았다. 나는 호수 끝에 있는 암벽에 최대한 가까이 다가가 비행기 날개를 한 번 더 뒤집었다. 물과 직각으로 날고 있지 않았는데도 그런 기분이 들었다. 호수까지 남은 120미터를 하강하기 위해 이번에는 조종대를 완전히 앞으로 꺾었다.

마지막 턴을 한 이후에는 남은 거리를 빠르게, 하지만 신중하게 내려가야 한다. 거리가 짧으면 바위에 부딪히고, 반면 너무 길면 나무와 충돌한다. 펠리컨이 정어리를 잡기 위해 급강하하는 것과 비슷한데, 단지 조금 더 우아하고 생선을 덜 잡을 뿐이다.

꽤 빠른 속도로 내려간 뒤 우리는 수면 위 50센티미터쯤 떨어진 곳에서 비행기를 평평하게 세우고 착륙 조명 장치를 켠 다음 착륙했다. 착수 장치가 잔잔한 호수 위를 스치더니 이내 멈췄다. 비행기를 완전히 세운 다음 나는 엔진을 끄고 조종 장치에 딱 붙어 있던 손을 떼어냈다.

아담과 나는 몇 초 동안 아무 말도 하지 않고 비행기 앞만 바라봤다. 그러고는 이내 서로를 향해 고개를 돌렸다. 우리 둘 다 얼굴에 커다란 미소가 걸려 있었다.

"우리가 해냈어! 호수에 무사히 착륙했어!" 조종석 안에서 하이파이브를 하는 우리의 목소리가 고요한 적막을 깨고 울려 퍼졌다. 몇 년 동안 내려다보며 착륙할 수 있을지 궁금해했는데, 드디어 그 답을 얻은 것이다.

하지만 방정식의 절반에 대한 답만 알게 되었을 뿐, 나머지 절반의 값을 구해야 했다. 이륙할 수 있는 충분한 공간이 있을까? 아담이 이런저런 가능성과 방법들을 고민하는 것이 보였다. 그래서 그를 향해 이렇게 말했다.

"좋아, 아담. 여기서 나갈 때는 네가 조종해 봐."

그는 귀에 물이 들어간 래브라도리트리버처럼 고개를 세차게 흔들었다.

"말도 안 돼요." 진지하다는 듯 꽤 심각한 얼굴로 아담이 말했다. 나 역시 마찬가지였다.

저항하는 아담을 둔 채로 나는 안전벨트를 풀고 새로운 조종사에게 자리를 내주기 위해 조종석에서 바로 뒷좌석으로 넘어갔다. 별수 없이 아담은 조종석으로 넘어와 조종 장치를 잡고는 앞을 빤히 쳐다봤다. 본 경기가 시작될 참이었다.

아담은 호수 가장 끝에 있는 수풀 쪽으로 비행기를 후진했다. 마치 단거리 주자가 스타팅 블록 위에 발을 올려놓는 것처럼 비행기의 위치를 잡았다.

비버 비행기가 수면 위에서 떠오르려면 시속 84킬로미터로 움직여야 한다. 시속 77킬로미터의 속도에서는 이륙을 시도해도 착수 장치가 물에 잠기기 때문에 속도가 오히려 느려지면서 호수 공간이 부족해 나무와 충돌하게 된다. 반면 시속 110킬로미터의 속도가 붙을 때까지 기다려도 호수 공간이 부족해서 나무에 부딪힌다. 아담도 이를 잘 알고 있었지만, 나는 앞으로 며칠간 우리의 거처가 그의 행동에 달린 만큼 아담에게 속도를 잘 보라고 다시 한 번 일렀다.

비행기가 저 멀리 있는 나무 위로 날아오르려면 호수의 마지막 길이까지 모두 다 활용해야 했다. 사람들은 대개 말로 기도하지만, 종종 행동을 통해 기도할 때도 있다. 아담은 조종 장치 위에 손을 얹고 전속력으로 올렸다. 나는 짧게 읊조렸다. "아멘."

비행기의 속도가 붙는 동안 나는 계기판의 속도계를 주시했다. 아담은 시속 50킬로미터, 곧이어 시속 65킬로미터까지 속도를 올렸다. 비행기가 수상스키용 모터보트처럼 수면 위를 통통 튕기며 가로질렀다. 아담이 계속해서 속도를 올리는 동안 앞 유리창 너머 반대편 나무가 점점 크게 보였다. 시속 84킬로미터까지 속도가 오르자 나는 이륙을 예상했다. 아담은 호수에서 날아오르려면 무엇을 해야 하는지 정확하게 알고 있었다.

아담은 호수 끝에 다다르기 전에 조종 장치를 잡아당겼고 우리는 나무 꼭대기 위로 날아올라 협곡을 빠져나왔다.

아담은 크게 소리 질렀고 나 역시 기쁨의 감탄사를 내뱉었다. 아담에게 가슴 박치기를 해 주려다가 잘못하면 비행기 사고로 이어질 수 있다는 생각에 그만두었다. 호수를 등 뒤로 하고 오두막으로 날아가는 내내 얼굴에서 미소가 사라지지 않았다. 아담은 아마 도착하자마자 가족들에게 어떻게 이야기할지 생각하고 있었을 것이다.

나는 다시 한 번 아담을 쳐다보며 말했다. "좋아. 이제 비행기를 돌려서 그 호수에 착륙할 수 있는지도 확인해 보자." 아담이 또다시 강하게 고개를 저었다. 나는 그의 머리가 떨어지는 줄 알았다. 이미 멋진 경험을 했으니 충분하다 싶었을 것이다. 그러나 순간 아담은 생각을 바꿔 비행기를 돌리기 시작했다.

아담은 협곡 안으로 진입하면서 아무 말도 하지 않았다.

협곡 아래로 하강하기 시작할 때도 아무런 말이 없었다.

호수 가장 끝에 있는 널찍한 곳에서 완벽하게 턴을 한 후에도 한마디도 하지 않았다.

호수를 향해 마지막으로 하강하면서 아담은 조종대를 앞으로 완전히 꺾었다. 내가 아까 착륙한 지점을 지났지만 우리는 여전히 수면에서 15미터나 떨어져 있었다. 그래도 나는 아무 말을 하지 않았다.

아담은 흠잡을 데 없이 완벽하게 비행기를 착륙시켰고 비행기가 완전히 멈춰 섰다. 협곡 안으로 들어올 때만 해도 그는 18세였는데,

비버 비행기가 수면 위에 안착하고 나니 35세는 되어 보였다. 나는 120세처럼 보였다.

나는 아담이 비행기를 착륙시키는 내내 이런 생각을 했다. '비행기를. 착륙. 시켜.'

하나님이 우리를 항상 안전한 길로 인도하시는 것은 아니다. 우리가 가장 성장할 수 있는 길을 택하신다. 나는 아담을 잘 알고 있었고 그가 비행기를 착륙시킬 수 있다고 믿었다. 사방이 좀 더 뚫린 호수 위에 비행기를 착륙시키는 것을 백 번도 더 봤기 때문이었다. 비행기 착륙에 대해 내가 알고 있는 것도 모두 알려 주었다. 그는 더 이상의 지도가 필요 없었다. 그가 비행기를 착륙하도록 허락할 만큼 내 믿음이 강하다는 것만 깨달으면 됐다. 더는 설명을 듣지 않아도 괜찮았고 그 의미를 그리스어 또는 히브리어로 몰라도 상관없었다. 그에게 필요한 것은 기회였다.

내 믿음에 가장 큰 영향을 준 사람들 역시 나를 위해 똑같이 해 주었다. 내게 무언가를 가르치려는 대신 나를 믿고 있음을 알려 주었다. 그리고 내가 알아야 하는 모든 것을 가르쳐 주었다. 그 순간들은 내 영혼에 영원히 새겨져 있다. 나는 하나님도 우리에게 똑같이 하신다고 생각한다.

많은 사람이 하나님으로부터 이런저런 일들에 대한 답을 들을 수 있으면 좋겠다고 말한다. 어쩌면 하나님의 음성을 듣고 싶어 하는 것일지도 모르겠다. 정확히는 알 수 없지만, 사람들의 목표가 직접 음성을 듣는 것은 아니라고 생각한다. 그보다 우리가 원하는 것은 자신감을 불어넣어 주시는 하나님의 섬세한 손길과, 이미 어떻게 해야 하는지 알고 있는 일에 용기 있게 도전할 수 있는 기회다. 하나님은 우리가 '행동'하기를 기다리시는데, 우리는 하나님의 '음성'을 듣기 위해 시간 낭비를 한다면 정말 안타까울 것이다. 하나님은 우리가 행동할 때 가장 큰 목소리로 말씀하신다. 쉽게 말해 더 큰 믿음을 얻고 싶다면 더 많은 일을 해야 한다.

한편으로는 사람들이 망설이는 이유가 너무나도 이해된다. 나도 하나님의 음성을 듣고자 했던 적이 있었다. 특히 중요한 일을 겪을 때 그랬다. 하지만 안타까운 사실은 하나님의 음성을 듣기에 내가 너무 시끄럽다는 것이다. 하나님은 우리의 관심을 끌기 위해 우리 삶을 가득 채우고 있는 소음 너머로 소리치시지 않는다. 오히려 절박함이 가져오는 고요 속에서 가장 명확하게 말씀하신다.

나는 또한 하나님의 침묵이 가지는 목표와 아름다움을 깨닫게 되었다. 하나님께서 내 마음이 원하는 것과 내가 생각하는 바를 알고 계신다고 말씀해 주시는 것이나 다름없다. 하나님은 내게 무엇을 가르쳤는지 모두 알고 계신다. 내 성공과 실패를 모두 보셨다. 하나님의 입장에서 생각해 보면 이 모든 것이 한데 모여 귓가에 희미하게 들리는 하나님의 속삭임이 된다. "할 수 있어." 하나님의 우선 목표는 실패의 가능성을 없애는 것이 아니라 계속 시도하는 나를 하나님이 사랑하고 계심을 알리는 것이다. 성경에 보면 이런 구절이 있다. "보잘 것 없는 일이라고 멸시하는 자가 누구냐." 내가 정말 좋아하는 글이다. 하나님은 성공이 보장된 큰 노력만 귀히 여기지 않으신다. 우리가 실패할까봐 두려워하지도 않으신다. 대신 계속 노력하는 우리의 모습에서 기쁨을 느끼신다.

하나님은 우리가 모든 일을 그림처럼 완벽하게 해낼 수 없다는 것을 잘 아신다. 솔직하게 말하자면 우리는 성공보다 훨씬 더 많은 실패를 겪는다. 나 역시도 바위에 너무 가깝게 비행하거나 예상 위치를 벗어난 적이 한 번 이상이다. 지금까지 시도한 것들이 너무 과하거나 너무 부족한 바람에 실패로 이어지기도 했다.

그러나 하나님은 내가 실수를 반복해도 어떻게 하라고 큰 소리로 알려 주시지 않았다. 그럴 필요가 없으셨기 때문이다. 하나님의 침묵은 무관심이 아니라 관심이다. 할 말이 없거나 결과가 두려워서 아무런 말씀이 없으신 것이 아니다. 오히려 나를 신뢰하시고 또 그만큼 결과를 확신하시기 때문이다. 하나님은 이미 당신도 믿고 계신다. 우리가 무엇을 해야 하는지 이미 안다고 믿으시기 때문에 하나님의 음성을 들려달라고 기도해도 침묵을 지키신다. 하나님은 우리가 어떤 일을 완벽하게 해내는 것에는 크게 신경 쓰지 않으신다. 그저 우리가 어떤 일을 하든 그의 자녀이기를 바라신다.

사실 우리 대부분은 더는 지시를 필요로 하지 않는다. 그저 나를 믿어 줄 누군가가 필요할 뿐이다. 운이 좋다면, 하나님은 우리를 잘 아는 좋은 친구들을 많이 주실 것이다. 끊임없이 참견하며 우리의 행동을 통제하려는 대신, 다 이해하지는 못하더라도 하나님께서 항상 우리의 삶에 함께하신다는 것을 믿는 친구들 말이다.

무섭고 혼란스럽고 또 제자리걸음을 하는 듯한 기분이 드는 것이 당연하다. 우리 모두 비슷한 일을 겪는다. 모든 지각에 뛰어난 하나님이 하시는 일을 우리가 다 이해할 수 없더라도 그건 놀랄 일이 아니다. 하나님은 우리가 어쩔 줄 몰라 하며 머리를 긁적이거나 상황을 확대 해석하기를 바라시지 않는다. 우리를 당황시키기 위해 모든 방법을 동원하시지도, 이제 무엇을 하라고 지시하시지도 않는다. 대신 우리와 늘 '함께'하신다.

하나님이 늘 침묵하시는 것도 아니다. 우리에게 하나님의 말씀을 담은 책을 주셨고 그 안에 수많은 편지를 담으셨다. 또한 우리에게 친구를 주셨다. 셀 수 없이 많은 성공과 실패도 주셨다. 사랑과 은총, 인내, 긍휼 등을 우리 마음에 새기신 덕에 우리 역시 친구들의 마음에 이러한 것들을 새길 수 있다. 우리는 하나님이 쓰신 글씨다. 우리가 하는 말이 더 그럴싸해 보이기 위해서가 아니라, 우리 삶 속에서 아름다움을 보시기 때문에 하나님은 우리에게 많은 것을 주신다.

우리는 결과가 불확실한 일을 꿈꿀 때 하나님의 목소리를 듣고 싶어 한다. 만약 하나님께서 말씀이 없는 이유가 이미 말씀하셨기 때문이라면 어떨까? 내가 아담과 함께 호수에 비행기를 착륙시켰던 것처럼, 하나님 역시 우리 옆에 앉아 두려움도 혼란도 없이 우리가 필요한 정보를 이미 알고 있다고 확신하고 계시는 것이다. 난생처음 겪는 일이 눈앞에 벌어지기도 한다. 하지만 하나님은 평생에 걸쳐 많은 경험을 주심으로써 앞으로 벌어질 일들을 헤쳐나갈 수 있도록 우리를 준비시키셨다.

하나님은 우리가 고난 없이 성장할 수 없음을 알고 계신다. 우리에게 안전한 삶을 약속하는 대신 우리가 하나님과 하나님의 말씀을 받아들이고 계속해서 귀 기울인다면 위험하고, 용감하고, 목적 있는 삶을 주겠노라고 말씀하셨다. 때로 하나님은 일부러 침묵하신다. 자세한 설명을 아끼신다. 우리에게 말로 된 지시가 더 이상 필요 없다는 것을 아시기 때문이다. 우리가 아주 조금만 앞으로 나아가도 하나님은 이렇게 생각하신다. "너를 사랑한다. 충분히 할 수 있어. 넌 이미 충분히 알고 있단다."

성공에 대한 확신이 없어서 그동안 시도하지 않았다는 것이 얼마나 어리석은 생각인가? 사랑을 베풀고 싶었지만 거절이 두려워 선뜻 다가가지 못했던 사람들이 있는가? 누가 당신의 마음에 상처를 주었는가? 사업에서 당신을 이용한 사람은 누구인가? 당신을 오해한 사람은 또 누구인가? 누구를 용서해야 하는가? 바로 지금이 행동할 때이다. 더 이상 기다려서는 안 된다. 당신은 이제 무엇을 해야 할지 알고 있다. 충분히 할 수 있다. 이미 충분히 알고 있다.

이제, 비행기를 착륙시켜 보자.

CHAPTER 15

월터의 환영 인사

우리는 어떻게 사랑을 베풀었는지에 대해
하나님과 대화하게 될 것이다.

나에게는 월터라는 친구가 있다. 그는 자국의 정부가 무너지자 감옥을 탈출한 뒤 날아오는 총알을 피해 안전한 미국으로 피신했다. 이제 월터는 강요에 의해 자국을 떠나야만 했던 사람들이 미국에 재정착할 수 있도록 돕는 일을 하고 있다. 이 사람들은 대부분 해외에 있는 유엔 난민 캠프에서 곧바로 미국 내 공항으로 온다. 비행기에서 내리는 이들은 이미 오랫동안 굶주림과 갈증, 이주, 그리고 두려움에 시달려 왔다. 혼란과 공포, 그리고 외로움을 느끼며 새로운 나라에 이방인으로서 첫발을 내디딘다.

그들은 짐을 찾기 위해 수화물 수취장에 들르지 않는다. 가진 옷이 없기 때문이다. 어떤 사람을 만나게 될지, 어떤 삶을 살게 될지,

또는 도착 후에 어떤 일을 해야 하는지 전혀 알지 못한다. 비행기에서 내린 난민들은 쉽게 눈에 띈다. 대부분 유엔에서 나누어 준 꼬리표를 매단 줄을 목에 걸고 있기 때문이다.

미국에 막 도착한 새로운 손님들은 비행기에서 내린 후 어색한 걸음으로 망설이며 도착 터미널로 향한다. 시간에 쫓기는 바쁜 사람들이 복도를 따라 그들을 밀며 앞으로 나아간다. 한 걸음씩 내디딜 때마다 얼굴 위로 불안의 그림자가 드리운다. 하지만 커다란 미소를 지으며 두 팔을 활짝 벌린 채 그들을 향해 다가오는 월터를 보는 순간, 모든 것이 달라진다. 월터는 이 아름다운 사람들이 새로운 삶으로 들어온 것을 환영한다. 그리고 마치 예수님을 대하듯 극진히 보살핀다. 예수님을 알고 있기 때문이다. 예수님은 사람들을 대하는 방식이 곧 예수님을 대하는 방식이라고 말씀하셨다.

한 번은 난민을 맞이하기 위해 공항으로 향하는 월터를 따라갔다. 무엇을 가져가야 할지 몰라서 헬륨 풍선 열두 개를 준비했다. 풍선은 내가 무엇을 준비해야 할지 모를 때마다 자주 이용하는 선물이다. 생일 파티나 면접, 치과 진료, 변호사자격시험장, 헬스장 등 다양한 장소에 풍선을 가져가는데, 한 가지 예외가 있다면 스쿠버 다이빙할 때일 것이다. 풍선은 전 세계적으로 잘 알려진 축하와 기쁨, 환영, 포용, 그리고 사랑의 징표다.

나는 공항에서 난민을 맞이하는 월터의 환영 인사가 바로 천국에서 볼 장면이라고 생각한다. 축하와 귀향. 우리 역시 짐이 필요 없을 것이다(솔직히 풍선이 많이 준비되어 있으면 좋겠다). 그동안 읽은 바에 따르면 천국에서 우리는 예수님을 만나 이야기를 나누게 될 것이다. 학교 교장실에 불려 갔을 때 해야 하는 그런 이야기나 의논이 아니다. 우리가 살면서 이해할 수 없었던 일들의 진실을 이해하고 숨은 뜻을 알게 되는 그런 이야기가 오갈 것이다. 아마도 우리 대부분 그동안 굳게 믿고 있었던 것들을 모두 버리는 작업을 거치게 될 것이다.

예수님께서는 예수님과 나누게 될 대화에 대해 말씀하시면서 두 집단을 언급하셨다. 각 집단을 양과 염소라고 부르셨는데, 결국 나와 당신을 가리키신 것이다. 예수님은 우리가 살면서 만난 사람들을 어떻게 대했는지, 과연 예수님을 대하듯이 했는지에 대해 이야기하게 될 것이라고 말씀하셨다. 월터가 공항에서 맞이하는 사람들처럼 굶주리고 목마른 이방인을 말이다. 아프거나 옷이 없는 사람들을 말이다. 다리 밑에서 생활하거나 교도소에 있는 사람들을 말이다. 예수님은 사도들에게 우리가 살면서 예수님을 만났지만 모른 채 지나갔던 일들과 예수님을 알아봤던 일들에 대해서도 듣게 될 것이라고 하셨다.

나는 하나님을 만나면 묻고 싶은 질문들이 정말 많다. 예컨대 나는 하나님이 요세미티 계곡을 만들 장소를 어떻게 정하셨는지 정말 궁금하다. 계곡을 직접 본 사람은 알겠지만, 엄청난 크기와 장엄함을 자랑한다. 또 하프돔(요세미티국립공원에 있는 화강암 돔 - 편집자)에 대해서도 묻고 싶다. 나머지 절반은 어디로 갔을까? 안타깝게도 내가 묻고 싶은 질문들 중 어느 것도 예수님이 원하는 대화 주제에 적합하지 않은 듯하다. 예수님은 선거나 탄핵 사건, 독신남으로부터 장미를 받은 주인공, 또는 상사에 의해 해고된 사람에 대해서는 관심이 없으실 것이다. 예수님이 가장 중요하게 생각하시는 일은 우리가 그동안 만났던 많은 이들을 어떻게 대했는가다. 그들을 안아 주었는지 혹은 필요한 도움을 주었는지에 대해 알고 싶어 하실 것이다. 예수님은 우리가 외롭고 비참하며 세상으로부터 소외된 이들에게 베푸는 친절이 사실은 그를 위한 것이라고 말씀하셨다.

살면서 옳은 일을 했지만 그것이 예수님의 행하심이었다는 사실을 몰랐던 첫 번째 집단이 어떤 반응을 보일지 머릿속에 그려진다.

"잠깐만요, 정말요? 진짜 예수님이셨다고요? 말도 안 돼요! 온갖 욕설 문신을 한 남자가요? 교도소에 있던 그 사람도요? 우간다의 그 아이도 말입니까? 변호사도요? 학교 선생님도요? 정치인도요? 그들이 예수님인 줄 전혀 몰랐어요. 그저 예수님이 말씀하신 대로 사랑을 베풀기로 결심했을 뿐이에요."

두 번째 집단 역시 예수님의 설명을 듣고 깜짝 놀랄 것이다. 이들이 일부러 차갑게 굴거나 무관심했던 것은 아니다. 이런 면에서는 나와 당신과 다를 바 없는 사람들이다. 예수님께서 부탁하셨다면 발벗고 나서서 도왔을 것이다. 하지만 굶주리거나 목마르고 아프거나 낯선 사람이 다가왔을 때 혹은 헐벗은 사람들을 만났을 때 그저 어떻게 해야 할지 몰랐기 때문에 아무것도 하지 않았다.

이들이 예수님의 말씀에 동의하지 않았거나 팔짱을 낀 채 도움을 거절했던 것은 아니다. 오히려 단순한 실수에 불과하다. 도움을 필요로 하는 사람들이 예수님이라는 것을 몰랐을 뿐이다. 사실 나 역시 거의 매일 이러한 실수를 저지른다. 그들은 예수님처럼 옷을 입거나 말하거나 행동하지 않았다. 실은 정반대였다. 예수님의 삶과는 매우 다른 방식으로 살았고 또 행동했다. 그로 인해 교도소에 가기도 하고 아주 위험한 상황에 놓이기도 했다. 예수님은 이 모든 것을 아셨다. 그리고 우리가 진심으로 예수님과 함께하고자 한다면 적당히 노력하는 자세를 버리고 이들에 '대해' 이야기하는 대신 이들을 '향해' 말을 걸어야 한다고 말씀하셨다.

나는 삶의 대부분을 두 번째 집단에 속한 사람처럼 살았다. 이해할 수 없는 사람들이 무엇을 필요로 하는지 파악하기에는 너무 바빴고 또 너무 능숙하게 이들을 피해 왔다. 물론 이들의 존재를 알았지만, 이들이 그저 지나쳐 가는 아프고 외로운 사람들이 아니라는 것을 알기에는 너무 멀리 떨어져 있었다. 그동안 나는 예수님을 피해 왔던 것이다. 안타깝게도 나는 종종 고통받는 사람들을 위하는 척만 한다. 아주 간단한 방법으로 이를 알 수 있다. 내가 그들을 돕기 위해 아무 일도 하지 않기 때문이다. 부족한 것은 시간이 아니라 긍휼히 여기는 마음인데도 어려움에 처한 사람들을 돕기에는 너무 바쁘다는 핑계를 댄다. 다시 말해 나는 진짜로 사람들을 돕는 대신 그저 도우려는 마음을 먹는 것에 만족한다.

우리 모두 월터와 같은 친구를 알고 있다. 다른 이를 위해 자기 시간을 몽땅 투자하는 사람들을 말이다. 그 이유는 간단하다. 월터는 그가 만나는 어려운 이들이 모두 예수님이라고 생각한다. 사랑을 베푸는 사람들은 이를 아주 쉽게 해낸다.

나는 아버지이기 때문에 우리 아이들에게 잘하는 것이 내게 친절을 베푸는 것이라고 생각한다. 좋은 아버지라면 모두 그럴 것이다. 누군가 아이들을 위해 멋진 일을 해 준다면 굳이 나한테 말할 필요 없다. 아버지는 항상 알아차리기 때문이다. 물론 어머니는 일이 일어나기도 전에 알고 있지만 말이다. 하나님께서도 이런 마음일 것이다. 예수님은 우리가 서로에게 아낌없이 사랑을 베풀고, 어렵고 가난하며 고립되고 고통받는 이들을 돕는 것이 예수님을 위한 행동이라고 말씀하셨다. 그가 누구인지 모르더라도 말이다. 예수님은 우리가 하나님을 위해 좋은 일을 하고자 한다면 하나님의 자녀에게 잘해야 한다고 하셨다. 이러한 행동을 일부러 티내거나 포장할 필요도 없다. 예수님께서 다 아신다. 좋은 아버지가 그러하듯이 말이다.

나는 하나님이 인생의 '계획'을 알려 주실 때까지 기다린다고 말하는 사람들을 많이 만났다. 이들은 마치 이 '계획'을 하나님이 뒷주머니에 넣고 다니는 보물 지도처럼 이야기한다. 이런 보물 지도는 해적에게나 어울린다. 대개 일을 미루기 위해 핑계를 찾는 사람들이 계획을 기다린다. 하지만 사랑을 실천하는 사람들은 그렇지 않다. 아마도 예수님은 우리가 '계획'을 기다린다는 핑계 뒤에 숨을 것이라고 예상하셨을 것이다. 그래서 우리를 위해 매우 간단하게 말씀하셨다. 먼저 예수님을 사랑하고, 그다음으로 굶주리고 목마른 사람들이나 이방인처럼 느끼는 사람들, 아프거나 옷이 없는 사람들, 교도소에 있는 사람들, 왠지 싫은 사람들, 그리고 원수마저도 예수님이라고 생각하고 사랑하라고 하셨다. 그것이 우리를 위해 세우신 계획이라고 말이다.

준비. 시작. 출발. 이제 다른 계획을 찾아 헤매지 않아도 된다. 이것이 우리를 위한 유일한 계획이다.

예수님의 말씀을 그저 받아들이는 대신 나는 천국의 문을 건넌 후에 예수님과 이야기하게 될 사람들을 내 삶에서 찾기 시작했다. 굶주리고 목마르며 아프고 낯설며 헐벗고 감옥에 수감된 사람을 딱 한 명만 만나기를 바랐다. 하지만 이는 내 생각일 뿐이었다. 나는 모두가 이에 해당한다는 것을 깨달았다. 우리 모두의 모습인 것이다. 나도 당신도 마찬가지다. 지금 커피숍에서 당신 바로 옆에 앉아 있는 사람이기도 하다. 믿기 어렵겠지만, 예수님과는 너무나도 달라 보이고 정반대의 행동을 하는 사람들도 모두 예수님이다.

복잡하게 생각할 필요 없다. 고민하지 말고 그냥 시작해 보자. 지금 굶주린 사람에게 찾아가 무슨 일이든 해 보자. 흔히들 가난한 이에게 물고기를 주는 것보다 낚시하는 법을 알려 주는 것이 낫다고 말한다. 하지만 물고기는커녕 낚싯대조차 주지 않는 사람들이 많다.

우리 집 근처에 인앤아웃버거라는 패스트푸드점이 있다. 나는 종종 햄버거 20개를 사서 차를 타고 돌아다니며 만나는 사람들에게 배가 고픈지 묻는다. 배고픈 사람을 발견하면 햄버거를 나누어 준다. 포장지에 "예수님은 당신을 사랑하십니다"와 같은 메시지는 적지 않는다. 인앤아웃의 더블더블 햄버거를 먹는다면, 예수님의 사랑을 단번에 느낄 수 있을 테니 말이다!

낯선 이에게 다가가 당신의 삶으로 환영해 보자. 이미 이방인들과 가족이 되었을 수도 있다. 아무도 신경 쓰지 않을 것이다. 차에 물병을 준비해 두었다가 목마른 사람들에게 나누어 주는 것도 좋은 방법이다. 또는 병원을 찾아 아픈 이들에게 사랑과 반창고, 나아가 콩팥 한쪽을 줄 수도 있다. 헐벗은 사람은 비교적 찾기 힘든데, 누드 비치가 멀지 않으니 한번 가 보는 것도 좋겠다. 나라면 절벽 위에 서서 누드비치 안으로 양말을 던질 것이다. 중요한 것은 예수님의 말씀에 고개만 끄덕이고 넘어가서는 안 된다는 점이다. 감옥을 방문해 친구를 사귀어 보자. 법을 어기지 않아도 교도소에 들어갈 수 있다. 교도소장에게 부탁하면 된다.

이를 실천한다면 믿음을 되찾을 수 있을 뿐만 아니라 예수님을 만날 수 있다. 게다가 천국에서 예수님과 나누게 될 이야기가 정말 많아질 것이다. 이것이야말로 완벽한 계획이다.

CHAPTER 16

은혜의 대가

은혜의 대가는 생각보다 크지 않다.

요즘 들어 나를 찾는 전화가 많다. 가장 최근에 쓴 책인《사랑으로 변한다》가 거의 100만 부 가까이 판매되었는데, 그 책에 내 핸드폰 번호를 적어 두었기 때문이다. 예수님은 모두에게 늘 열려 계셨다. 나는 한 번도 만난 적 없는 사람들의 전화를 매일 수십 통씩 처리하면서 낯선 이와 교류하는 것이 얼마나 중요한지 다시금 느끼고 있다. 사람들은 비전을 좇지 않는다. 그들은 만나고 대화할 수 있는 상대방을 찾는다. 나는 이제 사람들의 전화를 음성사서함으로 넘기지 않는다. 당신도 일주일 동안 시도해 보기를 바란다. 예수님이 그러셨던 것처럼 사람들을 사랑하다 보면 끊임없이 방해받으면서 살 수밖에 없다. 전화를 받아 보자. 일상을 조금 방해해 보자. 사람들에게 아낌없이 시간을 내준다면 예수님처럼 될 수 있다.

한 소년은 3주에 한 번씩 전화를 걸어 내게 욕을 한다. 변호사로 일하면서 온갖 나쁜 말을 다 들어봤다고 생각했는데 아직까지 들어보지 못한 새로운 욕을 녀석에게서 종종 듣는다. 재미있는 건 도대체 무엇에 화가 났는지에 대해서는 제대로 이야기해 본 적이 없다는 것이다. 나는 항상 녀석이 전화를 끊기 전에 이렇게 말한다. "매번 네 전화를 받을 거란다." 왜냐하면 그가 총을 들고 탑에 올라가거나 바이커들이 가는 술집에서 나오는 사람에게 마구 욕설을 내뱉지 않기를 바라기 때문이다. 잘못하면 목숨을 잃을 것이다.

나는 이 소년의 전화번호를 '저속한 녀석'이라고 저장했다. 매번 그에게 한바탕 욕을 듣기 전에 마음의 준비가 필요하기 때문이다. 물론 녀석이 내게 못된 말을 늘어놓는 것은 매우 잘못된 일이다. 하지만 내가 달라진 점이 있다면, 더 이상 바른 말만 하기를 원하지 않는다는 것이다. 나는 예수님처럼 되고자 한다. 차이점을 아는 것이 중요하다.

어느 날 나는 법률 문제로 사무실을 찾은 고객과 상담하고 있었다. 그때 전화가 울렸다. 나는 고객에게 음성사서함으로 전화를 넘기지 않는다는 내 규칙을 설명했다. 그리고 양해를 구한 다음 전화를 받았다. 하지만 수화기 너머에서 들려오는 녹음 소리에 적잖이 실망했다.

"안녕하세요, 전화를 받으시려면…."

나는 수화기를 내려놓았다. 요리용 칼이나 얼룩 제거제 또는 투자 기회 등 뭔가를 팔려는 텔레마케터의 녹음된 음성을 들을 생각이 없었다. 나는 다시 고객에게 돌아가 상담을 계속했다.

몇 분 후, 전화기가 다시 울렸다. 약간 당황스러웠지만 고객에게 양해를 구하고 수화기를 들었는데, 아까와 같은 녹음이 흘러나왔다.

"안녕하세요, 전화를 받으시려면…."

이번에는 녹음을 끝까지 들은 후에 전화 수신 거부 버튼을 누를 참이었다. 녹음된 음성이 계속 흘러나왔다. "새크라멘토주 교도소에서 착신 전화가 왔습니다. 전화를 받으시려면 5번을 눌러 주시기 바랍니다. 착신 비용은 9달러 95센트이며 전화비용이 청구될 예정입니다." 잠깐만, 뭐라고? 나는 곧바로 5번을 반복해서 눌렀다. 누가 내게 착신 전화를 건 것인지 빨리 알고 싶었다. 누가 궁금해하지 않겠는가?

대화가 시작되기도 전에 내 자부심은 이미 결론에 도달해 있었다. 어떤 남자가 새크라멘토주 교도소에 수감된 것이 분명했다. 아마도 누군가로부터 교도소에 있는 동안 읽으라며 내 책을 받았을 것이다. 그리고 이제 내가 얼마나 멋진 사람인지 말해 주기 위해 내게 전화를 걸었다. 근거 없는 자신감에 내 어깨가 잔뜩 치솟는 사이 수화기 너머에서 목소리가 들렸다.

"안녕하세요, 밥입니다." 나는 칭찬이 시작되기를 기다리며 말했다. 잠시 침묵이 흘렀다. 그러자 딱딱하고 무거운 톤의 남자 목소리가 전화기를 타고 흘러나왔다.

"샤니스는 어디에 있습니까?"

이런. 남자는 내게 전화를 건 것이 아니었다. 아마도 번호를 잘못 누른 모양이었다. 김이 빠진 나는 샤니스가 이곳에 없다고 대답했다. 그냥 밥이라는 이름의 내가 전화를 받았다고 덧붙였다. 그는 실망스럽다는 듯 흥 소리를 내고는 전화를 끊었다.

나는 나의 어이없는 자부심에 헛웃음을 터뜨린 후 다시 상담을 시작했다. 순간 전화기가 또 울렸다.

"안녕하세요, 전화를 받으시려면… 착신 비용은 9달러 95센트로…." 나는 5번을 눌렀다.

"안녕하세요, 밥입니다."

"샤니스에게 대신 전화해 주겠습니까?" 재소자가 물었다.

나는 웃기 시작했다. "이봐요, 나도 무척 돕고 싶지만 어떻게 해야 할지조차 모르겠군요." 순간 전화기의 버튼을 눌러 3자 통화 기능을 이용하면 샤니스를 연결할 수 있다는 생각이 들었다.

"그녀를 한번 불러 볼게요. 전화번호가 어떻게 되죠?" 그가 번호를 알려 주자마자 나는 애초에 왜 전화를 잘못 걸었는지 금방 이해할 수 있었다. 내 책에 적혔던 번호와 샤니스의 번호가 거의 똑같았다.

나는 그녀에게 전화를 걸었다. 신호가 두 번 울리자 누군가 전화를 받았지만, 샤니스가 아니었다. 남자였다. 일부러 엿들은 것은 아니지만, 3자 통화였기 때문에 통화 내용이 저절로 들렸다. "샤니스는 어디에 있나요?" 교도소에 있는 내 친구가 물었다. "그녀는 이제 나와 삽니다." 반대편 남자가 퉁명스럽게 대답하더니 전화를 끊어 버렸다.

나는 내 새로운 재소자 친구가 너무 안타까웠지만, 인간관계가 매우 복잡하다는 것과 사랑하는 사람이 오랫동안 교도소에 가게 될 경우 왜 마음을 정리하고 잊는지도 이해할 수 있었다. 나는 전화를 끊고 고개를 저은 다음 상담을 계속했다.

그런데 전화가 또 울렸다.

"안녕하세요, 전화를 받으시려면…." 나는 5번을 눌렀다.

"어머니에게 전화해 줄 수 있나요?"

나는 웃음을 터뜨렸다. 마치 내가 이 남자의 비서가 된 것 같았다. "물론이죠. 번호가 어떻게 되나요?" 나는 예상치 못했던 하루를 신기해하며 대답했다. 그리고 그가 알려 준 번호로 전화를 걸었다.

두 번 정도 신호가 가는 동안 나는 반대편에 있는 그에게 어머니에게 연락을 드리는 것이 정말 좋은 일이라고 말했다. 다섯 번째 신호음이 울렸을 때 그의 어머니가 전화를 받았다. 그들은 서로 약간의 말을 주고받았다. 그러고는 내 새 친구가 이렇게 말했다. "어머니, 사랑한다는 말을 하고 싶었어요." 그의 어머니는 아무 대꾸도 없이 전화를 끊었다.

나는 감정이 북받쳐 올랐다. 3자 통화에는 나와 내 재소자 친구만 남았다. 나는 무슨 말을 해야 할지 몰라 이렇게 말했다. "이봐요, 정말 안타깝네요. 상심이 크겠어요." 나는 그가 뭔가 도움을 요청하기 위해 여자 친구나 어머니에게 연락을 취했다고 생각했다. "저기, 그런데 필요한 것이 무엇이죠?"

그는 내가 신뢰할 만한 사람인지 고민하는 듯 잠시 머뭇거렸다. 이내 내 새 친구는 소심하게 말했다. "팔찌가 필요해요." 나는 쇠톱이 들어 있는 케이크, 알리바이, 입 냄새 제거제 등 그가 부탁할 만한 많은 것을 생각했다. 하지만 팔찌가 필요하다고 말할 줄은 정말 상상도 하지 못했다.

"팔찌를 차고 싶다고요?" 나는 손목에 스팽글로 뒤덮인 금팔찌를 찬 남자가 교도소 마당에서 160킬로그램의 벤치 프레스를 하는 모습을 상상하며 순진한 목소리로 물었다.

"아니, 아니요. 발에 차는 팔찌요. 교도소에 들어온 지 꽤 됐는데, 발찌를 차면 나갈 수 있다더군요. 발찌를 살 돈이 필요합니다." 잘 모르는 사람도 있겠지만, 경찰은 석방된 재소자를 관리하기 위해 발찌를 채우기도 한다. 나는 조금도 망설이지 않고 대답했다. "친구! 내가 사 줄게요. 어떤 색을 원하죠?" 우리 둘 다 웃음을 터뜨렸다. 그는 색은 한 가지지만 자물쇠가 달려 있다고 말했다.

다음 날 나는 발찌를 사기 위해 교도소에 연락했다. 교도소 측에서 금액을 알려 주었다. 나는 깜짝 놀라 가슴에 손을 얹었다. 혹시나 내가 잘못 들었을까 봐 다시 한 번 금액을 말해 달라고 부탁했다. 범죄자에게 추적 장치를 다는 것이 이렇게 비싸리라고는 전혀 생각하지 못했다. 하지만 이미 약속한 터라 나는 수표에 서명했다. 그는 발찌를 잘 전달받았을 것이다. 왜냐하면 며칠 후 교도소에서 그를 석방했다는 연락을 받았기 때문이다. 이후 그로부터 아무 소식이 없었지만, 여전히 내 전화번호를 가지고 있다는 것을 나는 안다.

기억할 점은 우리가 하나님을 위해 하는 모든 좋은 일에 발찌를 채워 추적하고 기록할 필요가 없다는 것이다. 사실 하나님은 그 반대로, 오른손이 한 일을 왼손이 모르게 하라고 말씀하셨다. 이와 같은 은유를 쓰신 데는 여러 가지 이유가 있겠지만, 아마도 하나님은 우리가 아프거나 낯설거나 헐벗거나 또는 교도소에 있는 이들을 위해 하는 일들을 이미 다 아실 것이다. 왜냐하면 그들이 바로 예수님이기 때문이다.

초등학교 때 고전 연극 〈피터팬〉이 무대에 오른 적이 있다. 나는 피터팬 역할로 오디션을 봤지만, 노래도 춤도 하늘을 날지도 못했기에 탈락했다(사실 날 수 있지만, 다른 사람들에게는 비밀이다). 하지만 다른 역할을 맡았다. 공식 역할명은 '나무 4'였다. 대사도 없었다. 단풍나무나 자작나무, 참나무처럼 이름조차 받지 못했다. 무대 위에 서서 어깨 위로 손을 올리고 손가락을 움직이며 나무처럼 보이는 게 내게 주어진 임무였다. 관객에게 나누어 주는 프로그램 안내지에도 내 이름은 없었다. 연극 첫 공연과 마지막 공연에 나를 위한 꽃다발도 없었다. 문에 별이나 나뭇잎 모양의 장식이 달린 무대 뒤 대기실도 없었다. 또한 나의 연기를 축하하기 위한 출연진 파티도 열리지 않았다. 그럼에도 나는 정말 즐거웠다! 그 이유는 내가 필요했기 때문이었다. 내 역할은 복잡하지 않고 매우 명확했다. 다시 말해 나는 그곳에서 무엇을 해야 하는지 정확하게 알고 있었다. 모두가 그런 것은 아니다.

초등학교를 졸업하고 나면 우리는 대부분 변화를 겪는다. 모든 이야기에서 스스로를 영웅 또는 피해자로 둔갑시킨다. 무언가가 잘못되면 우리는 피해자가 되고 싶어 한다. 반면 무언가가 잘되면 우리는 영웅 행세를 하고 싶어 한다. 나 중심으로 생각할 수 있다면 어느 쪽이든 상관하지 않는다. 그러나 모든 일을 나 중심으로 바라보다 보면 초점을 예수님께 맞출 수 없다. 나는 우리가 삶에서 일어나는 일들의 영웅도 피해자도 아니라는 점을 깨달았다. 우리는 그저 '나무 4'에 불과하다.

교도소에 있는 남자에게 발찌를 사 주었을 때 나는 영웅이 아니었다. 많은 돈을 내야 하는 피해자도 아니었다. 그저 예수님이 말씀하셨던 사랑을 행하는 사람들이 할 법한 행동을 했을 뿐이다. 교도소에 있던 남자의 삶에서 나무 4 역할을 했을 뿐이다.

열심히 한다고 해서 좋은 역할이 주어지는 것은 아니다. 내가 말하고 싶은 것은 이렇다. 예수님은 우리가 지금까지 한 일을 모두에게 알리고 싶어 한다는 것을 잘 아셨다. 회당과 큰 거리 어귀에서 보란듯이 기도하는 종교인들에 대한 언급은 사실 나와 같은 사람을 말씀하신 것이다. 어쩌면 당신을 가리키신 것일지도 모른다. 예수님은 박수받기를 바라며 우리가 한 일을 떠벌인다면 이미 그 보상을 받은 것이라고 말씀하셨다. 우리는 모든 사람의 인생에서 영웅 역할을 하지 않아도 된다. 예수님께서 이미 그 배역을 맡고 계신다. 굶주리거나 아프고 목마르거나 낯설며 헐벗었거나 교도소에 갇힌 모습으로 계신 예수님을 위해 좋은 일을 한 후에 그 행동을 부풀려서 말하는 실수를 범하지 말자. 누군가는 이렇게 말하기도 했다. "박수를 받고 싶다면, 곡예단에 들어가라." 예수님과 영원히 대화하고 싶다면 말을 아껴야 한다.

내 재소자 친구에 대한 이야기를 들은 사랑스러운 마리아는 내가 미쳤다고 생각했다. 어쩌면 그녀가 맞을지도 모른다. 어느 날 집으로 돌아왔는데 발찌를 찬 남자가 우리 집 평면 스크린 TV를 가지고 유유히 걸어가는 모습을 보게 될지도 모른다며 웃어넘겼다. 그가 우리 집 물건을 가져가지 않기를 바라지만, 만약 그런다고 해도 정말 멋진 이야기가 될 것이다. 당신도 예외가 아니다. 망설이지 말고 위험을 감수해 보자. 당신은 그저 나무 4에 불과하다. 대사를 외울 필요는 없다. 주인공 역할을 맡은 예수님이 이미 훌륭하게 해내고 계신다. 두 팔을 나뭇가지처럼 높이 들어 올리고 손가락을 꼼지락거리기만 하면 된다.

나는 교도소에 있던 내 친구가 출소 이후 훌륭한 일들을 했을 것이라고 생각한다. 하지만 그렇지 않았다고 해도 내가 그의 몫까지 했으므로 괜찮다. 그가 내게 일깨워 준 것들 덕분에 가능했다. 그는 내게 예수님과 나눌 수 있는 이야기를 하나 더 만들어 주었다. 예수님은 굶주리거나 아프고 목마르거나 낯설며 헐벗었거나 교도소에 갇힌 사람들을 구하는 일에 우리의 도움을 필요로 하지 않으신다. 예수님께 물어봤기 때문에 확신할 수 있다. 예수님이 원하시는 것은 우리의 마음이다. 우리에 대한, 그리고 우리가 피하는 사람들에 대한 예수님의 마음을 우리가 조금이라도 알고 싶어 한다면, 예수님은 기꺼이 우리를 참여시켜 주신다.

나는 매달 또는 두 달에 한 번씩 미시간주와 미네소타주에 있는 교도소의 목사님과 여러 사람들로부터 사랑에 대한 가르침을 얻고 있다. 주로 편지를 교환하는데 그들을 보러 교도소에도 여러 번 갔다. 일부 재소자들은 스스로 '성경 실천하기' 그룹을 만들기도 했다. 대부분 종신형을 선고받은 사람들이다. 이들은 복역하면서 자신이 가지고 있는 것들로 다른 사람을 위해 무엇을 할 수 있을지 고민하고 최대한 실천하려 노력했다. 1달러 10센트를 내면 교도소 매점에서 재소자용 양말을 살 수 있다. 이들은 양말을 구입해서 내게 보내 주었고 나는 이들을 대신해서 필요한 사람들에게 나누어 주고 있다. 그들의 삶을 상상할 수 없지만, 그들의 양말을 통해 조금이나마 이해하게 된다.

나보다 이들이 예수님의 말씀을 훨씬 더 잘 이해한다고 생각한다. 예수님의 초대장은 조금도 복잡하지 않았다. 아프고 외롭고 고립된 사람들, 안 좋아 보이고 잘못된 일을 저지른 사람들을 찾아 그들로부터 믿음을 배우라고 말씀하셨다. 교도소에 있는 사람들은 모두 큰 실수를 저질렀을까? 물론이다. 그들이 무엇에 실패했는지 쉽게 알 수 있을까? 당연하다. 예수님께서 발찌를 찬 내 친구처럼 큰 실수를 저지른 사람들을 찾아가라고 말씀하셨는지는 잘 모르겠지만, 아마도 우리 역시 실수할 수 있음을 알기를 바라신 것 같다.

나는 천국에 가면 예수님이 우리가 얼마나 멋진 단체를 운영했는지, 얼마나 친절한 사람이었는지, 또 얼마나 높은 직함을 가졌는지에 대해 이야기하실 것이라고 생각했다. 물론 이런 이야기가 나올 수도 있지만, 그럴 가능성은 거의 희박하다. 예수님께서는 크게 실패한 사람들을 우리가 어떻게 대했는지 알고 싶다고 말씀하셨다.

요즘에는 전국에 있는 교도소에서 수십 통이 넘는 전화가 오는데, 하나도 빠짐없이 다 받는다. 내 생각에는 재소자들이 《사랑으로 변한다》를 돌려가며 읽는 것 같다. 전화를 받을 때마다 9달러 95센트가 청구된다. 내가 전화를 받는 이유는 새로운 친구를 만나기 위해서가 아니다. 예수님이 그렇게 해야 한다고 말씀하셨고 그저 바라보는 대신 적극적으로 나서고 싶기 때문에 기꺼이 전화를 받는다.

신학자 디트리히 본회퍼는 그의 저서 《나를 따르라 *The Cost of Discipleship*》에서 은혜의 대가가 너무 적다는 유명한 말을 남겼다.

내 친구 마이크 포스터는 은혜의 대가가 너무 크다고 말했다. 솔직히 어느 쪽이 맞는지 잘 모르겠다. 어쩌면 두 사람의 말이 모두 맞을 수도 있다. 나는 은혜의 대가가 무엇인지 고민해 본 적이 없다. 언젠가 예수님과 은혜의 대가에 대해 이야기를 나누게 된다면, 예수님께서는 은혜의 대가가 9달러 95센트라고 말씀하실 것 같다.

CHAPTER 17

나의 양동이

당신의 삶은 주변 사람들에게
어떤 도움을 주고 있는가?

나는 삶이 순탄하냐는 질문을 꽤 자주 받는다. 충분히 할 수 있는 질문이라고 생각한다. 그저 잡담이 아니라 내 친구들은 일이 잘 풀리는지 '정말로' 알고 싶어 한다. 나는 더 적절한 질문이 있다고 생각한다. '당신의 삶은 주변 사람들에게 어떤 도움을 주고 있는가?' 우리 삶이 주변에 있는 사람에게 도움을 주지 못한다면 우리 자신에게도 아무런 도움이 되지 않기 때문이다.

누군가 집에 두루마리 화장지를 왕창 던지는 바람에 온 집이 엉망이 된 친구가 있다. 마치 엑손의 원유 유출 사고의 휴지 버전이라고 할 수 있는 자연재해나 다름없었다. 정말 믿을 수 없는 광경이었다. 휴지가 정원과 관목 위로 널브러져 있었다. 고등학교 미식축구팀의

쿼터백도 도왔는지, 커다란 소나무의 높은 나뭇가지 위에도 휴지가 걸려 있었다.

나는 내 친구가 맨 꼭대기에 매달린 휴지를 어떻게 내릴지 궁금했다. 얼마 지나지 않아 휴지 끝에 성냥으로 불을 붙였다는 사실을 알게 되었다. 어리석은 선택이었다. 마치 도화선처럼 휴지에 불이 붙기 시작했고 가까이에 있는 모든 휴지를 활활 태웠다. 단 몇 초 만에 나무 일부에 불이 붙었다. 솔잎으로 뒤덮인 나뭇가지가 이웃집 차고 지붕 위로 떨어지면서 차고에도 불이 났다. 내 친구의 삶은 주변 사람들에게 전혀 도움이 되지 않고 있었다.

당신의 삶은 가장 가까이에 있는 사람들에게 어떤 도움을 주고 있는가?

나는 늘 바쁘게 산다. 양말 양쪽을 한꺼번에 신는다. 몇 분을 아끼기 위해 뛰어가면서 운동화 끈을 묶는다. 요리가 완성될 때까지 기다릴 필요가 없는 초밥 레스토랑을 자주 찾는다. 초밥을 좋아하지도 않는데 말이다. 바쁘지 않을 때는 대부분의 시간을 조급해하며 보낸다. 커피가 나를 보고 불안해할 정도로 내 상태는 심각하다.

이렇게 사는 것이 나에게는 썩 좋지 않지만, 주변 사람들에게는 과연 도움이 되고 있는지 궁금해지기 시작했다. 그래서 물어봤다. 그 결과, 나는 내 조바심 때문에 주변 사람들이 미치기 일보 직전이라는 사실을 알게 되었다.

질문을 던진 후 몇 주 뒤, 나는 내 모든 것을 바꾼 아름다운 어린이 책을 만나게 되었다. 양동이에 관한 내용이었는데, 전제는 간단했다. 우리가 양동이에 넣는 것이 곧 우리의 삶이 된다. 나는 내 양동이에 인내심을 넣기로 했다.

나는 책을 시험해 보고 싶었다. 그래서 철물점에서 철제 양동이를 하나 샀다. 그리고 3주 동안 실험 삼아 어디를 가든 양동이를 가지고 다녔다. 양동이는 도금한 알루미늄 소재로 철사 손잡이가 달려 있었다. 덕분에 내 모습은 마치 목장 농부 같았다. 양동이를 늘 들고 다녔고 차에서도, 요트에서도, 지하철에서도 나와 함께했다. 비행기 탑승객들은 방광에 문제가 있느냐고 묻곤 한다. 그럼 나는 농담하듯이 대답한다. "실은 말이죠, 맞아요." 그리고 이렇게 덧붙인다. "그런데 더 큰 문제가 있어요. '정말로' 인내심이 조금도 없거든요." 매일 내 삶에 인내심을 채워야 함을 상기시키기 위해 양동이를 들고 다닌다고 설명한다.

만약 양동이를 거래와 관련된 내용으로 가득 채운다면 우리는 사업가가 될 것이다. 언쟁으로 가득 채운다면 변호사가 될 것이다. 비판적인 사고로 채운다면 비평가가 될 것이다. 기쁨으로 채운다면 엄청난 행복을 찾게 될 것이다. 나는 양동이에 담긴 것이 우리의 삶이 된다는 생각을 전적으로 믿는다. 그래서 한 날은 내 삶에 무슨 일이 일어나는지 보기 위해 양동이 가득 도넛을 채웠다.

예수님이 우리에게 전하는 메시지는 매우 간단하다. 양동이를 사랑으로 채우면 우리 삶을 통해 사랑을 실천할 수 있다.

나는 랜디 필립스라는 친구를 안다. 그는 굉장한 친구로, 라이프 오스틴이라는 아주 멋진 교회에서 목사로 일하고 있다. 또 '필립스, 크레이그 앤 딘'이라는 밴드도 운영 중이다. 로펌 회사 같은 이름이지만, 진짜 밴드다. 어느 날 랜디가 내게 주일 예배 시간에 와 달라고 부탁했다. 그가 말한 날짜는 한참 후였다. 거의 일 년 전에 전화를 걸어 미리 부탁한 것이었다. 나는 랜디와 시간을 보낼 수 있는 기회를 당장 수락했다. 약속한 주말이 되기 전까지 내가 몰랐던 사실이 있는데, 바로 랜디가 말한 날짜가 슈퍼볼 경기가 열리는 일요일과 겹친다는 것이었다. 나는 미식축구 시즌 동안은 경기를 잘 보지 않는다. 성격이 너무 급하기 때문이다. 하지만 챔피언 결정전인 슈퍼볼 경기는 매우 좋아한다. 사실 내가 좋아하는 것은 사랑스러운 마리아와 함께 시간을 보내는 것과 나초를 먹는 것이다. 슈퍼볼 경기는 내가 두 가지를 동시에 할 수 있는 완벽한 기회다.

내가 사랑스러운 마리아와 떨어져 자는 밤은 손에 꼽을 정도로 적다. 가끔 해외 출장을 갈 때만 혼자 잠을 청한다. 대개는 출장을 갈 때마다 그녀가 새벽 5시 반에 나를 공항에 내려 준다. 그녀는 절대로 목적지를 묻지 않는다. 나 역시 감히 그녀에게 말하지 못한다. 대개 당일치기로 일을 본 다음 비행기를 타고 집으로 돌아와 늦은 저녁을 먹는다. 누군가 마리아에게 내 행방을 물으면 그녀는 항상 이렇게 대답한다. "집으로 오는 길이에요." 정말로 내가 늘 집으로 오고 있기 때문이다. 물론 제시간에 돌아오지 못하는 날도 있다. 그렇다고 실망하는 것은 아니다. 그저 그런 날을 최대한 줄이려고 노력한다.

나는 에너지가 꽤 넘치는 사람이라 여행하고 여러 사람을 만나는 것이 적성에 맞다. 하지만 사랑스러운 마리아는 내가 집에 있기를 바란다. 그녀가 있는 곳이 집이므로 집에 있는 것 역시 매우 즐겁다. 그래서 집으로 돌아가지 않기 위해 이런저런 핑계를 대는 대신 아무 생각 없이 집으로 향한다. 저녁을 먹기 위해 동부 애틀랜타에서 서부 샌디에이고까지 비행기를 타고 갔다가 다음 날 다시 동부로 날아간다. 오랫동안 해 온 일이다. 20년 넘게 샌디에이고에서 시애틀로 출퇴근했는데, 저녁 식사는 늘 집에서 먹었다. 아이들은 중학교에 들어간 이후에야 이 사실을 알았다. 마침내 내 출퇴근 경로를 알게 된 아이들은 이렇게 말했다. "아빠, 시내에서 일하신다면서요."

"맞아." 나는 빙긋 웃으며 말했다. 어느 도시의 시내인지는 물은 적이 없을 뿐이다.

비효율적인 방법으로 사랑스러운 마리아와 아이들을 사랑하고 돌보려는 것은 아니다. 함께하고 싶을 뿐이다. 이 둘은 엄연히 다르다. 예수님은 내게 과도한 사랑이 헛되게 낭비되지 않음을 가르쳐 주셨다. 당신의 사랑 역시 계속해서 집으로 돌아간다면 헛되게 쓰이지 않을 것이다.

랜디의 교회에서 마지막 메시지까지 모두 전한 후, 나는 렌터카에 몸을 싣고 공항으로 달렸다. 빨리 집에 도착해서 슈퍼볼 경기의 마지막 장면이라도 보고 싶었기 때문이다. 늘 그렇듯 시간이 빠듯했다. 렌터카 주차장에 도착하자 직원 두 명 뒤로 자동차들이 두 줄로 늘어서 있었다. 나는 그중 하나를 골라 기다리기 시작했다. 몇 분 동안 아무 일도 일어나지 않기에 창밖으로 고개를 빼고 지체되는 이유를 살폈다. 내가 서 있는 줄 맨 앞에 있던 직원이 마치 롤링스톤스 노래의 가사를 기억하려는 듯 허공을 주시하고 있었다. 나는 초조해하며 브레이크 위에 얹은 발을 까닥거렸다. 손가락으로는 계기판을 두드렸다. 5분이 지나고, 나는 텅 빈 차 안에서 짜증 섞인 큰소리로 외쳤다. "장난하는 거야?" 그러는 동안 옆줄은 아무 일 없다는 듯 유유히 앞으로 움직였다. 이쯤 되니 짜증이 조금 나는 정도가 아니었다. 순간 깨달음을 얻었다. 내가 서 있는 줄의 직원이 바로 '그 남자'였던 것이다.

내가 어떤 사람을 말하는지 당신도 알 것이다. 천천히 전진, 멈춤, 그리고 후진밖에 할 줄 모르는 그런 사람 말이다. 나는 계속해서 손가락으로 운전대를 두드리며 렌터카에 앉아 그가 정신을 차리기를 기다렸다. 내 앞에 있던 차가 아주 조금 움직이더니 이내 멈춰 섰다. 내가 기다리는 동안 계절이 바뀌었다. 또다시 아주 조금 앞으로 나아갔다. 짜증이 극에 달할 때쯤 조수석에 놓인 양동이가 눈에 들어왔다. 양동이의 존재를 까맣게 잊어버리고 있었다.

"인내심으로 채우자." 나는 스스로에게 몇 번이고 말했다. "인내심으로 채우자." 그리고 마침내 직원이 천천히 내 쪽으로 다가왔다. 빙하도 그보다는 빨리 움직일 것 같았다. 그는 천천히 문을 열고 말했다. "렌터카 이용 경험이 어떠셨나요?"

예전 같았으면 나는 양동이를 든 채 빤히 쳐다보며 그의 일 처리가 형편없으며 덕분에 비행기를 놓쳤다는 사실을 재치 있는 농담으로 포장해 말했을 것이다.

하지만 이번에는 마음속에서 변화가 일어났다. 25분 동안 나는 인내심으로 양동이를 채우기 위해 부단히 노력했다. 쉽게 떠오르는 비난 섞인 말 대신 차에서 내리면서 이렇게 말했다. "좋은 시간을 보냈습니다. 자동차가 아주 멋졌어요. 당신도 멋지고요. 비행기도 멋지죠. 인생도 멋지답니다. 좋은 하루 보내세요." 나도 나를 못 알아볼 정도였다. 복화술사가 내 셔츠를 잡고 내 입을 열어 대신 말해 주는 것 같았다. 옛날의 나라면 절대 이런 말을 하지 않았을 것이다. 그런데 사실 내가 말한 것이 아니었다. 인내심으로 가득 찬 양동이가 나를 대신해 말해 준 것이다.

나는 결국 비행기를 놓치고 말았다. 그것도 한참이나 늦었다. 양동이를 들고 차에서 내려 터미널로 향하면서 나는 새로운 비행기 표를 알아봤다. 주차장을 반쯤 왔는데 렌터카 직원이 뒤에서 뛰어와 내 어깨에 손을 얹었다. 그는 약간 헐떡이며 말했다. "저기요, 할 말이 있는데요." 그는 숨을 고르기 위해 잠시 말을 멈췄다. "교회에서 나눠 주신 말씀 정말 좋았어요."

'당신이 그곳에 있었다고?' 나는 깜짝 놀랐다.

조수석에 놓인 양동이를 발견하기 전에 내가 무슨 생각을 하며 기다리고 있었는지 그가 알지 못해서 얼마나 다행이었는지 모른다.

우리는 무대 위에 올라 얼마든지 가짜로 연기할 수 있다. 설교단 위에서도, 경기장 안에서도, 직장에서도, 신앙 공동체 안에서도 좋은 사람인 척할 수 있다. 하지만 우리가 정말로 예수님과 함께함을 보여 주는 것은 렌터카 직원, 마트 직원, 은행 직원, 또는 타이어 교체를 담당하는 직원을 대하는 우리의 태도다. 나도 여전히 잘할 때보다 못할 때가 많다. 그날 올바른 것들로 양동이를 채울 수 있어서 참 감사하게 생각한다. 자칫 내가 내뱉을 뻔했던 말들과 감정들이 이 남자에게 상처를 주었을 것이고 내가 고치려고 노력하는 성급하고 이기적인 모습이 고스란히 드러났을 것이다.

사람들은 우리의 행동을 통해 우리의 진정한 믿음을 본다. 모두가 계획을 가지고 있지만, 하나님은 자신의 목적을 아는 사람들을 원하신다. 그러지 않으려고 노력하지만, 나는 대개 모든 일을 내 중심으로 생각한다. 내 일정과 내 시간, 내 기분, 그리고 내가 얼마나 바쁜지만 중요하게 여긴다. 성경에 나오는 바울처럼 좋은 말들을 늘어놓지만 결국 내가 하지 않겠다고 한 일들을 그대로 하고, 하겠다고 한 일들은 하지 않는다.

시간이 좀 걸리겠지만, 나는 예수님이 주변 사람들을 사랑했던 방식으로 하나님과 다른 사람을 사랑하는 것이 내 목적임을 보여 주기 위해 노력하고 있다. 나의 부족함을 가리기 위해 좀 더 복잡하고 단계가 많은 과제로 포장하고 싶지만, 사실 굉장히 간단하다. 이웃을 비롯해 렌터카 직원처럼 견디기 어려울 정도로 느린 사람마저도 사랑하려면 그들과 소통하는 새로운 방식을 찾아야 한다. 이를 위해 나는 비상식적인 인내심과 친절, 그리고 이해심을 베풀어야 한다.

우리 모두 난관에 부딪힌다. 이를 어떻게 헤쳐 나가는지가 우리를 정의한다. 나는 혼란스럽거나 상처받았을 때, 또는 피곤하고 짜증 날 때 양동이에 사랑을 채우는 법을 배우고 있다. 식물과 달리 사람들은 심긴 곳에서 자라지 않는다. 사랑받는 곳에서 성장한다. 성경에 대해 잘 아는 것은 중요하다. 하지만 나는 언제라도 열댓 번의 성경 공부를 포용이 가득한 양동이로 바꿀 것이다. 사실 누구나 그럴 것이다.

렌터카 직원에게 하고 싶었던 것처럼 불만을 쏟아 냈다면 내 분노를 삭이는 데 도움이 되었을지도 모른다. 하지만 그와 대화하는 데는 아무런 도움이 되지 않았을 것이다. 내가 양동이를 인내심으로 채웠기 때문에 그날 렌터카 직원과 필요한 대화를 나눌 수 있었다고 생각한다. 그 결과 나는 세상에 주님의 은혜를 전할 수 있었다. 이렇게나 간단하지만 이렇게나 어렵다. 교회에서 단 위에 선 남자와 렌터카 줄 맨 끝에서 기다리는 남자가 같은 인물이어야 한다. 이것이 어렵다면 운전을 포기하거나 무대에서 내려와야 한다. 두 가지 모습을 하나로 합치기 위해서는 평생 노력해야 한다. 꽤 큰 양동이를 채워야 하기 때문이다.

우리 딸 런지는 선생님이다. 어느 해, 유치원생을 가르치던 그녀가 성적표를 만들고 있다고 말했다. 내가 학교 다닐 때 받았던 성적표와 달리 런지는 A, B, C와 같은 점수를 주지 않았다. 대신 아이들의 성적표에 다른 알파벳 철자를 적었다. 예를 들어 M(master)은 아이가 수업 내용을 마스터했음을 나타냈다. G(grade level)는 초등학교 수준이라는 뜻이었다. 그중 나는 이해력이 부족한 아이들이 받는 성적이 가장 마음에 들었다. 여기에 해당하는 아이들은 N을 받는다. 무엇을 뜻하냐고? 바로 '아직(not yet)'이라는 의미다. 정말 아름다운 생각이다.

예수님은 우리에게 성적을 주지 않으신다. 감사하게 생각하고 있다. 예수님은 사람들을 완벽하게 사랑한 유일한 분이다. 우리 중 어느 누구도 사랑과 친절, 그리고 희생을 완벽하게 행하지 못할 것이다. 그저 최선을 다할 뿐이다. 나는 내 믿음에 성적을 매겨 본 적이 없지만, 만약 그래야 한다면 많은 부분에서 N을 줄 것이다. 더 좋은 성적을 주고 싶지만, 아직은 때가 아니다.

슬픈 사실은 예수님이 가장 중요하다고 말씀하신 여러 부분에서 내가 아직 부족하다는 점이다. 예컨대 의도는 순수하지만 예수님을 따르는 것이 축제가 아니라 주말에 해야 하는 숙제라고 여기는 사람들을 사랑하는 데 있어서는 'N'을 받을 것이다. 또한 다른 사람들을 사랑으로 감싸 안는 대신, 잘못된 행위로 인해 누군가를 예수님으로부터 멀어지게 만드는 사람들을 대하는 것 역시 부족하다. 우리 모두가 믿음의 출발선에 서 있다는 사실을 모른 채 그저 자신이 결승선을 통과하는 것에만 급급한 이들도 포함한다. 좌절감을 느끼게 하거나 나를 저지하는 사람들을 다루는 요령도 아직 한참 멀었다. 또한 내 의견에 반대하는 이들을 하나님이 원하시는 대로 사랑하고 포용하는 데 있어서도 'N'을 받아 마땅하다.

나는 아직 하나님이 말씀하신 것처럼 마음을 다하고 뜻을 다하고 힘을 다하여 하나님을 사랑하지 않는다. 그렇다고 생각은 하는데, 나와 다른 사람들을 대하는 모습을 보면 마치 믿음을 위해 모든 것을 버린 사람이 아니라 믿음을 유리하게 이용하려고 하는 사람 같다. 그렇지만 하나님은 우리의 행동을 바탕으로 판단하지 않으시고 상대 평가로 점수를 주지도 않으신다.

우리가 만약 하나님으로부터 'N'이라는 성적을 받더라도 하나님은 우리로 인해 한없이 기뻐하시며 우리가 변하는 데 필요한 힘과 용기를 주실 것임을 믿어야 한다. 예수님은 언제나 자신의 부족함을 아는 이들을 받아들이셨다. 이를 숨기고 가짜 행세를 하는 사람들은 용납하지 않으셨다. 우리의 진짜 모습과 하나님에 대한 절실함을 솔직하게 바라본다면 하나님의 뜻대로 쓰임받는 사람으로 거듭날 수 있다.

라이프오스틴에서 집으로 돌아온 후 나는 사랑스러운 마리아에게 이번 여정과 랜디의 멋진 교회, 그리고 렌터카 직원에 대해 이야기해 주었다. 차 안에서 기다리면서 인내심으로 양동이를 채웠던 이야기도 들려주었다. 내가 팔을 휘저으며 열심히 설명하는 동안 그녀는 고개를 끄덕이며 경청했다. 그리고 인내심이 얼마나 늘었는지 말하는 나를 반짝이는 눈으로 바라보며 미소 지었다. 나는 말을 마치고 내가 깨달은 것에 대한 그녀의 생각을 물었다. 테레사 수녀와 같은 정직함과 오래된 지혜를 갖춘 그녀는 몸을 기울이고 속삭였다. "더 큰 양동이를 구해야겠어."

지금 생각해 보면 양동이를 들고 걸어 다니는 내 모습이 꽤 우스꽝스러웠을 것 같다. 하지만 자부심과 이기심 그리고 조급함을 어깨에 얹고 걸어 다니는 모습은 더 우스꽝스러웠을 것이다. 특히 나와 가장 가까이에 있는 사람들, 내가 아무런 도움도 되지 못하는 사람들에게 더욱 그랬을 것이다. 당신과 당신이 사랑하는 사람들 역시 마찬가지다. 이제 나는 방해 요소를 감당하기 힘들거나 누군가 상처를 줄 때, 또는 조급해지기 시작하면 양동이를 챙긴다. 여전히 잘할 때보다 못할 때가 많다. 하지만 실패하더라도 스스로를 자책하면서 완벽하기를 바라는 대신, 내 삶에 씨앗을 심으시려는 그 자리에 잔디를 심지 말라고 하시는 예수님의 부드럽고 친절한 말씀에 귀를 기울인다. 예수님의 이유는 간단하다. 우리를 완성시키는 것보다 성장시키는 데 더 집중하시기 때문이다. 예수님은 내가 아직 부족하다는 점을 스스로 깨닫기를 바라신다.

CHAPTER 18

악어 떨어뜨리기 행사

우리는 모두 '우리' 교회에 간다.

나는 앨라배마주에 있는 작은 교회로부터 전화 한 통을 받았다. 그들이 주최하는 행사에 와 달라는 부탁이었다. 행사가 열리는 곳은 내가 들어 본 적이 없는 마을이었다. 목적지까지 가려면 먼 길을 가야 했기에, 나는 행사에 대해 더 자세히 설명해 달라고 말했다.

"그게 말이죠," 그는 멋진 남부 억양으로 대답한 다음 잠시 뜸을 들였다. "악어 떨어뜨리기(croc drop) 행사입니다."

"악어 떨어뜨리기 행사요?" 나는 놀라움을 감추지 못하고 물었다.

"맞습니다." 그가 말했다.

"가겠습니다!" 나는 소리쳤다.

모두를, 언제나 215

더 이상 무슨 설명이 필요하단 말인가? 나는 일정을 전부 조정하고 비행기 표를 구입했다. 마치 교장 선생님의 차에서 타이어를 빼내려는 중학생으로 돌아간 듯한 기분이 들었다.

나는 남부 캘리포니아에서 자랐지만 한 번도 악어 떨어뜨리기 행사를 보지 못했다. 디스커버리 채널에서 악어를 본 것이 전부였다. 내 머리 위로 마치 풍선처럼 쏟아지는 악어들이 얼마나 멋진 장관을 이룰지 상상만 해도 멋졌다. 마치 대통령 당선식과 비슷한 모습일 것이다. 물론 그 풍선에는 커다란 이빨과 꼬리가 달려 있고, 현장에 있는 사람들이 그 풍선으로 벨트나 구두 또는 가방을 만들기 전까지는 굉장히 위험해 보이겠지만 말이다. 악어들이 바닥에 부딪혀 튕겨 오를지 아니면 아래로 떨어지는 동시에 무시무시한 이빨로 사람들을 물지도 궁금했다. 꼭 알아야 할 중요한 정보니까 말이다. '악어 떨어뜨리기 행사에는 어떤 옷을 입고 가야 하지?' 나는 생각했다. '밀리터리룩? 방탄복? 아니면 아무것도 입지 않아야 하나?' 확신이 서지 않았다.

행사장에 도착한 나는 악어 떨어뜨리기가 진행될 커다란 창고로 향했다. 문에 도착해서는 가슴을 활짝 펴고 크게 숨을 들이마신 다음 큰 목소리로 말했다. "덤벼!" 그러고는 문을 열고 안으로 들어갔다. 나는 내가 착각했음을 순식간에 알아차렸다. 내 기대와는 달리 악어는 어디에도 없었다. 대신 감자만 수북이 쌓여 있었다. 엄청난 양의 감자였다. 족히 수천 개는 되어 보였다. 지구상에서 수확한 감자는 모두 이곳에 있는 것 같았다. 사람들도 어마어마하게 많았다. 앨라배마주의 사람들 전부는 아니더라도 대부분이 참석한 듯했다.

한 젊은 남자가 내게 다가와 힘차게 손을 내밀고 자신이 나를 이곳에 초대한 사람이라고 소개했다. 나는 여전히 영문을 모른 채 계속 천장을 힐끔거렸다. 무례하게 굴고 싶지는 않았지만, 몇 분 동안 어색하게 이야기를 나눈 후에 용기 내어 물었다. "그런데 악어들은 어디에 있나요? 어디에서 떨어지죠?"

그는 잠시 나를 쳐다보더니 어색한 미소를 지으며 고개를 갸웃거렸다. "악어요?"

"네." 내가 대답했다. "그게, 악어 떨어뜨리기 행사에 쓰일 악어 말이에요."

그의 얼굴에 큰 미소가 번지더니 배를 움켜잡고 웃기 시작했다. "악어 떨어뜨리기(croc drop) 행사가 아니라, 곡식 떨어뜨리기(crop drop) 행사예요!"

"곡식 떨어뜨리기 행사요?" 나는 잔뜩 실망한 채 물었다.

엄청난 양의 감자가 그제야 이해되었다. 하지만 여전히 영문을 알 수 없었다.

그는 마을 바깥에 두어 개의 들판이 있다고 설명했다. 기계로 감자를 수확하면 수많은 감자가 땅 위에 남겨진다는 것이다. 지역의 교회들이 모여 기계가 놓친 감자들을 모두 주워 자루에 담아 가난하고 굶주린 주민들에게 나눠 준다고 했다.

"여기서 감자들을 자루에 담아요. 버려지는 것들을 잘 활용하려고 노력하죠."

교회와 우리의 참된 모습을 보여 주는 아름다운 장면이었다. 창고 안에는 이름표도, 구성원도, 별개의 정체성도, 건설 계획도, 단체 셔츠도, 신학과 옳고 그름에 관한 논의도 없었다. 그저 수많은 사람이 모여 버려진 곡식을 자루에 담아 역시 버려졌다고 느끼고 있을 지역 주민에게 나누어 주는 일을 하고 있었다. 사랑을 실천하는 사람들은 이름표에 연연해하지 않는다. 이름표가 필요 없다는 것을 잘 알기 때문이다.

돌아가시기 전날 예수님은 우리가 '하나'가 되기를 바라시며 우리를 위해 기도하셨다. 하나님과 '하나'됨이 어떤 것인지 알고 계셨기 때문에, 우리 역시 그렇게 되기를 원하셨다. 모두 똑같아지는 것이 아니라 하나로 뭉치게 해달라는 기도였다. 예수님은 복음이 단순히 지켜야 하는 규칙이 아님을 알고 계셨다. 복음은 우리가 따라야 할 모습이자 하나가 되어야 하는 모습이다. 예수님은 우리가 하나님이 창조하신대로 저마다의 아름답고 독특한 모습으로 살기를 원하셨다. 따라서 우리는 서로가 없으면 '하나'가 될 수 없다.

그날 밤 창고 안에 있던 사람들은 스스로를 행사에 참여하기 위해 모인 각기 다른 교회라고 여기지 않았다. 그들은 하나의 교회로서 교회의 목적을 실천했다. 어느 교회를 다니는지 물어본다면, 아마도 거기 있던 모두를 가리키며 '우리' 교회에 다닌다고 대답했을 것이다. 우리 교회는 실수를 저지름에도 예수님께서 그냥 지나치지 않은 나와 당신과 같은 사람들로 이루어져 있다. 예수님이 우리에게 주신 것은 교회에 속해도 좋다는 자격이 아니라 메시지다. 바로 그날 저녁 앨라배마주에서 감자를 자루에 담던 많은 사람이 전한 그 메시지 말이다. 그들은 예수님을 따른다고 하면서 가난하고 굶주리고 고립된 사람들에게 다가가지 않는다면, 진정으로 예수님을 따르는 것이 아니라는 점을 잘 알고 있었다.

시간만큼이나 오래된 이야기지만, 하나님은 우주에서 손수 만드신 것들을 너무나도 사랑하셨기 때문에 이를 즐길 수 있도록 인간을 창조하셨다. 우리는 하나님이 우리를 만드셨기 때문에 무언가 좋은 것을 만들어 보답해야 한다고 생각한다. 그래서 건물을 많이 짓고 일요일 아침과 수요일 저녁마다 모이기 시작했는지도 모른다. 나는 교회 건물을 매우 좋아한다. 거의 모든 주말을 교회 건물에서 보낸다. 그러나 문제는 하나님은 사람이 만든 건물에서 살지 않는다고 말씀하셨다는 점이다. 자신들의 삶이 하나님의 삶처럼 보이기를 원하는 사람들 안에서는 하나님을 찾을 수 있다.

하나님께서 건물들을 사용하실까? 물론이다. 우리가 예배드리기 위해 모이는 것을 좋아하실까? 당연하다. 그 어떤 것보다도 큰 즐거움을 느끼신다. 하나님께 건물들이 필요할까? 전혀 그렇지 않다. 하나님에게는 우리가 있고, 우리에게는 하나님이 계신다. 그리고 하나님은 우리에게 서로를 주셨다. 이는 하나님이 처음부터 세우신 계획이다. 우리는 예수님을 중심으로 하나의 공동체를 형성해야 한다. 장소를 가리지 않고 모든 곳에서 만나야 한다. 하나님은 우리의 마음을 원하신다. 우리가 어디에서 모이는지 그 주소는 중요하지 않다.

언젠가 교회에서 상처를 받아서 교회를 그만 다닐 것이라고 말하는 남자를 만난 적이 있다. 나는 그에게 이렇게 대답했다. "교회를 떠나면 안 돼요. 바로 당신이 교회니까요." 남자는 우리 교회를 열심히 다니고 있다. 당신이 속한 교회 역시 우리 교회의 일부다. 당신이 교회에 가지 않는다고 생각할 때도 당신은 우리 교회의 교인이다. 우리 교회에서는 동참하지 않아도 된다. 그저 예수님과 함께할 뿐이다. 예수님이 사도들에게 그를 따르는 한두 사람이 가는 곳에 그가 함께할 것이라고 말씀하신 것도 같은 이유 때문이라고 생각한다.

나는 이런 질문을 항상 받는다. "어디 교회에 다니세요?" 짐작했겠지만, 내 대답은 늘 같다. 바로 우리 교회에 다닌다고 말한다. 질문에 대한 대답을 회피하기 위해서가 아니라 정확한 답을 하려는 것이다. 곡식 떨어뜨리기 행사가 내게 가르쳐 준 교훈이다.

내 지인들 중에는 교회에 속해 있지 않지만 목회 활동을 하는 친구가 있다. 대신 그는 오랫동안 지역 사회에 있는 여러 교회의 교인들을 하나로 모아 왔다. 예수님이 그의 아버지께 말씀하셨던 것처럼 사람들이 하나 될 수 있도록 하는 것이 그의 목표다.

한두 달에 한 번씩 2,000여 명의 사람들이 모였는데, 어느 날 내 친구가 모임에 와 달라고 부탁했다. 그들은 모임에 거창한 이름을 붙이지 않았다. 참석자는 이름이나 꼬리표, 그리고 방해 요소를 모두 버리고 함께 모여 하나님께 감사드리는 것만으로 충분하다고 여기는 나와 당신 같은 평범한 사람들이었다.

안타깝게도 내가 그곳을 방문하기로 한 날이 되기 이틀 전에 친구로부터 전화가 왔다. 그는 당시 여덟 살 난 그의 아들이 백혈병 진단을 받았다고 말했다. 백혈병은 원래 심각한 질병인데, 아들의 상태는 유독 좋지 않다고 했다.

"이런, 세상에. 그럼 모임을 취소할까?" 나는 손에 쥔 무거운 수화기에 대고 말했다.

그가 대답했다. "아니야. 솔직히 말하면 그 어느 때보다 이번 주는 사람들과 함께 있고 싶어."

며칠 후 나는 비행기를 타고 친구가 있는 곳으로 날아갔다. 지난 몇 년 동안 모임의 참석자들이 쌓은 단결심에 깜짝 놀랐다. 설교를 끝낸 후 맨 앞줄에 앉아 바닥을 내려다보고 있는 친구의 모습이 보였다. 어떤 신앙 공동체에서는 아파하는 사람 위에 손을 얹는 것이 전통이다. 내가 따르는 전통은 아니었지만, 사실 실제로 보면 요란하고 신비한 행동이 아니라 응원과 사랑, 그리고 단합을 보여 주는 수단이 된다. 그래서 나는 그에게 다가가 손을 얹을까 고민했다. 하지만 솔직히 그의 옆에 앉은 남자 두 명과 뒤에 앉은 남자 세 명이 그에게 손을 대거나 50번째 줄에 앉은 사람들이 49번째 줄에 앉은 사람들 위에 손을 대는 것과 다를 바 없어 보였다. 순간 좋은 생각이 떠올랐다. 크라우드 서핑(주로 공연장에서 아티스트가 관객들 위로 수영하듯 이동하는 행위 – 편집자)을 하면 어떨까?

내가 모두에게 자리에서 일어서 달라고 말하자 내 친구는 의아한 눈빛으로 나를 바라봤다. 나는 튼튼해 보이는 남자 네 명에게 친구를 머리 위로 번쩍 들어달라고 부탁했다. 그리고 친구에게 상징적으로 손을 얹는 대신 그를 들어 올린 채 움직여 모두가 그를 '직접' 손댈 수 있도록 하자고 제안했다. 내 말이 다 끝나기도 전에 사람들은 친구를 공중으로 들어 올려 뒷줄로 보내기 시작했다. 그 후 수천 개의 손길이 그의 몸에 닿는 동안 내 친구는 두 팔을 활짝 벌리고 누운 자세를 유지했다. 고통이 그를 뒤덮었지만 동시에 사랑이 그를 감쌌다. 이것이 우리의 모습이고 공동체로서 우리가 해야 할 일이다. 이것이 우리 교회의 역할이다.

기도를 통해 힘들고 고통받는 이들을 들어 올리겠다고 말하는 것으로는 부족하다. 행동으로 다른 사람을 일으켜 세워야 한다. 은유적 표현이 아니다. 진지하게 하는 말이다. 고통받는 사람 뒤로 다가가 땅에 주저앉은 그를 다시 일으켜 세워 보자. 이상하다고 생각하지 말고 실천해야 한다. 그들을 위해 기도한다고 말하지 않아도 된다. 그들도 이미 알고 있을 테니 말이다. 예수님의 친구들이 어디에 있는지 알고 싶다면, 누군가의 도움으로 발이 땅에서 높이 떨어져 있는 사람들을 찾아보자. 그곳이 바로 당신을 위한 우리 교회다.

우리는 종종 교회를 예수님의 뜻보다 훨씬 더 복잡하게 생각한다. 내가 어렸을 때 이런 말이 있었다. "여기 교회가 있고, 여기 첨탑이 있다. 문을 열고 많은 사람을 보아라." 나는 깍지를 낀 채 검지를 맞대 첨탑 모양을 만들었다가 손바닥을 펴고 손가락을 움직여 수많은 '사람'들을 만들며 이 말을 따라 하고는 했다. 당신 역시 해 본 적이 있을 것이다. 그때는 그저 따라 하기 재미있는 말이었지만, 이제는 그 의미가 더욱 와닿는다.

내가 어렸을 때 본 것은 내 손바닥 위에 활짝 열린 교회였다. 꿈틀거리는 손가락은 세상을 가리키고 있었다. 첨탑 밑에 있는 사람들이 서로를 향해 손가락질한다면 세상은 교회에 대한 관심을 잃고 만다. 교회에서 누군가를 탓할 때마다 우리는 유다처럼 입맞춤을 하며 예수님을 배신한다. '우리' 교회는 서로를 비판하기 위한 곳이 아니라 예수님을 만나기 위한 장소다.

하나님은 교회를 가리켜 그의 신부라고 하신다. 사랑과 기대, 그리고 의지를 느낄 수 있는 아름다운 은유다. 신부가 입장하는데 네 번째 줄에 앉은 남자가 마치 올림픽에 온 듯 '7'이 적힌 점수판을 들어 올리며 옆에 앉은 사람에게 '신부가 그냥 그런데?'라고 수군대는 결혼식은 본 적이 없을 것이다.

당연히 말도 안 되는 이야기다! 모든 결혼식의 주인공은 신부다. 예외는 없다.

신부가 아름다워 보이는 이유가 무엇일까? 화려한 드레스, 웅장한 건물, 꽃 또는 음악 때문이 아니다. 그것들도 물론 중요하지만, 신부가 아름다워 보이는 진짜 이유는 신랑과 신부가 서로를 선택했다는 것을 결혼식에 온 모든 이들이 알고 있기 때문이다. 두 사람은 서로와 함께 평생을 보낼 생각에 잔뜩 들떠 있다. 하나님이 우리를 그의 신부라고 부르시는 이유도 같다고 생각한다.

교회에 대한 이러한 생각은 하나님이 우리를 어떻게 보시는지에 대한 가장 어려운 질문을 이해하도록 도와주었다. 사실 이해하고 나면 어렵지 않다. 하나님은 우리를 사랑하시며 우리와 영원히 함께하고자 하신다. 우리는 하나님의 신부다. 하나님은 우리의 단점 대신 있는 그대로의 우리를 보신다. 우리가 지나갈 때 점수를 매기지도 않으신다. 하나님은 우리에게서 예수님을 보신다. 매우 간단하다. 우리 교회가 성경에 나오는 사랑과 포용이 넘치는 곳으로 되돌아가려면 서로가 아닌 신랑에 주목해야 한다. 점수판은 모두 버려도 좋다.

우리가 더 많은 시간을 신랑에 집중한다면 하나님이 그러하시듯 우리 자신을 바라볼 수 있을 것이다. 하나님의 눈에 우리는 멋지고 아름답다. 우리 교회에 문제가 있을까? 물론이다. 하지만 하나님은 그의 사랑을 세상에 퍼뜨릴 수 있도록 우리를 계속해서 일으켜 세우신다. 왜인지는 정확하게 모르겠다. 솔직히 나였다면 못했을 것이다. 그러나 하나님은 우리를 일으켜 세우겠다고 말씀하셨다. 하나님의 말씀만 안다면 우리도 축복의 일부가 될 수 있다. 우리는 그리스도의 신부다. 우리의 겉모습 때문이 아니라 행동을 통해 우리가 되고자 하는 모습 때문이다. 이것이 바로 우리 교회의 모습이다.

CHAPTER 19

두려워. 하지. 말라.

힘이 있다면 어떤 말도 필요하지 않다.

우리 가족은 아프리카에서 많은 시간을 보냈다. 사위 존은 엔지니어이자 수문학자인데, 지하 댐 건설 작업을 위해 오랫동안 모잠비크에서 일했다. 이제 딸 린지도 그와 함께 모잠비크를 방문한다. 아내 마리아는 물론 리처드와 애슐리, 그리고 아담 모두 아프리카에 다녀온 적이 있다.

2001년 처음 우간다에 갔을 때 조셉 코니가 이끄는 우간다의 반군 조직 '신의 저항군'에 의한 내전이 25년째 계속되고 있었다. 우간다에 아는 사람은 한 명도 없었다. 원래는 현지에서 비영리 단체를 운영하던 친구의 일에 문제가 생기면서 도와주기 위해 우간다에 갔다. 하지만 그곳에 머물면서 작게나마 우간다를 위해 도움이 될 수 있는 방법을 생각하기 시작했다.

나는 꽤 능력 있는 변호사다. 하나님께서 우리가 잘하는 일을 토대로 삶을 결정하게 하신다는 것을 알기에 내가 어떻게 도울 수 있는지 알려 줄 사람을 만날지도 모른다는 기대를 안고 법원으로 향했다. 법원에 다다르자 기관총을 멘 군인들이 모든 출입구를 지키고 있는 것이 보였다. 대통령의 정치적 반대 세력이 반역죄에 몰려 재판을 받고 있었는데, 중죄였기 때문에 안 그래도 팽팽한 국내 상황에서 긴장감이 더욱 고조되어 있었다. 전 지도자 이디 아민 체제 하에 열렸던 마지막 반역죄 재판에서는 15명의 피고인에게 총살형이 선고된 바 있다. 벌써 몇 년 전 일이었지만, 이번 재판의 결과를 아무도 예측할 수 없었다.

공공기관처럼 보이는 법원의 한 건물에는 다른 건물보다 군인과 기관총이 더 많이 몰려 있었다. 나는 그 안에 중요한 인물이 있을 것으로 짐작하며 건물로 향했다. 기관총의 안전장치를 살피는 무장한 군인 바로 옆을 지나 건물의 커다란 입구 안으로 들어갔다. 큼지막한 나무 책상 뒤에 앉아 있던 친절해 보이는 여자가 도와줄 것이 있느냐고 물었다. 누구의 사무실인지 몰랐던 나는 판사를 만날 수 있는지 물었다.

"미리 약속하셨나요?"

"그건 아닙니다." 나는 시선을 바닥으로 떨구며 대답했다. "하지만 여기까지 3만 킬로미터를 날아왔습니다."

"잠시 기다려 주세요." 그녀는 책상에서 일어나 또 다른 커다란 문 사이로 사라졌다. 잠시 후 다시 나타난 그녀가 말했다. "판사님께서 들어오라고 하시네요." 나는 애써 놀라움을 감추고 최대한 자신감 넘치는 변호사처럼 행동하려고 노력하면서 그녀를 지나 문을 통과했다. 거대한 책상에 앉아 무언가를 쓰고 있던 판사는 방 안으로 들어오는 나를 올려다보지 않았다. 마침내 고개를 들더니 의자에서 일어나 앉으라고 손짓했다.

우간다에서는 판사를 '각하(my lord)'라고 부르는 것이 예의다. 처음에는 적응이 필요하다. 내가 자란 곳에서는 잠언에서 하나님을 부를 때 사용하는 호칭이기 때문이다. 샌디에이고의 경우 누군가를 부를 때 '각하'라는 말보다는 '저기요(dude)'를 쓸 가능성이 높다. 다행히 그날 아침 거울을 보며 익숙해질 때까지 연습한 터라 자신 있었다. 판사는 내게 우간다에 왜 왔는지 물었다. 나는 내가 변호사라고 설명하고, 정의를 사랑하고 사람들을 사랑하며 내가 도울 수 있는 곳을 찾고자 하는 것이 내가 갖춘 유일한 자격 조건이라고 대답했다.

우리는 각자의 아이들과 희망, 그리고 내전이 계속되는 동안 십 년 넘게 우간다 북쪽 지역의 법원이 폐쇄된 일들에 대해 이야기를 나누었다. 대화가 끝나고 우리 둘 다 자리에서 일어났다. 나는 책상 뒤로 걸어가 그를 꽉 안았다. 그는 조금 놀란 눈치였다. 나는 그에게 내가 사람들을 안는 것을 좋아한다고 설명했다. 그는 자신은 아니라고 대답했는데, 기관총으로 무장한 군인들이 그의 사무실을 지키도록 한 것도 이런 이유 때문이라고 했다. 나는 열쇠고리를 꺼내 우리 집 현관문 열쇠를 뺀 다음 그에게 주었다. 그는 내가 우간다에서 만난 첫 번째 친구가 되었다.

알고 보니 그는 평범한 판사가 아니었다. 바로 우간다 대법원의 수석재판관이었다. 기관총이 그제야 이해되었다. 영국으로부터 독립을 선언했을 때 우간다의 헌법을 그가 썼다. 그는 우간다에서 두 번째로 영향력 있는 인물이었다. 종종 우리는 무언가를 시작하기 전에 하나님의 허락이나 계획, 계시, 또는 신비로운 신호를 기다린다. 이런 방식도 나쁘지 않다고 생각한다. 하지만 그동안 내가 깨달은 점은 바로 우리가 계획을 원할 때 하나님은 대부분 사람을 보내신다는 것이다.

나는 꽤 오랫동안 페퍼다인 로스쿨에서 비상근 교수로 재임 중이다. 어떤 이들은 그토록 선망받는 로스쿨에서 학생들을 가르치는 내 모습을 상상할 수 없다고 말한다. 나 역시 마찬가지다. 강의를 시작한 첫해만 해도 맡은 역할에 충실해야 한다고 생각해 굉장히 학구적으로 행동했다. 이를테면 근엄한 표정을 짓거나 니트 조끼를 입고 손가락으로 턱수염을 쓸어내리는 교수 특유의 행동들 말이다. 하지만 이제는 강의 첫날이 되면 양손을 머리 위로 흔들며 학생들에게 말한다. "여러분 모두 변호사자격시험을 통과할 거예요!"

나는 실패에 관한 강의를 하고 있다. 온 세상사람 앞에서 실패한 적이 있는 친구들을 매주 연사로 초청한다. 내 친구가 되려면 적어도 한두 번 크게 실패해 본 경험이 있어야 한다. 그렇지 않으면 공통점이 많지 않기 때문이다. 강의 목적은 간단하다. 나는 앞길이 창창한 젊은 변호사들이 재판에서 승소했다고 자신을 승자라고 생각하지 않기를 바란다. 또는 한 번 패소했다고 패자라며 자책하지 않았으면 좋겠다. 모두 노력했으므로 똑같은 참가자라는 점을 알려 주고 싶다. 모두 그저 '나무 4'에 불과하다는 것을 말이다.

한 번은 내 좋은 친구인 제이슨을 강의에 초대했다. 그는 인터넷이 생겨난 이후 가장 널리 퍼진 바이럴 동영상 중 하나를 만든 장본인이다. 매우 똑똑하고 매력적이며 세심한 친구로 무한한 창의력의 소유자다. 그가 만든 동영상은 일주일도 되기 전에 1억 건의 다운로드 수를 기록했다. 동영상을 올린 지 11일째 되던 날 아침, 그러니까 1억 명의 사람들이 그의 동영상을 본 그날 그는 나를 그의 집으로 초대했다. 부엌 바닥에 앉아서 와플을 먹고 있는데 갑자기 감정이 폭발한 친구가 옷을 마구 찢었다. 나는 어떻게든 상황을 집 안에서 해결해 보려고 친구를 꽉 붙잡았지만, 결국 놓치고 말았다. 그는 바깥으로 뛰쳐나갔고 수백만 명의 사람들이 보는 TMZ(미국의 가십 웹사이트—옮긴이) 카메라 앞에서 이성을 잃고 말았다. 다행히도 그가 벗어

던진 사각팬티를 다시 입히려고 애를 쓰던 남자가 나라는 사실을 아무도 눈치 채지 못했다.

내 친구는 그의 통제 한참 밖에 있던 무언가로 인해 실수를 저질렀다. 그를 보면서 나는 아주 중요한 점을 깨달았다. 내 친구는 자신이 더 이상 실오라기 하나 걸치지 않은 채 길모퉁이에 서 있다고 생각하지 않는다. 우리는 우리가 저지른 큰 실수로 인해 어떤 자격을 잃어버렸다고 쉽게 좌절한다. 하지만 하나님은 실수가 우리를 준비시킨다고 여기신다. 제이슨은 예나 지금이나 여전히 창의적이고 도전 정신이 강하며 그의 투지와 배짱으로 앞으로 더욱 밝은 미래를 만들 수 있다고 확신하면서 다시 한 번 꿈을 꾸고 새로운 것을 만들며 탐구하고 있다. 또한 무언가를 배우고 희망과 기쁨을 나누는 삶을 산다. 다시 말해 그는 많은 사람이 보지 못하는 것을 본다. 그가 앞으로 될 수 있는 모습, 바로 사랑을 실천하는 자신을 보는 것이다. 때때로 하나님은 우리 삶에서 가장 큰 어려움을 주심으로써 가장 정확한 것을 보게끔 만드신다. 물론 우리가 약간의 은총을 받아들일 배짱이 있다면 말이다.

페퍼다인 로스쿨 교수들은 대개 학생들을 위한 면담 시간을 따로 잡아 둔다. 하지만 면담 장소에 대해서는 따로 정해진 규칙이 없다. 나는 매주 수요일 오전 10시부터 오후 2시까지 디즈니랜드 톰 소여의 섬에서 면담 시간을 갖는다. 페퍼다인의 학생들에게 질문과 95달러가 있다면 면담 시간에 나를 찾아오라고 말한다. 장담하건대 매직

킹덤에서 노트북과 채점할 답안지를 가득 쌓아 놓고 앉아 있는 사람은 나밖에 없을 것이다. 재미있는 것은 톰 소여의 섬에서 나를 기다린 사람이 열 명도 안 되었던 적은 손에 꼽을 정도로 적다는 것이다.

물론 얼마든지 다른 곳에서 학생들과 면담할 수 있다. 페퍼다인 로스쿨에는 회의실이 매우 많다. 내 사무실도 마련되어 있다고 들었는데, 한 번도 가 보지 않았다. 내가 디즈니랜드에서 사람들을 만나는 이유는 만나는 장소에 따라 대화 내용이 달라지기 때문이다. 우리는 모두 비슷한 경험을 했다. 하지만 회의를 잡을 때 이를 고려하는 사람은 몇 안 된다. 그네나 영화 촬영장, 공원, 비행기 박물관, 심지어 장난감 가게도 터무니없는 약속 장소가 아니다. 실제로 내가 사람들을 만났던 곳들이다. 저마다 매력적이고 창의적이며 재미있다. 장소가 대화 내용을 결정짓는다. 그렇기 때문에 무엇을 이야기할지 만큼이나 어디서 이야기할지를 신중하게 고민해야 한다. 적절한 곳에서 적절한 대화를 나누면 유익한 이야기를 주고받을 수 있다. 하지만 대화 내용이 좋아도 장소가 부적합하다면 결과적으로 잘못된 대화를 한 것이나 마찬가지다.

나는 사람들이 늙어간다고 생각하지 않는다. 대신 상상력을 잃어버리기 때문에 늙어 보인다고 믿는다. 톰 소여의 섬은 내가 누구이고 앞으로 누가 될 것인지를 다시 한 번 상기시켜 준다. 월트 디즈니는 바로 이곳을 사람들이 영원히 줄을 서지 않고도 마음껏 뛰어다니며 진정한 자신의 모습을 기억할 수 있는 곳으로 만들었다. 사람들은 대부분 상상력보다는 자동차 열쇠를 찾는 데 더 많은 시간을 쏟아붓는다. 하지만 나는 내가 쉽게 찾을 수 있는 가까운 곳에 상상력을 두고 싶다. 그리고 매주 수요일 나는 디즈니랜드의 내 사무실에서 상상력을 되찾는다.

우간다를 여러 번 방문한 후 나는 수석재판관에게 미국에 올 생각이 없는지 물었다. 그는 나중에 미국에 올 기회가 생긴다면 내 사무실을 보고 싶다고 말했다. 내가 그의 사무실을 봤기 때문이었다. 몇 년이 흐른 뒤 로스앤젤레스국제공항에 도착한 수석재판관에게 나는 아직도 내 사무실이 보고 싶은지 물었다. 그는 가장 먼저 내 사무실에 가고 싶다고 대답했다. 우리는 차를 타고 로스앤젤레스 윌셔가의 고층 건물을 지나 계속해서 남쪽으로 달렸다. 아마도 그는 도대체 어디로 가고 있는 것인지 여러 번 궁금했을 것이다. 잠시 후 우리는 디즈니랜드의 주차장으로 들어갔다. 차에서 내린 그가 물었다. "당신 사무실이 이곳에 있다고요?"

"물론입니다." 내가 소리쳤다. "제 해적선을 보여 드릴게요!"

나는 그를 위한 미키마우스 머리띠를 미리 만들어 두었다. 앞에는 노란색 실로 '수석'이라는 글씨를 수놓았다. 나는 그에게 머리띠를 씌어 주면서 디즈니랜드에 처음 온 사람은 하루 종일 미키마우스 머리띠를 쓰는 것이 규칙이라고 말했다. 그는 온종일 머리띠를 벗지 않았다.

그가 진짜 아프리카를 만날 수 있도록 정글크루즈를 함께 탔다. 그런 다음 인디애나존스 놀이기구로 향했다. 놀이기구가 멈추자 나는 여전히 손을 번쩍 든 채로 그를 보며 물었다. "영화랑 똑같지 않나요?" 수석재판관은 영문을 모르겠다는 표정으로 되물었다. "무슨 영화요?" 나는 우리의 대화 주제가 절대 떨어지지 않을 것이라고 확신했다. 이후 우리는 집으로 향했다. 집 앞에서 그는 주머니에 손을 넣어 열쇠를 꺼냈다. 그리고 열쇠 구멍에 열쇠를 집어넣고 머뭇거리며 옆으로 돌렸다. 당연히 문이 열렸고 그는 나를 돌아보며 활짝 미소 지었다.

디즈니랜드를 떠나기 전 수석재판관과 나는 뗏목을 타고 톰 소여의 섬으로 향했다. 내 사무실에 앉아 아이들과 정의 그리고 희망에 대해 이야기했다. 대화는 어느덧 주술사와 어린아이를 제물로 삼는 다소 심각한 내용으로 흘러갔다. 현대를 살고 있는 우리에게는 수백 년 전에 일어난 일처럼 들리지만, 지금도 지구 어디선가 일어나고 있는 엄연한 현실이다. 우간다만 보더라도 한 해에 거의 1,000명에 달하는 아이들이 주술사에 의해 납치된다. 주술사들은 아이들의 머리나 피, 또는 음부에 마력이 있다고 믿는다. 아이들을 건물 아래에 묻은 다음 의식이나 다른 끔찍한 행위를 할 때 사용한다. 이곳의 산모는 새로 태어난 여자 아기를 보호하기 위해 완벽한 제물로서의 가치가 떨어지도록 낳자마자 아기의 귀를 뚫는다.

수천 명의 우간다 사람들이 주술사로 인해 피해를 보고 있지만, 지금까지 아무도 그들을 상대로 법적 책임을 묻지 않았다. 여러 이유가 있지만, 그중 하나는 어린 피해자들이 살아남지 못하기 때문이다. 동시에 판사를 포함한 많은 이들이 주술사를 두려워하는 것이 현실이다. 나는 수석재판관에게 살아남은 피해자를 발견한다면 주술사의 죄를 묻는 재판에 나를 참여시켜 줄 수 있느냐고 물었다. 그는 그렇게 하겠다고 대답했다. 적절한 장소에서 나눈 적절한 대화였다.

∽

지난 20년 가까이 나는 내가 시작한 러브더즈(LoveDoes)라는 비영리 단체와 함께 주기적으로 우간다를 찾고 있다. 러브더즈의 목표는 전 세계 아이들을 돕는 것이다. 우리는 부당하게 수감된 미성년자의 소송을 심리한 적이 있으며 교육이 필요한 아이들과 끔찍한 상황에서 구조된 소녀들을 위한 학교와 쉼터를 우간다와 이라크, 소말리아, 네팔, 그리고 인도에 운영하고 있다.

대도시로부터 멀리 떨어진 우간다의 교도소에서 나는 어린 소녀를 만났다. 13세 소녀는 2년 전부터 교도소에 수감되어 있었다. 교도소장에게 소녀의 죄목을 물었더니 납치 죄로 억류되어 있다는 대답이 돌아왔다. 혐의를 받은 당일 교도소로 이송된 이후 법정 근처에도 가지 못하고 2년 동안 갇혀 있었던 것이다.

짧은 만남만으로 누군가의 진심을 완벽하게 읽기란 불가능하다. 하지만 소녀에게서 '나는 납치범입니다'라는 느낌을 조금도 찾을 수 없었다. 그래서 나는 소녀에게 무슨 일이 있었는지 물었다. 그녀는 한 여자 아기를 이웃 마을에 있는 아기 엄마한테 데려다 주라는 부탁을 받았다고 말했다. 나도 당신도 소녀에게 왜 그랬느냐고 묻고 싶을 것이다. 하지만 그 소녀는 시키는 일을 하는데 익숙한 어린 소작농에 불과했다. 그래서 오두막으로 아기를 데리고 가 아기 엄마처럼 보이는 여자의 품에 전해 주었다. 오두막을 나서는 순간, 아기의 울음소리가 들렸다. 일상적인 갓난아기의 울음소리가 아니라 절박한 비명소리였다.

알고 보니 여자는 아기 엄마가 아니었다. 소녀는 속아서 아기를 제물로 쓰도록 주술사에게 갖다 준 것이다. 아기가 죽기 전 소녀는 재빨리 오두막 안으로 들어가 아기를 안고 다시 집으로 뛰어왔다. 하지만 이미 마을에서는 아기가 사라져서 난리가 난 후였고 소녀가 아기를 안고 돌아오자마자 체포당했다.

소녀와 대화를 나누는 동안 교도소장도 그 자리에 있었다. 나는 그에게 아기를 제물로 쓰려던 주술사는 어느 교도소에 수감되었는지 물었다. 상대방 이야기도 듣고 싶었기 때문이었다. 하지만 교도소장은 고개를 저었다. 체포는 없었다. 그 누구도 질문하지 않았다. 그 누구도 주술사에게 책임을 묻지 않았다. "뭐라고요?" 나는 거의 소리치듯 말했다. 그리고 그 순간 무슨 일이든 해야겠다고 다짐했다.

언젠가 자서전에 여섯 단어만 넣을 수 있다면 뭐라고 쓰겠냐는 질문을 받은 적이 있다. 내가 정한 문장은 다음과 같다. '만약 우리가 더는 두려워하지 않는다면 어떨까?' 역사 속에서 하나님은 그를 사랑한 자들이 무섭거나 혼란스러워할 때, 길을 잃어버리거나 외로움을 느낄 때, 마비되거나 꼼짝달싹 못할 때 두 가지 단어를 많이 말씀하셨다. 하나님은 거창한 연설 대신 자신의 사람들에게 이렇게 말씀하셨다. '두려워하지 말라.'

경찰은 주술사가 두려웠기 때문에 체포하지 않았다. 판사 역시 같은 이유로 주술사의 죄를 재판에서 가리지 않았다. 교도소에서 13세 소녀를 만나고 돌아온 후 두 가지 일이 일어났다. 먼저, 나는 판사에게 연락해 소녀의 재판 날짜를 잡았다. 이로 인해 나중에 소녀는 교도소에서 석방되어 가족으로 돌아갈 수 있었다. 두 번째로 일어난 일 역시 작은 행동이었지만 엄청난 결과를 가져왔다. 비록 귀에 들리지는 않았으나 하나님의 말씀이 그날 내 심장에 문신처럼 새겨졌다. 어떤 말인지 짐작할 수 있을 것이다. 나는 주술사를 찾아서 법의 심판을 받게 하겠다고 다짐했다. 우리가 더 이상 두려워하지 않는다는 것을 모든 주술사에게 보여 주고 싶었다.

CHAPTER 20

주술사와 증인석

용기의 크기와 모양은 각양각색이다.

카비는 우간다 북쪽 지역 주술사들의 우두머리였다. 나와 나이는 같았지만 머리카락과 수염, 그리고 미소도 없는 사내였다. 마치 삶의 모든 분노가 얼굴에 고스란히 담겨 있는 것 같았다. 지쳐 보이는 얼굴과 심각한 표정에 누런 눈동자는 충혈되어 있었다. 카비는 내가 만난 사람 중에서 가장 사악했다.

찰리라는 가명의 여덟 살 소년은 학교에서 집으로 걸어가는 길에 카비에게 납치당했다. 카비는 찰리를 수풀로 데려가 음부를 자른 다음 죽게 내버려 두었다. 하지만 찰리는 살아남았다. 얼마 후 카비는 체포되었고 우간다 역사상 최초로 범인과 피해자, 즉 주술사들의 지도자와 생존자가 둘 다 살아 있는 사건이 발생했다.

나는 찰리에 대한 이야기를 듣자마자 곧바로 비행기를 타고 내 친구인 '수석'을 만나러 갔다. 톰 소여의 섬을 방문했을 때 우리는 적절한 장소에서 적절한 대화를 나눌 수 있었다. 그렇기 때문에 나는 엄청난 일이 곧 벌어질 것이라고 직감했다. 비행기가 굼뜨게 날아가는 것만 같았다.

우간다에 도착한 후 나는 찰리와의 첫 만남을 위해 수풀 속으로 몇 시간을 달렸다. 헐렁한 옷을 입은 찰리는 눈을 마주치지 못하고 땅만 바라봤다. 소년이 얼마나 힘든 일을 겪었는지 한눈에 알 수 있었다. 그날 일찍 찰리는 교도소에 다녀왔는데, 멀찌감치 떨어져 한 줄로 선 사람들 중에서 용의자가 누구인지 확인하기 위해서였다고 했다. 나는 몇 가지 질문을 던졌지만 찰리는 대답하기 어려운 상태였다. 우리는 한참 뒤에야 대화를 나눌 수 있었다.

찰리와의 첫 만남 이후 나는 카비를 상대로 한 소송을 고등법원에서 진행할 수 있는지 알아보기 위해 해당 법원의 판사를 찾아갔다. 대화를 나누는 동안 그의 사무실에는 무거운 분위기가 감돌았다. 사건의 엄청난 심각성이 우리 어깨를 짓누르는 것 같았다. 우리 둘 다 대화의 의미를 정확하게 알고 있었다. 우간다에서 처음으로 주술사에게 사형 선고가 내려질지도 모르는 사건이었다. 미지의 영역이나 다름없었다. 재판의 결과가 좋을 수도 있고 완전한 실패로 끝날 수도 있었다. 만약 실패한다면?

지역 주민은 주술사를 두려워하고 있었다.

카비를 상대로 소송을 제기하기로 결심했을 때, 솔직히 말해 사건을 담당할 용기 있는 판사를 찾을 수 있을지 확신이 없었다. 상황이 매우 불리했다. 하지만 일주일도 되지 않아 이 용감한 판사가 재판 심의를 약속했다. 그렇게 우간다 최초로 주술사를 상대로 소송을 진행할 법원과 날짜가 정해졌다. 놀랍게도 우리 말고도 싸우려는 사람이 있었던 것이다.

재판을 심의할 판사가 정해졌다는 소식이 돌자, 지역 주술사들이 하나둘 판사의 집 앞에 나타나 소름 끼치는 의식을 하기 시작했다. 판사가 재판에서 손을 뗀다고 해도 아무도 비난할 수 없는 상황이었다. 누구라도 이런 상황에 처한다면 그만두었을 것이다. 하지만 그는 집 주변에 총으로 무장한 경호원을 배치했다. 위대한 사랑에는 때때로 엄청난 위험이 따른다. 이 훌륭한 판사는 어둠을 밀어 낼 의지가 있는 사람이었다. 그는 사랑을 실천하고 있었다.

재판은 몇 달 후로 예정되어 있었다. 재판 전에 나는 우간다를 여러 번 오가며 증인, 경찰, 조사관, 그리고 찰리를 만났다. 마침내 재판 날짜가 되었다. 카비는 쇠사슬에 묶인 채 무장한 군인 10여 명에 둘러싸여 법정에 나타났다.

우리 중 몇 명은 법원 건너편 초막에서 지내고 있었다. '투 벙크 존'이라는 별명의 우간다 담당자가 필요한 일들을 다 처리해 주었다. 우리는 사건 정황에 대한 시각 증거를 위해 프로젝터와 발전기, 그리고 스크린을 준비했다. 또한 바인더에 우간다 법을 자세하게 기재

한 메모와 법률 문서를 정리했다. 심의는 고등법원 판사 한 명과 부족 지도자 여러 명이 맡기로 했다. 우간다는 아직도 영국의 사법 제도를 따르고 있었기에 모두 새하얀 가발과 검은 망토, 그리고 주름 장식을 단 흰 셔츠를 입어야 했다. 안 그래도 신기하기만 한 상황이 우간다의 수풀과 만나 더욱 진풍경을 만들어 냈다. 법원 주변에서는 군인들이 철통 보안을 유지하는 사이 법정에서는 판사가 재판봉을 두드리며 정숙을 지시했다.

우리는 사전에 판사로부터 재판 촬영을 허락받았다. 나는 대학 때 처음으로 샀던 자동차 두 대 값보다 훨씬 더 많은 돈을 주고 비디오 카메라를 새로 구입했다. 투 벙크 존이 촬영을 맡았다. 재판 도중 심문을 하다가 카비가 고개를 들어 존과 카메라를 빤히 쳐다보는 것이 보였다. 순간 존의 얼굴이 사색으로 변하며 카메라에서 황급히 눈을 뗐다. 잠시 휴정하는 사이 투 벙크 존이 촬영 영상을 보여 주었다. 카비가 고개를 들어 카메라를 쳐다보자, 마치 고장 난 TV처럼 화면이 흑백으로 변하며 지지직거렸다. 주술사의 섬뜩한 눈빛도 니콘 보증 내용에 포함되어 있기를 바라며 우리는 불안하게 웃고 다른 카메라를 가져와 다시 재판에 집중했다. 존처럼 사랑을 실천하는 사람들도 때로는 산만해지지만, 이내 다시 집중을 되찾는다.

재판의 다음 순서는 찰리의 증언이었다. 판사가 다시 재판을 재개하자, 찰리가 법정 안으로 들어왔다. 그는 진실만을 말하라는 지시와 함께 사건의 정황에 대한 질문을 받았다. 여덟 살짜리 소년은 산처럼 듬직하게 서서 카비를 가리키며 말했다. "저 남자가 나를 죽이려고 했어요." 찰리를 보고 있자니 매끈한 돌 다섯 개를 들고 거인에 맞섰던 또 다른 소년이 떠올랐다. 그 소년이 포기하지 않았던 것처럼, 찰리 역시 물러서지 않았다. 침묵이 감도는 법정 안에서 모두가 소년의 용기를 지켜봤다. 찰리는 조금도 망설이지 않고 자신이 겪었던 일을 자세하게 증언했다.

나는 종종 한 사람이 이 세상에 어떤 변화를 가져올 수 있는지 생각해 보고는 한다. 우리 집에는 '매우 특별한 사람'이라고 적힌 빨간 접시가 있는데, 생일 때마다 꺼내서 쓴다. 하지만 그 접시를 쓴다고 해서 내가 특별한 사람이 되지는 않는다. 나와 내 접시를 둘러싼 사람들이 나를 특별하게 만들어 준다. 당신 역시 그럴 것이다. 그럼에도 때로는 나 자신이 한없이 초라하게 느껴진다. 그런데 재판에서 용기 있는 모습을 보여 준 찰리는 접시가 없이도 조금도 초라하지 않았다. 미식축구의 라인 배커(미식축구에서 상대팀 선수들에게 태클을 걸며 방어하는 수비수-편집자)보다 훨씬 더 큰 용기의 그림자를 드리웠다.

스스로 어떤 일을 할 수 없다고 생각하는가? 내가 하기에는 너무 어렵거나 무섭고 위험하다고 느끼는 일은 무엇인가? 하나님은 때에 따라 속삭이기도 하시고 큰 소리로 외치기도 하신다. 목소리 크기와 상관없이 하나님의 말씀은 늘 같다고 생각한다.

'두려워. 하지. 말라.'

찰리는 증언과 심문, 반대 심문까지 모두 마친 후에 증인석에서 내려왔다. 그는 피곤해 보였지만 조금도 흔들리지 않았다. 카비와 이렇게 가까운 곳에 있는 것은 납치 이후 처음이었다.

나는 찰리를 데리고 밖으로 나와 그가 정말 자랑스럽다고 말해 주었다. 그의 코를 살짝 만지며 말을 계속했다. "찰리, 넌 정말 용감했고 의연했어. 무서워하지도 않았어." 그의 얼굴 위로 작은 미소가 번졌다.

그 주 내내 재판이 이어졌다. 얼마 후 판사로부터 유죄 판결이 내려졌다. 우간다에는 판사가 판결문에 서명하고 나면 펜을 부러뜨려 테이블 위로 던지는 관습이 있다. 그런 다음 판사는 의심할 여지가 없는 최종 선언을 한다. "오늘 일어난 일은 절대 되돌릴 수 없습니다." 판사가 카비의 판결문에 서명을 하고 최종 선언을 하는 순간, 카비를 다시는 보지 않아도 되는 것이다.

카비의 유죄 선고에 대한 소식이 4,100만 명의 우간다 국민들 사이에 퍼져 나갔다.

키가 120센티미터에 불과한 한 소년의 용기가 우간다의 역사를 바꿨다.

უ

우리가 해냈다. 우간다 역사에서 최초로 주술사의 유죄 판결을 받아냈다. 솔직히 말해 찰리가 겪은 일은 너무나도 슬펐지만, 재판의 결과는 매우 만족스러웠다. 정의가 구현되었고 앞으로 아이들을 상대로 벌어지는 비슷한 종류의 범죄에 더욱 용기 있게 맞설 수 있는 길이 열렸다.

그런데 예상치 못했던 일이 벌어졌다. 카비가 궁금해지기 시작했던 것이다.

내 몸속 모든 세포는 그가 평생 교도소에서 썩기를 바랐다. 이런 생각을 하는 것이 이상하지 않았다. 하지만 카비라는 한 사람을 생각하면 마음이 무거워졌다. 하나님으로부터 멀리 있는 듯한 느낌이 들었는데 기분이 썩 좋지 않았다.

어느 날 예수님은 사도들에게 우리가 어떤 삶을 살기를 바라시는지 말씀하셨다. 사도들을 가까이 불러모아 깜짝 놀랄 만한 말씀을 하신 것이다. 거창한 말로 기도하거나 교회를 더 자주 가라고 하지 않으셨다. 담배를 피우거나 춤을 추지 말라는 말씀도 없으셨다. 예수님은 우리에게 어떤 행동을 하라고 말씀하지 않으셨다. 대신 하나님을 기쁘게 하고 싶다면, 우리의 원수를 사랑하라고 하셨다.

이미 여러 번 예수님의 말씀을 실천하는 것보다 고개를 끄덕이고 넘어가는 편이 훨씬 더 쉽다고 설명했다. 좋은 예가 우리의 원수를 사랑하라는 하나님의 명령이다. 사실대로 고백하자면 나는 내 원수를 사랑하고 싶지 않다. 생각만 해도 소름 끼치는 사람들이다. 심술궂고 무신경하기까지 하다. 이기적이고 자만심으로 가득하다. 어떤 이들은 어린아이를 해치려고 한다.

예수님은 우리가 완벽해 보이는 방법을 알려 주려 이 땅에 오신 것이 아니다. 우리에게 예수님처럼 행동하는 방법을 알려 주기 위해 오셨다. 나도 전적으로 동의하지만, 사랑해야 하는 원수 목록에 카비 같은 인간도 포함되는 걸까? 그럴 리 없다.

그러나 여기에서 나는 완전히 멈춰 섰다. 예수님이 십자가에 못 박혀 돌아가신 날, 예수님은 우리를 위해 희생하셨다. 판사의 펜처럼 그의 몸을 부러뜨리셨다. 하나님께서 우리에게 이렇게 말씀하신 것이나 마찬가지다. "오늘 일어난 일은 절대 되돌릴 수 없다."

예수님을 전하던 사람들 중 한 명인 바울은 예수님의 은혜를 이렇게 설명했다. 사망이나 생명이나 천사들이나 권세자들이나 현재 일이나 장래 일이나 능력이나 높음이나 깊음이나 다른 어떤 피조물이라도 우리를 예수 그리스도 안에 있는 하나님의 사랑에서 끊을 수 없다고 말이다.

바울의 말을 통해 우리가 아무리 끔찍한 일을 저지르더라도 하나님으로부터 멀어지지 않는다는 것을 알 수 있다. 여기에는 당신과 나, 그리고 카비도 포함된다. 솔직히 말해 받아들이기 어렵다. 당신 역시 같은 기분일지도 모르겠다.

예수님은 우리가 원수를 사랑해야 하는 이유가 바로 '온전'해지기 위해서라고 말씀하셨다. 하늘에 계신 우리 아버지의 온전하심같이 말이다. 온전해진다니? 말도 안 된다! 우리는 대부분 평생 좋은 사람이 되기 위해 노력한다. 새치기를 하지 않고 혼잣말로 상대방을 욕

한다. 물론 고약한 사람에게 친절한 말을 건네며 그들의 잘못을 눈감아 주기도 한다. 큰 상처를 준 사람을 용서할 때도 있다. 비록 겉으로만 용서하더라도 말이다. 하지만 이러한 행동도 어쩌다가 한 번씩 달성할 뿐이다.

예수님의 말씀을 따르는 데 있어서 가장 큰 어려움은, 우리가 예수님의 모습을 비추는 거울이 되기보다는 그저 우리 자신을 더 나은 모습으로 포장하는 데 급급하다는 것이다. 내가 만난 사람들 중에 아주 소수만이 예수님을 좋아하지 않았다. 당연한 일이다. 누가 예수님을 좋아하지 않겠는가? 예수님을 존경하고 예수님이 멋진 인물이라고 생각하기란 쉽다. 하지만 단순히 예수님을 '좋아하는' 것과 예수님처럼 '되는' 것에는 큰 차이가 있다. 예수님은 우리가 원수를 사랑하지 않는 한 절대로 예수님처럼 될 수 없다고 말씀하셨다.

나는 한 번도 완벽한 사람이 되기를 기대한 적이 없다. 물론 예수님과 같은 분은 예외다. 하지만 당신과 나 같은 평범한 사람은 완벽할 수 없다. 아침에 일어나자마자 오늘 목표가 '완벽'해지는 것이라고 말하는 사람도 보지 못했다. 사랑스러운 마리아를 처음 만났을 때 나는 그녀가 완벽하다고 생각했지만, 사실 그렇지 않다는 것을 잘 알고 있었다. 완벽한 직장을 구했다고 생각한 적도 있었다. 실제로 좋은 일자리였지만, 솔직히 완벽하지는 않았다. 우리는 완벽함이 불가능하다고 생각하기 때문에 예수님이 말씀하신 노력을 기울이는 대신 그저 고개를 끄덕이며 동의하고 넘어간다.

천국에 계신 하나님 아버지처럼 우리가 '온전'해질 수 있다는 생각은 듣기에는 물론 더할 나위 없이 좋으나 우리가 절대 달성할 수 없는 목표다. 하나님도 원수를 사랑하는 것이 어려우셨을지 궁금하다. 어쩌면 원수를 사랑하는 마음은 우리 삶에서 불가능한 숙제가 아니라 믿음에 대한 성적표일 수도 있다. 아마도 하나님께서는 하나님과 원수를 사랑하는 우리의 마음이 예수님의 말씀에 그저 고개를 끄덕이는 정도인지 아니면 정말로 예수님처럼 되고 싶어 하는지를 가장 쉽게 가늠하는 척도로 사용하실지도 모른다.

카비가 내 원수임에는 의심할 여지가 없었다. 그러나 예수님처럼 될 수 있는 기회기도 했다. 게다가 내게 용기의 길을 보여 준 120센티미터의 용감한 선생님이 계시니 걱정할 것이 없었다.

CHAPTER 21

랜디의 솜씨

하나님은 그가 만드신 것을 다시 회복시키신다.

지구 반대편 로스앤젤레스에 있는 병원 응급실 안으로 한 남자가 걸어 들어왔다. 그는 목공 작업장에서 오른손이 잘려나가는 끔찍한 사고를 당했다. 남자는 절단된 오른손을 왼손에 들고 있었다. 응급실에서는 곧바로 이 남자처럼 심각하고 복잡한 부상을 치료할 수 있는 몇 안 되는 외과 의사를 급하게 호출했다. 세계에서 손꼽히는 의사에게도 어려운 수술이었다.

랜디가 도착해 수술실에 들어가기 위해 손을 씻은 다음 장장 18시간이나 계속된 수술을 시작했다. 여러 개의 라벨을 붙인 지혈기로 그는 상처 부위 양쪽에 있는 수백 개의 힘줄과 동맥, 정맥, 그리고 근육을 하나씩 찾아 번호를 붙였다. 그런 다음 하나하나씩 차례로 다시 연결했다. 랜디는 조금도 머뭇거리지 않았다. 매 순간 집중했다. 남자의 손을 팔에 다시 연결하는 수술은 거의 불가능에 가까웠지만, 그는 어렵고 힘든 작업을 무사히 마쳤다. 몇 달 후 나는 손의 기능을 완전히 회복한 목공과 랜디가 악수를 하는 모습이 담긴 영상을 보게 되었다. 세계에서 손꼽는 몇 안 되는 의사들만이 할 수 있는 수술이었다. 랜디도 그중 한 명이었다.

랜디는 비행기를 매우 좋아한다. 그가 조종해 보지 않은 비행기가 거의 없을 정도다. 그는 시애틀 근방에서 드하빌랜드 비버 수상비행기를 조종하는 법을 배우는 중이었다. 비수기 때 비행 강사는 랜디와 함께 캐나다 국경을 넘어 만 깊숙한 곳까지 날아갔다. 그러고는 나한테 말도 없이 내 오두막에 착륙해 주변을 산책했다. 오두막 근처를 둘러보면서 내 친구였던 비행 강사는 랜디에게 마체테 칼(날이 넓고 무거운 밀림용 칼 - 편집자)에 큰 부상을 입은 우간다 소년에 대해 말해 주었다. 랜디는 흉악한 범죄를 저지른 주술사와 유죄 선고, 그리고 소년의 끔찍한 상태를 차분히 들었다.

※

찰리가 입은 부상은 상상만 해도 끔찍했다. 카비는 정의의 심판을 받았지만, 찰리는 여전히 온전하지 않았다. 아직 갈 길이 너무 멀었다. 찰리는 앞으로 수많은 역경을 견뎌내야 했다. 손상된 부위 때문에 어른이 된 후에도 아버지가 될 수 없었다. 언젠가는 그의 장애를 알게 된 친구들로부터 놀림을 받을 것이 뻔했다. 신체적인 회복뿐만 아니라 정신 및 정서 치료를 집중적으로 받아야 했다.

샌디에이고 집에 있는데 전화기가 울렸다. 받았더니 수화기 저편에서 목소리가 흘러나왔다. "밥, 당신은 저를 모르지만, 제 이름은 랜디입니다. 우간다에 있는 소년이 겪은 일에 대해 들었습니다. 꼭 하고 싶은 말이 있어서요…." 내가 몸을 앞으로 기울이는 동안 그가 잠시 머뭇거렸다. 목소리만으로도 랜디의 진지함을 읽을 수 있었다.

"제가 그 아이를 고칠 수 있습니다." 그가 말했다.

그의 말이 전화선 중간에 걸린 것처럼 잘 와닿지 않았다.

나는 수화기 너머 낯선 남자를 정중하게 대했지만 속으로는 이렇게 생각했다. '이봐, 당신은 그 아이의 신체 어디가 잘려 나갔는지 모른다고. 당신이 고칠 수 없어.' 내 속마음을 읽었는지 랜디가 말을 계속했다. "저는 로스앤젤레스에 있는 시다스-시나이종합병원 외과의사입니다. 진짜로 제가 고칠 수 있어요."

나는 차를 몰고 로스앤젤레스로 향했다. 그리고 내 친구 돈과 함께 식당에서 랜디를 만났다. 랜디는 절단된 찰리의 신체 부위를 대체하기 위해 필요한 수술을 냅킨에 그리기 시작했다. 냅킨에 간단하게 그렸을 뿐인데도 이미 복잡한 정보가 너무 많았다. 만약 내가 그 냅킨을 가지고 공항 보안검색대를 통과한다면 감옥행이 분명했다.

랜디는 찰리의 팔과 다리 일부를 가지고 새로운 신체 부위를 만들 것이라고 설명하며 한 가지를 당부했다. 랜디는 세계에서 손꼽히는 뛰어난 외과 의사라도 할 수 없는 부분이 있다고 말했다. 수술 후 찰리의 신체 일부가 회복되고 나면 친구들로부터 놀림 당할 걱정은 없겠지만, 생물학적 아버지가 될 수 있는 능력이 돌아오는 것은 아니라고 덧붙였다. 의료 기술로는 아이를 낳는 신체 부위를 복구하는 것이 역부족이었다.

매우 복잡한 수술임이 틀림없었기에 나는 망설이다가 마침내 말을 꺼냈다. "랜디, 수술하는 데 얼마나 들까요?" 적어도 수백만 달러를 예상하고 있었다. 랜디는 곧바로 고개를 들고 대답했다. "무료로 진행하겠습니다."

'무료라면 다행이군.' 나는 속으로 생각했다. 하지만 분명 조건이 있을 것 같았다. 랜디가 돈을 받지 않고 수술해 준다고 해도 간호사와 의료 장비 등등은 어떻게 되는 거지? 다행히도 이러한 수술의 비용을 대신 내 주는 훌륭한 단체가 있다는 것을 알게 되었다. 어마어마한 수술 청구서로 뒤통수를 맞을 일이 없다는 확신이 들자, 나는 비행기 표를 구해 우간다로 날아가 북쪽 지역의 수풀에서 찰리를 찾아다녔다.

그를 찾자마자 약간의 짐을 챙겨 차에 태웠다. 우리는 먼저 수도에 있는 법원으로 향했다. 얼마 후 우리는 우간다의 고등법원 판사를 만났고 나는 찰리의 법적 후견인이 되었다. 오래전에 찰리를 버린 그의 아버지는 행방을 찾을 수 없었다. 소작농이었던 찰리의 어머니 역시 아들을 멀리했다. 두 사람의 행동을 판단하려는 것은 아니다. 단지 사실을 말하는 것뿐이며 안타깝게도 우간다에서는 흔한 일이다.

공항에 도착하자 찰리는 아무 말 없이 터미널 창문 밖을 내다봤다. 태어나서 처음 보는 비행기였다. 나는 비행기가 하늘 높이 날아가지만 안전하다고 설명했지만, 찰리는 믿지 않았다. 사탕 두어 개로 잘 달랜 후에 우리는 런던행 비행기에 몸을 실었다. 목적지에 도착해 비행기에서 내리면서 우리 두 사람은 손을 꼭 잡았다. 찰리가 물었다. "아버지, 이제부터는 그냥 걸어가면 안 돼요?" 그의 기분을 짐작할 수 있었다. 나는 그에게 비행기를 갈아타고 대서양을 건너야 한다는 안 좋은 소식을 전했다. 최대한 놀라게 하지 않으려고 애썼지만, 내 의도와는 달리 찰리는 기겁하고 말았다.

터미널 안에서 나는 급한 메시지가 있는지 확인하기 위해 노트북을 열었다. 받은 편지함에서 메일 한 통이 눈에 띄었다. 제목은 짧았다. '백악관'이라고만 쓰여 있었다. 장난을 좋아하는 친구들이 많았던 터라 나는 곧바로 용의자들의 이름을 떠올리기 시작했다. 용의자들의 명단이 꽤 길었다. 메일 내용 역시 짧았다. '찰리를 만나고 싶습니다'라는 문장이 다였다. 짧은 전화 몇 통 후에 나는 믿을 수 없게도 정말로 백악관에서 보낸 메일임을 확인했다. 우리는 친구 달라와 함께 비행기를 타고 워싱턴D.C.로 날아갔다. 사랑스러운 마리아가 이미 도착해서 우리를 기다리고 있었다. 이틀 전에 우간다의 수풀 안에 서 있던 소년은 이제 오바마 대통령의 집무실에 서 있었다.

찰리는 벽으로 다가가 액자에 걸려 있는 문서를 손가락으로 가리켰다. "이건 뭐예요?" 그가 물었다. 우리는 십 분 동안 아브라함 링컨이 서명한 노예 해방 선언에 대해 이야기했다. 그곳을 떠나기 전 찰리는 테이블 위에 놓여 있던 접시에서 사과를 집어 들고 한 입 베어 물었다. 독수리 문양의 카페트 바로 옆에 있는 바로 그 테이블 말이다. 나는 몸을 숙이고 찰리에게 속삭였다. "흘리지는 마."

하나님은 왜 이런 일을 하실까? 솔직히 말해 나도 잘 모르겠다. 하지만 짐작은 간다. 하나님이 우리에게 감동을 주시려는 것 같다. 성경에서 바울이 친구들에게 보낸 편지를 통해 설명하고자 했던 생각도 이와 비슷하다. 그는 편지를 받을 대부분의 사람이 현명하거나 영향력 있고 유명한 가문 출신이 아니라는 점을 알고 있었다. 바울은 하나님의 믿을 수 없는 역사하심을 통해 우리 자신이 아니라 그분의 능력이 얼마나 크신지 알게 하신다고 말했다. 찰리에게 일어난 일처럼 말이다.

다음 날 우리는 수술을 받기 위해 워싱턴D.C.를 떠나 로스앤젤레스로 향했다. 복잡하고 어려운 수술을 앞둔 모든 아이들은 세상에서 가장 행복한 장소에 갈 자격이 있다. 그래서 나는 찰리를 데리고 디즈니랜드에 갔다. 나는 몇몇 캐릭터들과 아는 사이였는데, 다행히 그들이 찰리의 기분을 특별하게 만들어 주었다. 찰리와 크기가 비슷한 팅커벨 역시 내 친구였다. 나는 팅커벨과 찰리가 함께 시간을 보낼 수 있도록 미리 부탁해 두었다. 찰리는 팅커벨의 날개에서 눈을 떼지 못하고 신기한지 계속 만지작거렸다. 그녀는 찰리 어깨에 팔을 두르고 그가 정말 용감한 소년이라고 말해 주었다. 그녀의 말과 함께 두 사람이 공중으로 살짝 떠오르는 모습을 본 것도 같다.

다음 날 아침, 나는 찰리를 환자복으로 갈아입히고 수술실로 향하는 이동용 침대에 눕혔다. 수술하러 출발하기 전 나는 찰리와 랜디를 위해 기도한 다음 찰리의 이마에 입을 맞추며 하나님께서 시간이 시작된 때부터 그리고 우리 삶이 시작된 때부터 반복하신 말씀을 전했다. 나는 그의 귀에 대고 속삭였다. "찰리, 두려워하지 마." 랜디는 세상 누구보다도 훌륭한 솜씨로 8시간의 수술을 마쳤다. 찰리는 회복되었다.

CHAPTER 22

사형수 카비

우리가 범한 것을 하나님은 용서하신다.

카비가 찰리를 공격한 그때부터, 그는 내 원수가 되었다. 그는 웬만큼 못된 사람이 아니라 완전히 악마였다. 원수를 사랑하겠다는 말은 쉽다. 실제로 원수가 생기기 전까지는 말이다. 나는 내 삶에서 위대한 일이 벌어지려면 지금보다 더 분발해서 위험을 감수해야 한다는 점을 깨달았다. 그래서 교도소에 있는 카비를 찾아가기로 결심했다.

카비는 경비가 가장 삼엄한 루지라 교도소에 수감되어 있었다. 루지라 교도소는 세상에서 가장 무서운 곳 중 하나로 손꼽힌다. 1920년 200명의 사형수를 수용하기 위해 지어졌고, 현재는 3,000명이 넘는 재소자가 수감되어 있다. 건물의 어디에서도 창문을 찾아보기 힘들다. 루지라 교도소는 생을 마감하기 위해 가는 곳이다.

나는 루지라 교도소장에게 연락했다. 그에게 내 이름을 말한 다음 카비를 만나고 싶다고 했다. 하지만 절대 안 된다는 답변이 돌아왔다. 최고 등급의 경비를 유지하는 교도소인 만큼 카비와 같은 재소자는 면회가 불가능하다는 것이었다. 나는 교도소장에게 내가 우간다의 명예 영사라고 밝혔다. 그는 잠시 말을 멈췄다가 이내 대답했다. "들어오는 것을 허락합니다."

내가 앉아 있는 어두컴컴한 방 안으로 카비가 들어왔다. 맨발에 헤지고 더러운 죄수복 차림이었다. 방 안에 들어온 카비는 무릎을 꿇고 자신이 찰리에게 한 행동을 진심으로 후회하고 있다고 말했다. 나는 그의 말을 의심하며, 잡혀서 벌을 받아야 한다는 사실이 후회스러워 이러는 것이라고 생각했다. 그는 자신이 주술사의 아들로 자랐으며 자신도 많은 주술의 희생양이었다고 말했다. 이어지는 그의 말에 나는 깜짝 놀랐다. "죽을 때까지 여기에 있어야 한다는 것을 압니다. 그저 용서받기를 바랄 뿐입니다."

그의 말이 허공에 둥둥 떠다녔다.

용서라니?

찰리를 제물로 쓰려고 했던 주술사를?

나는 절대 안 될 말이라고 생각했다. 내가 사랑하는 소년을 죽이려고 했던 자였다. 하지만 내 안에서 무언가 변하기 시작했다. 마음이 바뀔 정도로 빠른 변화는 아니었지만, 분명 일어나고 있었다. 내 앞에 있는 남자는 더는 살인자가 아니었다. 그에게서 예수님 옆에 있던 십자가에 매달린 강도가 보였다. 나는 예수님이 강도에게 하신 말씀을 떠올렸다. "오늘 네가 나와 함께 낙원에 있으리라." 예수님은 강도를 시험하지 않으셨다. 사회 문제에 대한 그의 의견을 묻지 않으셨다. 잘못된 행동을 고치거나 기도부터 하라고 말씀하지 않으셨다. 그저 이렇게 말씀하셨다. "들어오는 것을 허락한다." 사형수와 나란히 앉은 어두컴컴한 방으로부터 낙원은 너무나도 멀리 있었다.

카비와 나는 꽤 오랫동안 그의 가족과 그에게 중요한 것들에 대해 이야기했다. 나도 그에게 우리 가족과 내게 중요한 것들에 대해 말해 주었다. 나는 사랑, 은총, 용서 그리고 예수님에 대해서 배우고 있지만 여전히 이해하지 못한 부분에 대해서 이야기했다. 그런데 예수님의 말씀에 대한 내 생각을 완전히 바꾼 일이 벌어졌다. 카비가 예수님의 강하고 다정한 품에 자신의 믿음과 삶을 맡기고 싶다고 말했다.

카비의 말을 듣고 이제 그가 '그리스도께로 나아간다'라고 말할 수도 있다. 신앙 공동체의 사람들이 그러듯이 말이다. 하지만 나 역시도 그리스도께로 나아가고 있었다. 예수님의 말씀에 그저 고개를 끄덕이는 대신 원수를 사랑하라는 말씀을 실천하고 있었기 때문이다. 카비와 나는 사랑과 은혜 그리고 용서를 완벽하게 이해하지 못해도 충분히 받을 수 있다는 것을 알아가고 있었다.

카비가 루지라 교도소의 철창 안에서 예수님을 알아가기 시작한 이후 나는 여러 번 그를 만나러 갔다. 그를 만날 때마다 나는 더 이상 그를 흉악한 범죄자로 보지 않았다. 나처럼 예수님을 따르기 위해 노력하는 사람일 뿐이었다. 삶의 경험과 상황은 너무나도 달랐지만, 우리가 되고자 하는 모습으로 변하는 과정에서 겪는 문제는 같았다.

한 번은 그의 감방 밖에서 카비를 면회한 이후 나는 교도소장에게 예수님에 대한 말씀을 재소자들에게 전하러 오는 사람이 있는지 물었다. 처음에는 고개를 저었지만, 내가 제다이의 멋진 무술을 선보이자 그제야 카비에게 일을 맡기겠다고 말했다.

그 일이 있고 두어 번의 면회 이후 나와 카비는 경비가 가장 삼엄한 루지라 교도소 마당에서 서로 손을 잡고 섰다. 아들 리처드와 몇몇 친구들도 함께했다. 카비는 종신형을 선고받은 3,000명의 재소자들에게 예수님과 함께 시작한 새로운 삶에 대해 이야기했다. 아마도 대부분 이런 생각을 했을 것이다.

'잠깐만, 주술사 카비잖아. 악마같이 사악한 자.'

'예수님이라고?'

'그라고?'

'믿을 수 없군!'

카비는 30분 동안 말했다. 솔직히 그날 카비의 메시지는 그야말로 엉망진창이었다. 무슨 말을 하는지 알 수 없었고 중간 중간 말이 끊겼으며 틀린 내용투성이였다. 카비의 말이 끝난 후 예수님에 대한 나의 믿음을 다시 한 번 생각해 볼 정도였다. 하지만 그곳에 모인 모든 사람은 카비가 누구인지 또 어떤 행동을 했는지 알고 있었다. 그리고 대부분 내가 그를 교도소로 보낸 장본인이라는 사실도 알았다. 그렇기 때문에 우리 두 사람이 마당에서 원수가 아닌 형제로 함께 서 있는 모습은 카비가 미처 전달하지 못한 예수님의 메시지를 보여 주었다. 예수님이 당신의 삶에서, 내 삶에서, 그리고 카비의 삶에서 말씀하시고자 하는 이야기가 바로 이것이다. 예수님께서는 우리의 예전 모습을 버릴 준비만 되어 있다면 우리를 사랑으로 만드시겠다고 말씀하셨다.

카비의 설교는 내가 들었던 가장 최고이자 최악의 설교였다. 그가 설교를 마치자 수백 명의 재소자가 우리 쪽으로 걸어왔다. 내 친구들 몇몇을 비롯해 카비가 물통을 집어 들었다. 그러고는 다른 재소자들에게 세례를 주기 시작했다. 처음에 나는 이렇게 생각했다. '잠깐, 그러면 안 돼요, 카비! 자신의 믿음에 대해서도 거의 모르는 데다 교리에 대해서도 아는 게 없잖아요. 게다가 당신은 살인자라고요.' 하지만 내가 안 되는 이유를 모두 고민하는 사이 카비는 재소자의 머리 위로 물을 뿌리고 사랑을 실천하는 모험을 직접 시작해 보라고 말하고 있었다. 그 순간 카비가 그 누구보다 예수님과 용서에 대해 더 많이 알고 있다는 생각이 들었다.

이것이 맞는 일일까? 그렇기도 하고 그렇지 않기도 한 것 같다. 카비는 다른 사람의 삶에 생각만 해도 끔찍한 고통을 안겼고 자신도 엄청난 상실을 경험했다. 나처럼 평탄한 삶을 살아온 사람이 아니다. 인생에서 큰 변화에 기꺼이 도전할 정도로 예수님의 가르침이 절실한 사람이다. 그에게 필요한 지식이 있을까? 물론 아니다. 예수님은 물고기를 잡는 데 뚜렷한 소질이 없는 어부들을 고르셨다. 사람들의 말을 종합해 보면 그 어부들은 예수님과 3년을 보낸 후에도 예수님을 완벽하게 이해하지 못했다. 그들은 부족하고 결점이 많았으며 때로는 큰 실패를 겪기도 했다. 은혜란 내가 그 은혜를 입지 않는 한 결코 공평해 보일 수 없다는 것을 다시 한 번 깨달았다.

대개 나처럼 친절하고 친근해 보이는 사람들이 앞에 나서서 말을 한다. 듣는 사람을 편안하게 만들어 주기 때문이다. 그러나 예수님은 카비처럼 큰 잘못을 저지르거나 절박한 이들을 더 자주 활용하셨다.

카비는 사형수에게 세례 주는 것을 마친 후 뒤돌아서서 신중한 발걸음으로 나를 향해 걸어 왔다. 그러고는 내 앞에 서서 내 손을 잡았다. 나와 눈을 맞춘 그는 강하지만 다정한 목소리로 말했다. "밥, 당신을 용서합니다."

"잠시만요, 뭐라고요?" 전혀 예상하지 못했던 말이었다.

'잠깐만, 나쁜 사람은 당신이에요! 그런 당신이 나를 용서하다니 말도 안 돼.' 나는 생각했다. '교도소에 갇힌 것도 당신이고, 잘못을 저지른 것도 당신이에요. 당신은 실패했고 사람들에게 상처를 줬어요. 엄청난 고통을 주었다고요. 내가 예수님에 대해 알고 있는 것에 비해 당신은 아무것도 몰라요. 방금 당신이 예수님에 대해서 온갖 틀린 이야기를 하는 것을 내가 들었다고요.'

하지만 나는 이내 깨달았다. 우리는 이곳에 서기 직전에 예수님이 사도들에게 원수를 사랑하라고 말씀하신 부분을 함께 읽었다. 카비는 내가 그의 원수로 남는다면 천국에 계신 아버지처럼 완벽해질 수 없다는 것을 알고 있었다. 그는 하나님처럼 완벽해지기를 간절히 원했기에 스스로 변화했다.

그 순간 교도소 마당에 선 남자는 내가 유죄 판결을 받도록 힘쓴 주술사가 아니었다. 나는 카비의 옷을 입고 맨발로 서 계신 예수님을 봤다. 사랑을 실천하는 남자를 봤다.

CHAPTER 23

어디로 가고 싶나요?

큰 사랑은 우리를 높은 곳으로 데려다 준다.

우리 집 아이들은 모두 열 살 생일 때 아빠와 함께 모험을 떠났다. 나는 아이들에게 떠나기 전 매번 같은 질문을 했다. "어디로 가고 싶니?" 내가 묻고 싶었던 것은 '무엇을 보고 싶니?'가 아니었다. 그보다 더 심오하고 더 폭넓은 가능성을 가진 질문이었다. "어디로 가고 싶니?" 이 질문의 진짜 뜻은 '어떤 모습이 되고 싶고, 또 그렇게 되려면 어디로 가야 좋을까?'였다.

큰딸 린지는 런던에서 하이 티(늦은 오후에 빵, 케이크 등을 차와 함께 먹는 것 - 편집자)를 마시고 싶다고 했다. 자신이 용기 넘치는 메리 포핀스(현실과 공상의 세계를 넘나들며 신기한 일을 보여 주는 동화 속 여인, 배경이 런던이다 - 편집자)라는 이유에서였다. 리처드는 도전에 물러서지 않으므로 하프돔 등반을 선택했다. 한편 아담은 비포장 도로용 오토바이를 타고 사막을 횡단하고 싶어 했다. 어릴 때부터 모험을 좋아했기 때문이다.

이제 곧 열 살이 될 아이가 한 명 더 있었다. 바로 찰리였다!

나는 열 살로 되돌아간 듯한 기분을 만끽하며 찰리 앞에 무릎을 꿇고 앉아 가장 신나는 목소리로 물었다. "찰리, 어디로 가고 싶니?"

그는 한 치의 망설임 없이 소리쳤다. "킬리만자로산이요!"

전혀 예상하지 못한 대답이었다. 나는 찰리에게 디즈니랜드나 테마 공원은 어떻겠냐고 물었다. 아니면 실내 암벽등반을 하는 것도 좋다고 말했다. 하지만 어림없었다. 그는 이미 결심을 굳힌 듯 보였다. 찰리는 아프리카에서 가장 높은 산을 등반하고 싶어 했다. 어떤 일이든 극복하고 다시 일어설 수 있다는 것을 스스로에게 증명하고 싶었던 것 같다. 몇 달 후, 나는 등산복과 비행기 표 두 장을 준비했고 우리는 탄자니아로 떠났다.

킬리만자로산 기슭에 도착하자 누군가 구름에 뒤덮인 정상을 가리키며 말했다. "정말 멋지지 않나요?" 나는 그를 쳐다보며 고개를 저었다. 욕이라도 퍼붓고 싶었다. 높이가 무려 5,895미터에 달하는 산의 맨 아래에 서 있었기 때문이다. 게다가 나는 도랑 안에 서 있었으므로 꼭대기까지 1미터를 더 가야 했다. 나는 산 이름의 유래를 여기저기에 물어봤다. 영어로 '죽이다'를 뜻하는 'kill'이라는 단어가 들어간 이유가 있을 것 같았다. 아프리카에서 가장 높은 산인 데다가 정상이 눈으로 뒤덮여 있기 때문에 실제로 등산하다가 목숨을 잃는 경우도 종종 발생한다고 했다.

찰리와 친구 두어 명, 그리고 나는 가이드를 따라 등산을 시작했다. 사람들이 킬리만자로산을 오를 때 풍경이 어땠냐고 물어볼 때마다 나는 모른다고 대답한다. 올라가는 내내 나는 가이드의 신발에 시선을 고정한 채 한 번도 올려다보지 않았다. 가끔 가이드가 바위 위를 오를 때마다 나는 내심 돌아가기를 바랐다. 하지만 가이드는 아랑곳않고 바위를 넘었고 나도 그의 뒤를 따랐다. 그런가 하면 나라면 넘어갔을 바위를 돌아갈 때도 있었다. 하지만 역시 가이드가 바위를 빙 둘러 돌아가면 나도 바위를 돌아갔다. 나는 믿을 수 있는 가이드가 있다면 안전하다는 것을 배웠다. 예수님에 대해서도 같은 교훈을 배웠다. 나는 사랑이 이끄는 대로 따라가려고 노력 중이다.

산을 따라 64킬로미터를 오르내리는 동안 가이드는 단 한 번도 넘어지지 않았다. 반면 나는 서너 걸음 움직일 때마다 넘어질 것 같았다. 그리고 매번 가이드의 등에 부딪혔다. 한두 번이 아닌데도 가이드는 뒤돌아서서 나를 노려 보거나 중심을 잡으라고 나무라지 않았다. 그는 내가 그의 등 뒤를 바짝 쫓아온다는 것을 알고 있었다.

예수님도 우리에 대해 비슷하게 생각하실 것이다. 우리는 예수님의 이끄심을 따라 삶의 어려운 지형을 지나면서 넘어지거나 예수님의 등에 부딪힌다. 예수님을 따른다는 것은 높은 곳을 향해 오르다가 넘어지면 먼지를 툭툭 털고 일어나 다시 올라야 한다는 뜻이다.

믿음은 평탄한 인도를 걷는 출장길이 아니다. 가파르고 때로는 어려운 길을 오르는 모험이다.

킬리만자로산을 오르기 시작할 때 나는 정신이 하나도 없었다. 두려움과 신남, 그리고 초콜릿 바를 여섯 개나 먹은 탓에 흥분까지 뒤섞인 상태였다. 게다가 화장실을 찾고 있었다. 내가 바위에서 풀쩍 뛰어내려 통나무 위로 뛰어오르는 것을 본 가이드는 고개를 저었다. 몇 분에 한 번씩 그는 내게 말했다. "폴, 폴, 폴(Pole, pole)." 무슨 뜻인지 묻자 스와힐리어로 '천천히, 천천히'라고 했다.

솔직히 말해 무엇이든 재빨리 해치우는 사람에게는 받아들이기도 어렵고 따르기는 더 어려운 충고다. 첫날을 마무리하면서 나는 만신창이가 된 몸으로 텐트 안에 누웠다. 모든 근육이 활활 타오르는 것 같았다. 그제야 나는 가이드가 왜 '폴, 폴'이라고 말했는지 깨달았다. 예수님과 함께 걸으면서 예수님을 앞서 나가기란 불가능하다. 그럼에도 나는 평생 이를 반복해 온 것이다. 나는 천천히 가는 것은 곧 열정이 부족하기 때문이고 빨리 움직이는 것은 기쁨이라고 착각해 왔다. 인내심은 곧 의지 부족이며 활동은 곧 목적이라는 잘못된 생각을 가지고 있었다.

가이드는 내게 빨리 뛰어가거나 산 정상에 다다르거나 둘 중 하나만 할 수 있다고 가르쳐 주었다. 둘 다 할 수는 없다. 우리의 믿음도 마찬가지다. 분주함과 진전, 그리고 성과가 예수님을 기쁘게 한다고 착각하기 쉽다. 우리는 예수님을 진정으로 따를 것인지, 또는 짐을 운반하는 역할의 셰르파처럼 살 것인지 매일 결단해야 한다.

　5일이 걸려 마침내 나는 킬리만자로산의 정상에 도착했다. 꼭대기에서 나는 목을 움켜잡으며 '공기가 어디로 갔지?'라고 생각했다. 작고 용감한 찰리는 해발 5,000미터까지 등반했다. 그만의 정상까지 무사히 등산을 마쳤다. 이해를 돕기 위해 설명하자면, 북미에 있는 레이니어산보다도 더 높은 곳까지 오른 것이다. 얼마 전에 어려운 수술을 받은 120센티미터의 소년치고는 꽤 놀라운 성과다.

　찰리가 또 다른 가이드를 따라 산에서 내려가기 전에 우리는 작은 기념식을 치렀다. 나는 준비해 온 15개의 훈장을 찰리의 재킷에 달기 시작했다. "찰리, 너는 정말 용감해." 그러고는 첫 번째 훈장을 달아 주었다. 바로 두 번째 훈장을 달아 주면서 말했다. "찰리, 넌 정말 담대해." 진실과 응원, 그리고 사랑이 담긴 말을 하면서 나는 훈장을 하나씩 찰리에게 달아 주었다. 마지막 훈장을 달면서 이렇게 말했다. "찰리, 넌 이제 등반가야!" 그러고는 꽉 안아 주었다. 훈장을 잔뜩 단 채 산을 내려가는 찰리의 모습이 마치 콜린 파월(흑인 최초의 미국 국무장관, 아이젠하워 이후로 가장 존경받는 군인으로 평가받는다 - 편집자) 같았다.

　찰리와의 의식에서 가장 중요한 것은 내가 한 말도 훈장도 아니었다. 내가 '말하지 않은' 것이었다. 나는 찰리에게 앞으로 얼마나 더 멀리 가야 할지 말하지 않았다. 대신 이렇게 말했다. "찰리, 지금까지 얼마나 먼 길을 왔는지 보렴." 사랑을 실천하는 사람들은 자신의 친구들에게 그동안 이룬 성과를 축하해 준다. 그리고 질문을 이어간다.

"이제 어디로 가고 싶나요?" 그러고는 사람들이 그곳까지 갈 수 있도록 돕는다.

당신이 사랑하는 이들과 원수들에게도 이처럼 해 보자. 그들의 실패와 그동안 지나쳐 온 어두운 장소에 대해 말하는 대신 그들이 앞으로 변화해 갈 모습과 밝은 희망으로 가득 찬 미래에 대해 이야기해 보자. 우리는 그들에게 진실하고 현명한 말들을 전해야 한다. 훈장도 몇 개 챙겨 가면 좋다. 사람들의 가슴에 마지막 훈장을 달아 주면서 눈을 맞추고 이렇게 말해 보자. "얼마나 먼 길을 왔는지 보세요." 당신과 내가 가는 길은 끝이 없음을 알기에 우리는 사랑하는 사람들에게 이 세상에서 가장 중요한 질문을 던져야 한다.

"어디로 가고 싶나요?"

CHAPTER 24

주술사 학교 졸업식

사랑은 언제나 저절로 불어난다.

카비를 상대로 한 재판 이후 나는 주술사들을 만나고 있다. 며느리이자 변호사인 애슐리는 친구와 함께 차를 타고 우간다 전역을 돌아다니며 고등법원 판사에게 관련 법에 대한 내용과 재판 과정을 알렸다. 이제 나는 우간다에 갈 때마다 라디오를 통해 북쪽 수풀 지역에 우간다 명예 영사가 도착했으므로 모든 주술사는 왕의 오두막으로 반드시 모이라는 방송을 내보낸다. 물론 그런 규칙은 없다. 하지만 나는 변호사라서 그들을 설득하는 방법을 잘 알고 있다. 놀라운 점은 정말로 주술사들이 나타난다는 사실이다. 그것도 수백 명이나 말이다.

나는 지금까지 1,000여 명의 주술사들을 만났다. 그중에는 정말로 소름 끼치는 이들도 있었다. 대개 나와 똑같이 생긴 작은 인형을 가지고 와 내가 말하는 동안 인형에 핀을 꽂았다. 어떻게 보면 일부 교회에서 목회를 하는 것과 비슷하다. 하지만 나와 내 동료들은 이들이 두렵지 않다. 그들이 가진 것은 사랑의 힘에 비하면 아무것도 아니기 때문이다.

왕의 오두막에서 주술사들을 만나기 전에 나는 수풀 속으로 가서 함정 수사를 한다. 이를 위해 시계나 펜처럼 생긴 카메라를 사용한다. 먼저 마을로 가서 캄팔라에서 온 부유한 사업가 행세를 하며 마을 주술사에게 제물로 바칠 아이를 찾아 달라고 부탁한다. 슬프게도 예외 없이 30달러에 아이를 찾아주겠다는 대답이 돌아온다.

나중에 왕의 오두막에 주술사들이 도착하면 나는 함정 수사에서 찍은 영상을 보여 주고 이렇게 말한다. "이 남자 보이세요? 완전 확실하죠? 당신은 아이를 제물로 바치겠다는 말까지 했어요. 당신도 이제 끝났다고 봐야 하겠죠." 목표는 주술사들이 놀라 벌벌 떨게 만드는 것이다. 왕방울만 한 눈과 몸짓으로 보건대 매번 성공이다.

나는 원수를 사랑하는 방법을 배우고 있기에 거기서 멈추지 않는다. 사랑을 실천하는 사람들이 거친 말만 하는 것은 아니다. 어려운 일도 마다하지 않는다. 때문에 나는 주술사에게 잔뜩 겁을 준 다음 무릎을 꿇고 그들의 발을 씻긴다. 그러는 동안 나와 주술사들 중 누가 더 기겁하는지 잘 모르겠다. 아마도 나인 것 같다. 발가락을 만지는 사람은 나니까 말이다. 중요한 것은 예수님이 하신 것처럼 사람들을 사랑하다 보면 우리 안의 모든 것이 바뀌거나 아니면 아무것도 바뀌지 않는다는 점이다. 한두 가지만 살짝 바뀌지는 않는다. 물론 단계별로 조금씩 변화가 일어나기도 한다. 사랑을 실천한다면 당신에게는 어떤 변화가 일어날까?

우리 모두 원수를 사랑하는 법을 배우고 있다. 당신 주위로 커다란 원을 그린 다음 원 안에 들어오는 모든 이를 사랑해 보자. 대하기 어려운 사람, 그동안 피해 왔던 사람, 의견이 다른 사람, 어울리기 힘든 사람으로 원을 가득 채워 보자. 주술사 한두 명을 넣어도 좋다.

나는 이제 주술사를 만나러 갈 때 친구들을 데리고 가는데, 친구들은 하나같이 믿을 수 없다는 반응을 보인다. 내 오랜 친구 그렉은 나와 함께 열 번도 넘게 우간다를 다녀왔다. 그렉이 주술사의 발을 씻겨 주자 주술사가 무릎을 꿇고 그렉에게 이제 '그의' 발을 씻겨도 되겠냐고 물었다. 나는 방 맞은편에서 이 모습을 지켜봤다. 우리 모두에게 있어 눈물이 차오르는 아름다운 순간이었다. 주술사도 그렉만큼이나 큰 감동을 받았다. 나는 이것이 원수를 사랑하라고 하신 예수님의 뜻이라고 생각한다. 예수님은 잘못된 생각을 가진 사람들을 사랑하는 것이야말로 그와 함께하는 것이라고 말씀하셨다.

한 번은 떠나기 전 나는 주술사의 지도자에게 무엇이 필요한지 물었다. 그의 대답은 상당히 놀라웠다. "사람들은 우리에게 힘이 있다고 생각하기 때문에 우리가 곁에 있기를 바랍니다. 하지만 우리를 좋아하지 않아요. 그래서 우리는 고립되고 말아요." 나는 변호사라서 그의 기분을 이해할 수 있다고 말했다.

"하지만 우리 대부분은 읽거나 쓸 줄 모릅니다." 그는 말을 이었다.

원수를 사랑한다는 것은 단순히 그들에 대해 더 자세히 알거나 그들에게 친절을 베풀거나 그들을 감당하는 것이 아니라 도움을 주는 것이다.

그래서 나는 주술사 학교를 시작했다.

당신이 무슨 말을 할지 나 역시 잘 알고 있으니 흥분할 필요는 없다. 가끔 나는 내 결정이 어리석었는지 고민하지만, 주술사의 삶에 찾아온 변화를 보면 생각이 바뀐다. 우리가 교육하는 것은 주술사가 되는 법이 아니다. 그들은 이미 주술사다. 대신 우리는 학교에 모인 주술사들에게 글을 읽고 쓰는 방법을 가르친다. 현재 수백 명의 주술사가 학교에 다니고 있으며 이미 수백 명이 졸업했다. 더 놀라운 점은 주술사 학교에서 읽고 쓰는 법을 가르치기 위해 쓰는 유일한 책은 성경과 《사랑으로 변한다》가 전부다. 이 중 한 권이라도 가지고 있다면 당신은 주술사들의 교과서를 읽은 셈이다.

아이들을 제물로 삼던 사악한 이들이 이제는 알파벳을 배운다. 하지만 변화하는 것은 비단 주술사만이 아니다. 가장 놀라운 변화 중 하나는 내 마음에서 일어났다. 나는 내 원수였던 사람들을 사랑하는 방법을 배우고 있다. 예수님의 말씀에 고개를 끄덕이는 것에서 한 걸음 더 나아가 이제는 그의 말씀을 행동으로 옮기고 있다. 솔직히 말하자면 주술사의 인생만큼이나 내 삶에도 큰 변화가 찾아왔다.

나는 예수님이 말씀하신 사랑과 포용을 경험하면서 주술사의 삶이 어떻게 변화하는지 지켜봤다. 주술사를 두려워하는 우간다 친구들은 우리가 미쳤다고 생각한다. 우리 역시 그렇게 생각한다. 예수님처럼 다른 사람을 사랑하는 일은 늘 오해를 받는다. 하지만 사랑을 실천하는 이들을 크게 신경 쓰지 않는다. 고통받는 사람에게 다가갈 수 있다면 무엇이든 할 것이기 때문이다.

―

최근 주술사 학교의 3기 졸업생이 교육 과정을 마쳤다. 대부분의 주술사가 큰 기쁨을 찾았다. 놀랍게도 우간다 정부에서 그들의 성과를 인정했다. 이제 주술사들은 졸업식에서 우간다 정부에서 발행한 유식인 증명서를 받는다. 이런 일이 가능하다고 그 누가 상상조차 할 수 있었을까? 대답은 간단하다. 예수님은 아셨다. 원수를 사랑하는 일은 언제나 우리가 아닌 예수님의 생각이셨다. 마음에 들지 않는 그 사람은 우리 믿음의 장애물이 아니다. 오히려 믿음을 이해할 기회다.

주술사 학교의 졸업식은 여느 졸업식과는 완전히 다르다. 우간다 사람들은 애정을 공개적으로 표현하지 않는다. 그럼에도 나는 주술사들에게 졸업장을 건네며 두 손으로 그들의 얼굴을 잡고 이마에 입을 맞춘다(모든 주술사의 첫 입맞춤이기를 바란다). 꽤 무시무시한 눈을 바라보면서 마을과 지역 공동체의 지도자로서 그들이 앞으로 변하게 될 모습과 그동안 얼마나 많은 성과를 이루었는지 말해 준다. 그런 다음 졸업식 가운에 훈장을 달아 주고 주술사 한 명 한 명에게 겨우 들릴 만한 목소리로 속삭인다. "내가. 당신을. 죽이고. 싶게. 만들지. 마세요." 그들은 내 말이 진심인지 농담인지 알지 못한다. 그 정도 긴장은 필요하다고 생각한다. 진실은 하나님이 알고 계시니까 말이다.

나는 그들에게 인간을 제물로 쓰는 주술사가 어떤 벌을 받게 될지 다시 한 번 상기시킨다. 재판에 넘겨질 것이며 유죄 판결을 받고 나면 다시는 세상 빛을 보지 못할 것이라고 말한다. 정의 없이는 사랑도 없지만, 사랑이 없다면 정의도 있을 수 없다. 우리 스스로 삶에서 한두 가지를 바꿀 준비가 안 되어 있다면 다른 사람에게 다른 삶을 살라고 말할 자격이 없다고 생각한다. 나 같은 경우 삶의 변화란 자부심을 내려놓고 상대방의 발을 씻겨 주는 것이며, 또한 말씀이 아닌 행동으로 보여 주신 예수님의 이타적인 사랑을 내 원수에게 베푸는 것을 의미한다.

─────

얼마 전, 자정에 전화 한 통을 받았다. 전화벨이 울렸을 때 나는 정신없이 자고 있었다. 주술사 학교에 다니던 주술사 두 명으로부터 온 전화였다.

수화기 너머로 그들의 목소리가 들렸다. "마을에 새로 온 주술사가 소년 한 명을 납치했어요. 아이를 제물로 쓰기 위해 수풀로 데려갔는데, 그가 어디에 있는지 우리가 알고 있어요." 잠시 머뭇거리더니 주술사 두 명이 물었다. "가서 아이를 구해야 할까요?"

이미 사각팬티 차림으로 침대 위에 서 있던 나는 소리쳤다. "얼른 가서 구해요!"

4시간 후, 두 주술사들로부터 문자 메시지가 도착했다. 예전에는 상상도 못 할 끔찍한 잘못을 저질렀지만 이제는 주술사 학교에서 사랑과 포용 그리고 은혜의 힘을 경험한 이들이었다. 문자 메시지의 내용은 이러했다.

"아이를 구했어요."

"아이는 엄마와 함께 있습니다."

잠시 후 도착한 문자 메시지의 내용은 매우 짧았다.

"사랑으로 변합니다."

나는 말로 다 못할 감동을 받았다.

어쩌면 당신은 그저 책이 끝났다고 생각했을지도 모르겠다. 하지만 만약 이 책이 당신의 삶에 대한 개입이자 간섭이며, 당신의 소중한 친구들이 내게 전화를 걸어 당신에게 중요한 질문들을 던져 달라고 부탁한 것이라면?

예를 들어 더 이상 예전처럼 살아서는 안 된다는 메시지처럼 말이다. 또는 어떤 것을 포기할 수 있는지, 이해할 수 없는 사람이 누구인지, 어떤 점이 이해되지 않는지, 예의를 지키면서 적당히 거리를 유지해 온 사람은 누구인지, 당신에게 고약하거나 무례하고 대놓고 잘못하거나 진절머리나게 한 사람은 누구인지 등등의 질문들도 포함된다. 사람들에게 당신의 의견을 말하는 대신 사랑을 베풀어야 한다. 물론 어려운 일이다. 나 역시 마찬가지다. 하지만 나는 예수님의 발자국을 따르려면 그가 보여 주신 예를 본받아 그가 이끄는 대로 나아가야 한다는 것을 깨닫고 있다. 원수를 사랑하기 위한 힘과 겸손이 턱없이 부족하다고 느낄 때도 있다. 하지만 사실 얼마든지 할 수 있다.

만약 당신이 이를 행동으로 옮긴다면, 장담하건대 두 가지 일이 일어날 것이다. 첫째, 굉장히 지저분해질 것이다. 가끔은 눈 뜨고 못 봐 줄 정도로 엉망진창이 되기도 한다. 또한 사람들로부터 오해받을 것이고 때로는 스스로를 이해할 수 없을지도 모른다. 두 번째 일 역시 분명 겪게 될 텐데, 바로 성장하는 자신을 발견하는 것이다. 성장하는 사람들도 때로는 넘어지고 예수님의 등에 부딪히기도 한다는 사실을 잊지 말자.

대하기 어려운 사람들을 사랑하라는 예수님의 말씀에 복종하기란 여간 어려운 일이 아니다. 나도 꾸준히 노력하고 있다. 아마 평생 노력해야 할 것이다. 하지만 노력한 만큼 보람을 찾으리라 확신한다. 어려움과 좌절을 통해 우리는 다시 원점으로 돌아가거나, 예수 그리스도께 기댈 수 있는 기회를 얻게 될 것이다. 마지막에 우리를 기다리고 있는 것은 오직 사랑뿐임을 아시는 하나님께서 우리를 지켜보고 계신다고 확신한다. 우리의 배우자, 아이들, 그리고 친구들도 우리를 지켜보고 있다.

사랑을 실천하고 싶다면 더는 예수님의 말씀에 그저 동의만 해서는 안 된다. 지금 당장 누군가에게 전화를 걸어 보자. 그들이 스스로 할 수 없는 방법으로 그들을 일으켜 세워 보자. 문자 메시지를 보내 미안하다고 말해 보자. 물론 사과받을 자격이 없는 사람들이다. 그러나 당신 역시 마찬가지였다. 사랑에 겨우 발가락만 담그는 대신, 무릎을 끌어안은 채 다이빙해 보자. 관중석에서 일어나 경기장으로 나가 보자. 이제 예전의 모습과 전혀 다른 당신이 될 것이다.

사랑하기 쉬운 사람들만 사랑해서는 안 된다. 사랑하기 어려운 이들을 감싸 안아야 한다. 예수님은 이를 실천한다면 조금 더 예수님처럼 될 수 있다고 말씀하셨다. 또한 중요한 점은 당신이 모두에게, 언제나 사랑을 베푸는 동안 당신의 예전 모습은 사라진다는 것이다. 하나님에 의해 당신은 사랑 그 자체가 될 것이다.

에필로그

●● 매우 바쁜 한 해였다. 우간다에서 말라리아에 걸리는 바람에 하마터면 죽을 뻔했다. 물 반 컵과 약만 먹었다면 피할 수도 있었다. 우리의 기쁨을 앗아가는 많은 것들 역시 쉽게 예방할 수 있다.

22년이나 걸려 완성한 오두막이 홀딱 타 버렸다. 우리가 아끼던 집안 물건들 역시 모두 잿더미로 변했다. 물론 슬프지만 여기서 주저앉지 않으리라는 결심을 계속해서 서로에게 상기시켜 주고 있다. 추억만큼은 절대로 불에 탈 수 없다.

캐럴은 여전히 천국에 있다. 나는 야구를 챙겨 보지 않지만 그녀는 레드삭스를 무척 좋아했다. 그녀가 영원한 본향으로 돌아가기 전에, 나는 그녀에게 예수님이 지나가실 때 내 이름을 한 번만 말해 준다면 그녀를 대신해 레드삭스 모자를 쓰고 응원을 아끼지 않겠다고 말했다. 그녀 역시 약속을 잘 지키고 있기를 바란다.

리무진 운전사는 은퇴 후 노란색 중고 트럭을 매우 좋은 가격에 구입했을 것이다. 렉스는 여전히 높이 뛰고 있다. 그는 리우데자네이루에서 열린 장애인올림픽에서 은메달을, 그리고 런던장애인올림픽에서 금메달을 땄다. 아담과 나는 여전히 스카이다이빙을 하고 있다.

물론 나보다는 그가 더 자주 비행장을 찾는다. 렉스 역시 조만간 스카이다이빙 훈련을 받은 다음 곧 우리와 함께 뛰어내릴 계획이다. 나도 안다. 나 역시 처음에는 좋지 못한 생각이라고 여겼다. 하지만 마지막 기록이 가장 좋은 기록이라고 했다.

나는 밀랍 인형 박물관을 다시 찾았지만 이미 핫요가 학원으로 바뀐 후였다. 실은 거짓말이다. 하지만 정말로 바뀌었다면 정말 멋진 이야깃거리가 됐을 것이다. 나는 아직도 피자 가게에 간다. 물론 요즘에는 이벤트 티켓 때문이 아니라 피자를 먹으러 가곤 한다.

계속해서 피아노를 치고 있으며 가끔 틀린 건반을 누르기도 하지만 내 친구들은 아무렇지 않은 척 계속해서 발로 리듬을 맞춰 준다.

내 시력은 완전히 회복되지 않았지만, 매일 조금씩 더 잘 보인다. 아드리안 후임으로 들어온 교통안전청 직원을 만나 봐야 한다. 칼은 사랑 안에서 믿음의 길을 찾았던 20년 세월을 마무리 짓고 법무부 장관실에서 은퇴했다.

두 번 다시 백악관에서 초청장을 보내 오지 않았지만, 괜찮다.

월터는 여전히 공항에서 미소로 사람들을 맞이한다.

지금도 교도소에서 일주일에 수십 통의 전화가 걸려 온다. 재소자용 양말이 필요하다면 언제든지 내게 연락해도 좋다.

아직도 필요할 때면 양동이를 들고 다니는데, 거의 매번 양동이가 필요하다. 곡식 떨어뜨리기 행사에 다시 참석하지는 못했지만, 다음 번에는 양동이 가득 악어를 가지고 가 방 안에 풀어 놓고 우리 교회 사람들이 얼마나 빨리 테이블 위로 올라가는지 시험해 볼 생각이다.

주술사들과 주기적으로 만나며 주술사 학교 입학을 권유하고 있다. 주술사 우두머리의 딸이 우리 고등학교에 입학하기도 했다. 덕분에 학부모와 선생님의 면담이 훨씬 더 흥미로워졌다. 이 책 표지에 있는 지문 대부분은 굴루에 있는 주술사 학교의 주술사들에게 부탁해 모은 것이다.

우리가 우간다에서 운영하는 러브더즈의 쉼터 중 한 곳에 머무르는 소녀가 이제 막 로스쿨을 시작했다. 그녀는 러브더즈의 학생들 중 네 번째로 변호사가 되기 위해 노력하고 있다. 학생들은 단지 변호사가 되고 싶은 것이 아니라 정의를 실현하고 싶어 한다. 둘은 엄연히 다르다.

카비는 병에 걸려 갑작스러운 죽음을 맞았다. 천국에서 그와 같은 방을 쓰지 않기를 바라고 있다. 어쨌든 그는 예수님의 걸음을 따르는 길을 선택했기에 그를 만나 많은 시간을 보내게 될 것 같다. 하지만 아직도 그를 완전히 이해한 것은 아니다.

나는 계속해서 찰리에게 어디를 가고 싶은지 묻고 있다. 다행히 킬리만자로산이라는 대답은 두 번 다시 나오지 않았다. 반면 이해하는 데 시간이 필요한 소식을 접하기도 했다.

찰리는 최근 엑스레이를 찍었는데 앞으로 그가 아이를 낳을 가능성이 충분하다는 결과가 나왔다. 정말 이해할 수 없다. 찰리의 수술을 담당한 외과 의사들도 의아해하기는 마찬가지였다. 머지않아 찰리는 한 번 더 복구 수술을 받게 될 것이다. 정말 믿기 어려운 일이다.

그러나 한 가지만은 변함없다. 누구를 그리고 얼마나 사랑해야 할지 잘 모를 때마다 하나님은 계속해서 내게 속삭이신다. '모두를, 언제나.'

모두 톰 소여의 섬에서 만나기를 바란다.

-밥으로부터

감사의 말

●● 어렸을 때 내가 가장 좋아했던 이야기 중 하나는 돌로 만든 수프에 관한 것이다. 긴 여정에 나선 여행객들이 한 마을에 잠시 들렀다. 그들이 가진 것이라고는 굶주린 배와 좋은 생각이 전부였다. 그들이 원한 것은 단지 음식만이 아니라 공동체였다. 만약 마을에 사는 각기 다른 사람들이 모두 모여 식사 한 끼를 같이 나눌 수 있다면?

처음에는 모두들 그 생각을 거절했다. 마을 사람들은 음식이 부족하므로 최대한 아껴야 한다고 배웠을 것이다. '어떻게 모두가 음식을 나눈다는 거지?' 어떤 이들은 과거에 마을 사람 중 누군가와 다퉜거나, 왜 모두를 초대해야 하는지 이해하지 못할 것이다. '좋은 사람이나 어울리기 쉬운 사람들만 초대하면 안 되나? 현실적으로 생각해야지. 어떻게 모든 사람과 한 테이블에 앉으라는 거지?' 또는 만찬을 준비하면서 이미 여러 번 실수를 경험했을 수도 있다. 아니면 예전에도 비슷한 시도를 했지만 아무도 오지 않았거나, 굳이 또 노력할 필요를 못 느끼는 사람도 있을 것이다. 그것도 아니면 한 끼 식사 대신 다 쓰러져 가는 리조트의 회원권을 강매 당할지도 모른다고 생각했는지도 모르겠다.

하지만 여행객들은 반대하는 목소리에 겁먹는 대신 마을 한가운데에 커다란 냄비를 준비했다. 그리고 그들의 의견에 동의하는 사람들에게 당근, 셀러리, 양파 등 가져올 수 있는 음식은 무엇이든 냄비 안에 넣어 달라고 부탁했다. 결국 모두 음식을 나누어 먹을 수 있었다. 하지만 그날 그들은 음식뿐만 아니라 서로를 얻었다.

이 책을 쓰는 과정은 마치 잔치 같았다. 많은 사람이 그들이 가진 것을 냄비 안으로 던져 넣었다. 이 책 한 장 한 장마다 내 친구들의 이야기와 그들이 내게 보여 준 엄청난 사랑과 포용에 대한 교훈이 담겨 있다. 나는 모든 친구들에게 너무나도 감사하다. 그들로부터 가장 먼저 배운 것은 내가 언젠가 되고자 하는, 사랑을 베푸는 사람이 되려면 아직 갈 길이 멀다는 사실이었다. 두 번째로 그들이 내게 보여 준 파격적인 사랑과 포용이 간극을 줄이는 데 큰 도움을 주었다. 이는 나뿐만이 아니라 우리 모두 마찬가지일 것이다.

많은 이들이 부엌에서 요리사 역할을 해 주었다. 사랑스러운 마리아 고프는 나의 가장 위대한 선생님 중 한 명이다. 그녀는 머릿속에 있는 아이디어를 마치 팬케이크처럼 뒤집도록 도와주었다. 내가 사랑을 제대로 실천할 수 있었던 것은 대개 그녀가 주변 사람들에게 사랑을 베푸는 모습을 봤기 때문이었다.

　우리 아이들과 그들의 배우자들 역시 내게 많은 것을 일깨워 준 좋은 선생님들이다. 린지, 존, 리처드, 애슐리, 아담에게 나를 학생으로 받아 줘서 고맙다고 말하고 싶다. 아이들은 내 삶의 모든 방면에서 나를 돕기 위해 끊임없이 노력했으며, 나아가 나 혼자 힘으로는 상상할 수 없었던 더 훌륭하고 아름다운 삶의 방식을 보여 주었다.

　나의 8명의 동지들에게도 감사하다. 누구를 말하는지 본인들은 잘 알고 있을 것이다. 친구보다도 더 가까운 곳에서 나를 꽉 안아 주어서 정말 고맙다. 브라이언 노먼은 내 친구이자 믿을 수 있는 벗이 되어 주었다. 어떤 부분을 그대로 두고 어떤 부분을 쓰레기통에 버릴지 결정하는 데 도와주어 감사하다. 토마스넬슨사의 여러 쉐프들에게도 내가 수프를 만들기 위해 재료를 모으는 동안 무한한 인내심을 발휘해 줘서 고맙다는 말을 전하고 싶다. 지난 몇 년 동안 여러 학교와 도시에서 만났던 수많은 새로운 친구들에게도 나를 환영해 주고 개인적인 이야기를 들려 줘서 감사하다고 말하고 싶다. 덕분에 내 믿음과 세상을 바라보는 시각이 완전히 바뀌었다. 이들이 사랑을 베푸는 것을 보면 예수님이 주신 사랑이 떠오른다.

  마지막으로, 용맹하고 성실한 러브더즈의 직원들과 전 세계를 누비며 활동할 수 있도록 도와준 수많은 친구들, 우리 단체가 운영하는 학교의 백 명이 훌쩍 넘는 선생님들과 수천 명의 아이들에게 용기를 잃지 말고 나와 다른 사람에게도 계속해서 사랑을 베풀라고 말하고 싶다. 서로 비슷해져야 한다는 부담을 떨쳐 버리고 예수님처럼 되기를 바란다. 모두 물러서지 않고 자신을 위한 더 나은 미래를 위해 싸워 왔다. 소외되었다고 느끼는 사람들을 위해 계속 싸우기를 바란다. 소름 끼치도록 싫은 사람마저도 말이다. 그들도 우리의 형제이고 자매다. 우리의 파티에 그들을 초대해 보자. 그들이 거절한다면 두렵기 때문일 것이다. 다시 한 번 다가가 보자.

  하나님은 우리에게 공동체를 만드는 레시피를 알려 주시지 않는다. 대신 훌륭한 재료를 허락하신다. 우리에게 모두를, 언제나 주신다. 우리가 성공하려면 '모두의' 노력이 필요하다. 하루 이틀에 할 수 있는 일이 아니다. '언제나' 노력해야 한다.

모두를, 언제나

1판 1쇄 2018년 10월 25일 발행

지은이 · 밥 고프
옮긴이 · 김은지
펴낸이 · 김정주
펴낸곳 · ㈜대성 Korea.com
본부장 · 김은경
기획편집 · 이향숙, 김현경, 양지애
디자인 · 문 용
영업마케팅 · 조남웅
경영지원 · 장현석, 박은하

등록 · 제300-2003-82호
주소 · 서울시 용산구 후암로 57길 57 (동자동) ㈜대성
대표전화 · (02) 6959-3140 | 팩스 · (02) 6959-3144
홈페이지 · www.daesungbook.com | 전자우편 · daesungbooks@korea.com

ISBN 978-89-97396-85-6 (03230)
이 책의 가격은 뒤표지에 있습니다.

Korea.com은 ㈜대성에서 펴내는 종합출판브랜드입니다.
잘못 만들어진 책은 구입하신 곳에서 바꾸어 드립니다.

이 도서의 국립중앙도서관 출판시도서목록(CIP)은 e-CIP홈페이지(http://www.nl.go.kr/ecip)와 국가자료공동목록시스템(http://www.nl.go.kr/kolisnet)에서 이용하실 수 있습니다.(CIP제어번호: CIP2018031082)